互联网营销师系列

SEO 网站权重深度解析

主 编 肖 睿

副主编 陈 永 徐文义 邢远秀

·北京·

内 容 提 要

本书主要从关键词选取、站内优化、站外优化、网站数据分析、不同类型网站 SEO 策略等几个方面分析网站 SEO 优化的内容，打破了传统的教学模式，以经验顺推优化思路，以结果反推优化原理来进行技能的传授。学完本书后，能够认识 SEO，掌握搜索引擎的工作原理以及网站 SEO 的流程，从而能够独立完成网站的基本优化操作和管理。

本书由具有多年从业经验的 SEO 大咖倾力打造，在设计上大量地应用了各网站的优化案例，便于读者在学习理论的同时与实际案例相结合，高效地吸收 SEO 技巧。

本书可作为 SEO 从业者的晋级教程，便于提升其对优化技巧因果关联的深度认识，同时可作为高职高专院校和应用型本科院校计算机及网络相关专业的教材和参考书。

图书在版编目（CIP）数据

SEO 网站权重深度解析 / 肖睿主编. -- 北京：中国水利水电出版社，2017.9（2019.7 重印）
（互联网营销师系列）
ISBN 978-7-5170-5180-0

Ⅰ. ①S… Ⅱ. ①肖… Ⅲ. ①网络营销 Ⅳ. ①F713.365.2

中国版本图书馆 CIP 数据核字(2017)第 027443 号

策划编辑：祝智敏　　责任编辑：李 炎　　加工编辑：张青月　　封面设计：梁 燕

书　名	互联网营销师系列 SEO 网站权重深度解析 SEO WANGZHAN QUANZHONG SHENDU JIEXI
作　者	主　编　肖　睿 副主编　陈　永　徐文义　邢远秀
出版发行	中国水利水电出版社 （北京市海淀区玉渊潭南路 1 号 D 座　100038） 网址：www.waterpub.com.cn E-mail：mchannel@263.net（万水） 　　　　sales@waterpub.com.cn 电话：（010）68367658（营销中心）、82562819（万水）
经　售	全国各地新华书店和相关出版物销售网点
排　版	北京万水电子信息有限公司
印　刷	三河市铭浩彩色印装有限公司
规　格	184mm×260mm　16 开本　13.5 印张　334 千字
版　次	2017 年 9 月第 1 版　2019 年 7 月第 2 次印刷
印　数	3001—6000 册
定　价	39.00 元

凡购买我社图书，如有缺页、倒页、脱页的，本社营销中心负责调换
版权所有·侵权必究

互联网营销师系列

编委会

主　　　　任：肖　睿

副　主　　任：金　雨　张惠军

委　　　　员：董泰森　段永华　李　娜　孙　苹　杨　欢

　　　　　　　王丙晨　杨　鑫　石光磊　田　堃　谢伟民

　　　　　　　相洪波　张德平　潘贞玉　庞国广

课工场金蛛
互联网营销学院：李圆圆　徐建芳　王忠梅　刘校锋　卓鹏飞

　　　　　　　何海鹏　吕秀茹　韩　金　梁　豪　曲　亮

　　　　　　　麻永东　蔡水泰　何忠亮　王昆伟　叶岸芳

　　　　　　　彭汝珍　任倩倩

序　　言

新技术飞速发展的今天改变了人们常规的生活方式和消费方式，6.18大促、双11、双12、年货节，这些新兴的互联网促销活动已成泰然之势充斥着我们的生活，改变着我们的消费理念和方式。不仅如此，购票、订酒店、约车、团购等消费模式都已由线下转为线上，让我们足不出户就能便捷地体验各种服务，节省宝贵的时间；同时，互联网还拉近了人与人之间的距离，我们可以把美食的诱惑、工作的繁忙、旅途的风景等与好友动态分享，得到更多人的关注和支持……互联网带给了我们非凡的体验，酒店、餐饮、医疗、服装、汽车等近乎所有类型的企业都已离不开互联网，更离不开互联网营销。而对"互联网营销"知之甚少的你可能怀有各种担心：如何做营销策划、如何让各平台联动起来助力宣传……不仅如此，新"互联网+"时代对互联网营销从业人员提出了越来越高的要求，传统的营销技术已无法胜任。在这样的大背景之下，这套"互联网营销师"系列图书应运而生，它旨在帮助读者快速成长为符合"互联网+"时代企业需求的优秀互联网营销师。

该系列图书从企业的需求技能点出发，优化布局系统实用的知识结构。在新媒体营销方向，重点囊括微信公众号的运营技巧、微信公众号常用营销工具，以及数据分析及效果量化；在搜索引擎营销方向，对不同行业不同类型网站的成功案例进行SEO网站权重深度的解析，并高效应用SEM、用数据的深度分析助推搜索引擎营销；在电子商务营销方向，以付费推广为重点，介绍淘宝客、直通车以及钻展等不同付费推广的策略及技巧，涉及淘宝客的推广秘诀、直通车选词选款的思路优化以及钻展的创意营销、定向营销和定价策略。读者通过"互联网营销师"系列图书的学习，可扩充互联网营销实用知识，并提高互联网营销从业的能力。

本系列图书特点

1. 内容实用、定位精准——拒绝培养只知理论、不会应用的基础级互联网营销师。
- 培养符合"互联网+"时代需求的高端互联网营销人才，通方法、懂策略、会运用。
- 注重方法的总结、技能的实操和策略的运用，旨在开拓读者的思维视角。

2. 案例真实、易于落地——主流行业成功案例，真实场景、运营策略、技巧总结一个也不能少。
- 与知名4A公司合作，设计开发课程案例。
- 几十个真实案例，涵盖电商类、旅游类、视频类、餐饮类、医疗类等众多类型。
- 注重互联网营销方法的讲解、运营策略的运用、实战技巧的总结。

3. 便捷学习、注重体验——传统纸质教材学习方式的革命。
- 教材二维码+学习平台切入，可以观看相关视频讲解和案例操作。
- 学习APP融合教学视频+在线题库+学习社区，体验新的教学生态。

"互联网营销师"系列图书是由课工场金蛛互联网营销学院研发的一套面向对互联网营销类技能感兴趣和相关从业者的图书。课工场金蛛互联网营销学院是由北京课工场教育科技有限公司与深圳市金蛛教育科技有限公司联合成立的专注于电子商务、互网络营销培训的互联网营销学院。自成立以来，课工场金蛛互联网营销学院始终坚持"产学研"一体化办学模式，以"全心全意为学员服务"为己任，以为企业培养紧缺型实用技能人才为根本，凭借丰硕的教学就业成果，多次荣获诚信品牌教育机构、深圳教育行业十大实力品牌等荣誉。最后欢迎广大读者到课工场网站 www.kgc.cn 获取多种学习资源，并请大家不吝指正。

- 现场面授课程
- 在线直播课程
- 录播视频课程
- 案例素材下载
- 学习交流社区

课工场金蛛互联网营销学院

前　　言

学完本书后，能够认识 SEO，掌握搜索引擎的工作原理以及网站 SEO 的流程，能够独立完成网站的基本优化操作和管理。本课程主要从关键词选取、站内优化、站外优化、网站数据分析、不同类型网站 SEO 策略等几个方面分析网站 SEO 的优化内容。

在关键词选取部分，要了解为什么选取关键词，掌握关键词的收集和选取方法，可以独立为网站选取到合适的关键词。在站内优化部分，需要掌握网站结构优化、网站代码优化、关键词布局及密度优化、网站内容优化等优化方法，能够做好网站内部的基础优化工作。在站外优化部分，掌握外部链接的发布机制、建设方法以及外部链接的发布技巧，能够为网站建设高质量的外部链接。学会对网站进行数据分析及诊断，并且当网站出现收录下降、流量异常下降、网站改版、网站降权等问题时，能够及时处理。另外，要掌握不同类型网站 SEO 的策略，能够独立完成不同类型网站的优化工作。

训练技能

- 认识 SEO，学会 SEO 常用工具的使用，掌握搜索引擎的工作原理，掌握 SEO 的流程。
- 了解选取关键词的原因，掌握关键词的分类标准，掌握关键词的收集和选取方法。
- 掌握搜索引擎的排名机制，了解影响关键词排名的因素，掌握网站结构优化的方法。
- 掌握网站代码优化、网站关键词布局及密度优化、网站内容优化的方法。
- 了解网站外部链接的类型，掌握外部链接的发布机制和建设方法以及外部链接的发布技巧。
- 掌握网站数据分析及网站诊断的方法，学会网站收录下降、流量异常下降、网站改版、网站降权的处理方法。
- 了解常见的微型网站的类型，掌握微型网站 SEO 优化策略，掌握网站外包注意事项。
- 了解大型网站的定义及特点，掌握大型网站的优化策略，学会处理与上下游部门的协作关系，掌握大型网站的调整策略。
- 了解 UGC 网站的定义及常见类型，了解 UGC 网站优化的困境，掌握 UGC 网站的优化策略。
- 掌握不同类型网站的 SEO 运营策略和运营思路。

设计思路

本课程共 10 章，分为 SEO 基础、关键词选取、站内优化、站外优化、数据分析、微型网站 SEO、大型网站 SEO、UGC 网站 SEO、成功案例分享。课程内容具体安排如下：

- 第 1 章：主要介绍什么是 SEO、SEO 的价值、SEO 常用名词及含义、搜索引擎工作原理及 SEO 流程。通过对搜索引擎工作原理以及网站 SEO 流程的理解，知道搜索引擎是如何工作的以及网站 SEO 优化的思路。
- 第 2 章：主要介绍关键词的分类、选取逻辑和选取方法。通过对该内容的学习，能够为网站选取到合适的关键词。
- 第 3~4 章：站内优化，即网站内部优化，通过了解网站导航的优化方法、网站 URL 设计方法、301 重定向的设置方法、网站站内链接的设置方法、robots.txt 文件的设置方法、网站地图的构建方法、网站代码的优化、关键词布局和密度优化、网站内容优化等内容，熟练掌握网站内部优化的方法。
- 第 5 章：通过对网站外部链接的介绍，熟练掌握新形势下单向外部链接建设方法、友情链接建设方法以及外部链接发布思路。
- 第 6 章：介绍网站数据分析的方法、网站诊断的方法以及网站优化过程中常见问题的处理。通过了解网站数据分析的定义及作用、网站数据分析工具的使用以及服务器日志分析方法，学会对网站进行数据分析。网站诊断是网站优化推广的基础，根据网站诊断的方法学会对网站进行全面的诊断，并对网站优化常见问题给出合理的解决方案。
- 第 7~9 章：介绍微型网站 SEO 策略、大型网站 SEO 策略、UGC 网站 SEO 策略，包括网站类型的介绍、优化策略和优化要点，通过对三种类型网站优化策略的介绍，掌握每种类型网站应该如何去优化管理。
- 第 10 章：分享几种不同类型网站的成功案例，包括网站背景介绍、采用的优化策略、取得的优化效果等，以此作为后期网站优化的参考。

章节导读

- 学习目标：本章要达成的学习目标，可以作为检验学习效果的标准。
- 导读：是对本章节讲解内容的概述，通过提出问题引导学员思考，让学员对该章节内容有全面的了解。
- 理论讲解：对本章所涉及内容的分析、讲解。
- 案例分享：通过案例让学员掌握如何将本章讲解的技能点应用到 SEO 网站权重解析中。
- 本章总结：对本章内容的概括和总结。
- 本章作业：对本章学习内容的补充性练习，用于加强对本章知识的理解和运用。

学习资源

- 学习交流社区（课工场）
- 案例素材下载
- 相关视频教程

更多内容详见课工场官网 www.kgc.cn。

关于引用作品的版权声明

为了学校课堂教学，促进知识传播，便于学员学习优秀作品，本书选用了一些知名网站、公司企业的相关内容，这些内容包括企业 logo、宣传图片、网站设计等。为了尊重这些内容所有者的权利，特在此声明，凡在本书中涉及的版权、著作权、商标权等权益，均属于原作品版权人、著作权人、商品权人。

为了维护原作品相关权益人的权益，现对本书中选用的主要作品和出处给予说明（排名不分先后）：

序号	选用的网站、作品或 logo	版权归属
01	携程旅行网	上海携程商务有限公司
02	途牛旅游网	南京途牛科技有限公司
03	新浪网	北京新浪互联信息服务有限公司
04	腾讯网	深圳市腾讯计算机系统有限公司
05	澳际留学	北京澳际教育咨询有限公司
06	驴妈妈旅游	上海景域文化传播股份有限公司
07	欣欣旅游	厦门欣欣信息有限公司
08	爱帝宫	深圳爱帝宫母婴健康管理股份有限公司
09	上海大众物流搬家有限公司	上海大众物流搬家有限公司
10	深圳沃德一佳科技有限公司官网	深圳市沃德一佳科技有限公司
11	58 同城	北京五八信息技术有限公司
12	YOKA	北京凯铭风尚网络技术有限公司
13	优酷网	合一信息技术（北京）有限公司
14	中关村在线	北京知行锐景科技有限公司
15	名鞋库	名鞋库网络科技有限公司

由于篇幅有限，以上列表中可能并未全部列出所选用的作品。在此，衷心感谢所有原作品的相关版权权益人及所属公司对职业教育的大力支持！

2017 年 7 月

目　　录

序言

前言

关于引用作品的版权声明

第 1 章　SEO 基础…………………………… 1
　1.1　SEO 简介 …………………………………… 2
　　1.1.1　什么是 SEO ………………………… 3
　　1.1.2　SEO 的价值 ………………………… 4
　　1.1.3　SEO 的历史 ………………………… 5
　　1.1.4　SEO 常用名词及工具 ……………… 5
　1.2　搜索引擎简介 ……………………………… 14
　　1.2.1　搜索引擎工作原理 ………………… 15
　　1.2.2　常见搜索引擎的对比 ……………… 19
　1.3　SEO 流程简介 …………………………… 21
　1.4　案例分享 …………………………………… 23
　章节总结 ………………………………………… 24
　作业 ……………………………………………… 25

第 2 章　关键词选取………………………… 27
　2.1　关键词的分类及选取逻辑 ………………… 28
　　2.1.1　为什么要选取关键词 ……………… 28
　　2.1.2　关键词的分类 ……………………… 30
　　2.1.3　关键词的选取逻辑 ………………… 30
　2.2　关键词的选取方法 ………………………… 34
　2.3　案例分享 …………………………………… 38
　章节总结 ………………………………………… 40
　作业 ……………………………………………… 40

第 3 章　站内优化（一）…………………… 43
　3.1　影响关键词排名的因素 …………………… 44
　　3.1.1　搜索引擎的排名机制 ……………… 44
　　3.1.2　影响关键词排名的站内因素和
　　　　　　站外因素 ……………………………… 45
　3.2　网站结构优化 ……………………………… 45
　　3.2.1　导航系统优化 ……………………… 46
　　3.2.2　URL 设计 …………………………… 48
　　3.2.3　URL 标准化及 301 重定向 ………… 50

　　3.2.4　站内链接优化 ……………………… 52
　　3.2.5　robots.txt …………………………… 56
　　3.2.6　网站地图 …………………………… 58
　3.3　案例分享 …………………………………… 60
　章节总结 ………………………………………… 61
　作业 ……………………………………………… 62

第 4 章　站内优化（二）…………………… 63
　4.1　网站代码优化 ……………………………… 64
　　4.1.1　初识 HTML ………………………… 65
　　4.1.2　代码优化方法 ……………………… 70
　4.2　关键词布局及密度优化 …………………… 75
　　4.2.1　页面关键词的布局 ………………… 75
　　4.2.2　关键词密度优化 …………………… 79
　4.3　网站内容优化 ……………………………… 80
　　4.3.1　网站内容更新规范 ………………… 81
　　4.3.2　网站收录优化 ……………………… 85
　4.4　案例分享 …………………………………… 86
　章节总结 ………………………………………… 89
　作业 ……………………………………………… 89

第 5 章　站外优化…………………………… 91
　5.1　网站外部链接基础 ………………………… 92
　　5.1.1　认识外部链接 ……………………… 92
　　5.1.2　外部链接的查询方法 ……………… 94
　5.2　外部链接建设方法 ………………………… 95
　　5.2.1　新形势下单向外链建设方法 ……… 95
　　5.2.2　友情链接建设方法 ………………… 100
　5.3　外部链接发布思路 ………………………… 105
　5.4　案例分享 …………………………………… 108
　章节总结 ………………………………………… 110
　作业 ……………………………………………… 110

第 6 章　数据分析…………………………… 111

6.1 网站数据分析 ┈┈┈┈┈┈┈┈┈┈┈┈┈ 112
   6.1.1 认识网站数据分析 ┈┈┈┈┈┈┈ 112
   6.1.2 网站数据分析工具 ┈┈┈┈┈┈┈ 113
   6.1.3 服务器日志分析 ┈┈┈┈┈┈┈┈ 124
6.2 网站诊断及常见问题答疑 ┈┈┈┈┈┈ 128
   6.2.1 网站诊断 ┈┈┈┈┈┈┈┈┈┈┈ 128
   6.2.2 常见问题答疑 ┈┈┈┈┈┈┈┈┈ 131
6.3 案例分享 ┈┈┈┈┈┈┈┈┈┈┈┈┈┈ 136
章节总结 ┈┈┈┈┈┈┈┈┈┈┈┈┈┈┈┈ 139
作业 ┈┈┈┈┈┈┈┈┈┈┈┈┈┈┈┈┈┈ 139

第7章 微型网站 SEO ┈┈┈┈┈┈┈┈┈ 141
7.1 认识微型网站 ┈┈┈┈┈┈┈┈┈┈┈ 142
   7.1.1 常见的微型网站类型 ┈┈┈┈┈┈ 143
   7.1.2 微型网站优化常见问题 ┈┈┈┈┈ 144
7.2 微型网站优化策略 ┈┈┈┈┈┈┈┈┈ 145
   7.2.1 网站内部链接建设 ┈┈┈┈┈┈┈ 145
   7.2.2 巧用文章锚文本来"投票"集权 ┈ 146
   7.2.3 增加网站内容页收录 ┈┈┈┈┈┈ 146
   7.2.4 建设高质量外部链接 ┈┈┈┈┈┈ 147
   7.2.5 建设高效率友情链接 ┈┈┈┈┈┈ 148
   7.2.6 其他优化技巧 ┈┈┈┈┈┈┈┈┈ 148
7.3 网站外包建设注意事项 ┈┈┈┈┈┈┈ 150
7.4 案例分享 ┈┈┈┈┈┈┈┈┈┈┈┈┈┈ 151
章节总结 ┈┈┈┈┈┈┈┈┈┈┈┈┈┈┈┈ 153
作业 ┈┈┈┈┈┈┈┈┈┈┈┈┈┈┈┈┈┈ 153

第8章 大型网站 SEO ┈┈┈┈┈┈┈┈┈ 155
8.1 认识大型网站 ┈┈┈┈┈┈┈┈┈┈┈ 156
8.2 大型网站优化策略 ┈┈┈┈┈┈┈┈┈ 159
   8.2.1 高权重内容获取 ┈┈┈┈┈┈┈┈ 160
   8.2.2 提升整站权重 ┈┈┈┈┈┈┈┈┈ 166
   8.2.3 依靠对外合作增加站外链接 ┈┈┈ 167
8.3 大型网站优化难点 ┈┈┈┈┈┈┈┈┈ 169
   8.3.1 与上下游部门的协作关系 ┈┈┈┈ 170
   8.3.2 大型网站调整策略 ┈┈┈┈┈┈┈ 171
8.4 案例分享 ┈┈┈┈┈┈┈┈┈┈┈┈┈┈ 174
章节总结 ┈┈┈┈┈┈┈┈┈┈┈┈┈┈┈┈ 176
作业 ┈┈┈┈┈┈┈┈┈┈┈┈┈┈┈┈┈┈ 176

第9章 UGC 网站 SEO ┈┈┈┈┈┈┈┈ 177
9.1 UGC 网站定义和常见类型 ┈┈┈┈┈ 178
   9.1.1 社区论坛 ┈┈┈┈┈┈┈┈┈┈┈ 178
   9.1.2 分类信息网站 ┈┈┈┈┈┈┈┈┈ 178
   9.1.3 电商网站 ┈┈┈┈┈┈┈┈┈┈┈ 179
   9.1.4 视频和文学类网站 ┈┈┈┈┈┈┈ 180
9.2 UGC 网站优化困境 ┈┈┈┈┈┈┈┈┈ 181
9.3 UGC 网站优化策略 ┈┈┈┈┈┈┈┈┈ 181
   9.3.1 审核海量数据的方法 ┈┈┈┈┈┈ 181
   9.3.2 引导用户提供符合 SEO 规范
       的内容 ┈┈┈┈┈┈┈┈┈┈┈┈ 182
   9.3.3 提高网民发布内容积极性的技巧 ┈ 184
   9.3.4 TDK 批量处理技巧 ┈┈┈┈┈┈┈ 185
   9.3.5 海量页面关键词密度调节和外部
       链接建设 ┈┈┈┈┈┈┈┈┈┈┈ 186
   9.3.6 提高访客的活跃度及访问深度 ┈┈ 187
9.4 案例分享 ┈┈┈┈┈┈┈┈┈┈┈┈┈┈ 187
章节总结 ┈┈┈┈┈┈┈┈┈┈┈┈┈┈┈┈ 188
作业 ┈┈┈┈┈┈┈┈┈┈┈┈┈┈┈┈┈┈ 188

第10章 成功案例分享 ┈┈┈┈┈┈┈┈ 189
10.1 中关村在线专题页 SEO 优化
     策略分享 ┈┈┈┈┈┈┈┈┈┈┈┈ 190
10.2 名鞋库网站（电子商务）SEO 优化
     成功案例 ┈┈┈┈┈┈┈┈┈┈┈┈ 196
10.3 厦门搬家公司网站 SEO 优化策略 ┈┈ 203
章节总结 ┈┈┈┈┈┈┈┈┈┈┈┈┈┈┈┈ 206
作业 ┈┈┈┈┈┈┈┈┈┈┈┈┈┈┈┈┈┈ 206

第 1 章

SEO 基础

【学习目标】

- 了解 SEO 的定义和价值
- 掌握 SEO 常用名词的含义
- 学会 SEO 常用工具的使用
- 掌握搜索引擎的工作原理
- 了解几种常见的搜索引擎
- 掌握 SEO 的流程

【导读】

任何一门学科,基础知识都很重要,只有掌握了大量的基础知识,才能在实践中游刃有余。学习 SEO 也是同样的道理。SEO 是近年来常用的一种网络营销方式,其主要作用是利用一些技术手段,将网站排列到搜索结果页的前列,以增加网站的曝光率和点击率。想要掌握这门 SEO 技术,本章节的内容对大家的帮助会很大。

本章主要介绍 SEO 的定义及价值、SEO 的发展历史、几个常用的 SEO 名词、SEO 常用工具的使用、搜索引擎的工作原理、几种常见的搜索引擎的对比,以及 SEO 的基本流程。通过本章节的学习,你将对 SEO 有初步的了解,掌握搜索引擎的基础知识,为今后学习 SEO 做好铺垫。

- 第1章 SEO基础
  - SEO简介
    - 什么是SEO
    - SEO的价值
      - 提升网站流量
      - 提高目标客户的精准性
      - 提高品牌知名度
    - SEO的历史
      - SEO早期的发展
      - SEO未来的机遇与变化
    - SEO常用名词及工具
      - 链接
      - 关键词
      - 搜索结果
      - 搜索排名
      - 网站权重
      - 网站结构扁平化
      - URL
      - 301重定向
      - 站内链接
      - 网站地图
      - 索引量
      - 网站收录
      - 死链接
      - 外部链接
    - 常用工具
      - 站长工具
      - 爱站网
      - 百度站长平台
      - 百度指数
      - Majestic SEO
      - 百度统计工具
  - 搜索引擎简介
    - 搜索引擎工作原理
      - 网页收集
      - 预处理
      - 检索服务
    - 常见搜索引擎的对比
      - 百度
      - 360
      - 搜狗
      - 谷歌
  - SEO流程
    - 行业概况分析
    - 企业实况分析
    - 竞争对手分析
    - 确定关键词
    - 网站优化
    - 网站数据监测
  - 案例分享
    - 极速留学网站SEO优化流程

1.1 SEO 简介

现在是互联网时代，各行各业都想在互联网上占有一定的市场。想占据互联网的市场，首先就要让用户在互联网上看到企业的信息。调查显示，截至 2016 年 12 月，中国搜索引擎用户规模达 6.02 亿，使用率为 82.4%。即绝大多数人把搜索引擎（如百度、搜狗）作为在互联网上获取信息的主要方式。

企业要占据一定的互联网市场，可以搭建一个网站来作为载体，让用户能够在搜索引擎上找到企业的网站信息。怎样才能让更多的用户看到企业的网站信息？如何操作才能实现当用户在搜索引擎搜索关键词时在搜索结果中展现出自己的网站？怎么做我们的网站才能展现在百度首页呢？这就需要运用 SEO。

1.1.1　什么是 SEO

SEO（Search Engine Optimization），中文翻译成搜索引擎优化，是指通过采用易于搜索引擎索引和排名的合理手段，使网站各项基本要素适合搜索引擎的检索原则，从而更容易被搜索引擎收录及优先排名。

更严谨的定义可以表述为：SEO 是指在了解搜索引擎自然排名机制的基础上，对网站进行内部及外部的调整优化，改进网站在搜索引擎中的关键词自然排名，获得更多流量，从而达成网站销售及品牌建设的目标。

SEO 的通俗含义为通过总结搜索引擎的排名规律，对网站进行合理优化，使你的网站在搜索引擎中获得较好的排名。

图 1.1 所示是"旅游攻略"的百度搜索结果。当用户通过百度搜索"旅游攻略"时，自然排名结果中，"携程旅行网""去哪儿网"的 SEO 优化效果比较好，因此，排在了搜索结果页比较靠前的位置。在搜索结果中，排名越靠前，被用户访问的几率就越大，越容易获得流量。

图 1.1　"旅游攻略"的百度搜索结果

SEO 的研究对象，是搜索引擎结果页面上的自然排名部分，获得和提高关键词自然排名是 SEO 效果的表现之一，但最终目的是获得搜索流量。如果网站排名靠前，但是用户不访问，没有搜索流量，这种网站即便排名再靠前也没有意义。SEO 追求的是目标流量，能最终带来盈利的流量。

1.1.2 SEO 的价值

SEO 的价值体现在很多方面，如提升网站流量、提高目标客户的精准性、提高品牌知名度等，具体体现为：

1. 提升网站流量

在网站优化过程中，通过 SEO 来提高网站的自然排名，从而提高网站的流量。网站的流量情况，可以通过站长工具或者爱站网进行查询。图 1.2 所示是“携程旅行网”网站预计从百度引来的流量，日均 IP 在 11 万～12 万之间。网站权重越高，在搜索结果页的排名就比较靠前，获得的流量也就越高。

携程旅行网官网:酒店预订,机票预订查询,旅游度假,商旅管理	
世界排名	三月平均：3,102 ALEXA数据预估流量：IP≈ 126,000 PV≈ 781,200
域名年龄	17年9个月25天（创建于1999年8月9日）
域名持有	Domain Master 拥有 **400** 个站点， domainmaster@ctrip.com 与 **39** 个站点有关联
网站速度	电信响应：测速失败
seo信息	PR 7 百度权重 7 移动权重 2 网站历史 来路曲线 首页位置 - 外链 7971 百度索引量:563,336 预计来路：111919 ~ 128786 IP 出站链接：36个首页内链：721个

图 1.2 “携程旅行网”网站预计从百度引来的流量

网站获得的流量提升之后，也有利于提高网站的商业价值，如可以在网站中出售广告位，销售产品或者服务等。

（1）建立专题网站，获取广告费用

建立网站之后，利用 SEO 技术进行优化，提升网站的流量。然后在网站中设置广告位、放置广告推广代码等，通过这种方式来赚取广告费用。流量越大，广告位的出售价格就越高。很多网站通过提供免费的工具或者知识来获取流量就是这个目的。

（2）销售产品或服务

通过 SEO 的手段，提高产品宣传页面的排名，增加用户访问的几率，直接将产品或服务销售到终端用户。

2. 提高目标客户的精准性

在优化网站时，如果网站优化到位，从产品介绍、服务介绍、联系方式等各方面都满足用户的需求，网站用户体验的满意度会提升。另外，在网站的后台，可以进行数据分析，SEO 人员可以针对用户的访问数据对网站进行相应的优化，这样更容易提高网站的流量和目标用户的精准性。

3. 提高品牌知名度

SEO 一个很重要的作用，就是建立企业品牌和提高企业知名度。通常情况下，通过 SEO 的手段来提高品牌知名度，并不是使网站的名称获得好的排名，而是提高网站的关键词排名。

例如，要对北京某旅行社的网站进行搜索引擎优化，我们并不是将该网站的名称“北京某某旅行社”作为关键词重点优化，而是将“旅游攻略”以及所有相关的词作为优化的对象。一旦多数关于“旅游攻略”的词进入各大搜索引擎搜索结果排名靠前的位置，那么该旅行社的名称也很快会被大家记住，以此来提高品牌知名度。

利用 SEO 手段优化网站时，优化的是关键词，而用户有需求时，搜索的也是关键词，搜索关键词的用户有直接的需求。利用 SEO 来建立企业品牌，最大的好处就是精准性和目的性都很强。

综上所述，SEO 的价值是处处存在的，网站要想真正地长期运营下去，必需去精心优化，这样才能真正符合用户的需求，也会越运营越好。

1.1.3 SEO 的历史

SEO 不是突然出现的一种技术，而是逐渐发展起来的。SEO 的发展经历了这样几个阶段。

1. SEO 早期的发展

2003 年到 2004 年，SEO 进入中国市场，不过并没有引起足够的重视。这一阶段，谷歌刚刚进入中国市场，排名技术纯粹是谷歌优化，只要修改标题、标签，进行关键词加粗等简单处理，网站的排名就可以跃居首页。当时，中国几乎没有从事 SEO 行业的人员，一些研究和学习的资料也是从国外翻译过来的，这些资料奠定了目前 SEO 入门的第一步。

2004 年年底到 2005 年上半年，SEO 对网站的重要性已经崭露头角，一些企业和公司开始意识到 SEO 的重要性，瞄准了这个商机。当时国内已经有多达上百家的 SEO 公司，初步的优化手段已经不能满足客户的需求。于是一批对 SEO 有深入研究的人员开始把优化的触角延伸到借助链接和留言板上，甚至有人将 BLOG 也拉入了 SEO 的阵营，SEO 优化的手段在演化过程中迅速地壮大起来。

2005 年下半年至 2006 年 9 月，SEO 的技术性扩充达到了饱胀的程度，SEO 作弊泛滥成灾，让整个行业充满了逆向的危机。同时，也严重破坏了市场秩序，威胁到搜索引擎的利益。SEO 一度成为作弊的代名词，引起一些主流搜索引擎的大量清理。此阶段 SEO 作弊泛滥，引起了搜索引擎对于 SEO 行业的高度关注，为之后各算法的推出起到了重要的促进作用。

2006 年 9 月至今，SEO 培训机构开始兴起，SEO 技术化普及道路步入正轨，大批先进的开发软件代替了之前的手工操作，正规化的 SEO 公司也在上一阶段的混战中找到了出路，步入正途。很多公司的网络部门，开始将 SEO 作为一个正规职业进行培训和扩充，SEO 的概念开始深入到大小企业中。同时，国内以百度为首的各搜索引擎纷纷推出了打击网站作弊的算法，互联网环境得到进一步净化。到目前为止，随着算法的不断推出和升级，百度已经能够准确地分辨出网站是否作弊，并对作弊行为进行相应的惩罚。

2. SEO 未来的机遇与变化

百度的算法更新，是百度自我完善的过程，透过几次百度算法的大更新、大调整，可以明显地感受到百度的语义识别较几年前有很大的提升，用户搜索意图识别更加清晰，流量更加精准。对于 SEO 来说，不得不说这是一个机遇，更加精准化的流量无疑提升了成交的可能性。

1.1.4 SEO 常用名词及工具

SEO 不只是让网站首页在搜索引擎中有好的排名，更重要的是让网站每个页面都带来流量，这就需要我们从细节去做好优化。要做好细节，首先要知道 SEO 中一些常用名词的含义以及常用工具的使用。

1. SEO 常用名词

（1）链接

链接，是指从一个网页指向一个目标的连接关系，所指向的目标可以是另一个网页，也可以是相同网页上的不同位置，还可以是图片、电子邮件地址、文件、甚至是应用程序。当浏览者单击已经链接的文字或图片后，链接目标将显示在浏览器上，并且根据目标的类型来打开或运行。

（2）关键词

关键词（keywords），简单来说，是企业精心挑选的、用以定位潜在客户的字或者词。例如，网民在百度输入"旅游攻略"，对于展示在搜索结果页面的企业来说，"旅游攻略"就是一个关键词。

（3）搜索结果

作为对搜索者搜索请求的响应，搜索引擎返回匹配网页的链接，这个链接就是搜索结果。例如，网民在百度输入"旅游线路"，会出现对应的搜索结果，图 1.3 所示是"旅游线路"的搜索结果页。

图 1.3 "旅游线路"的搜索结果页

（4）搜索排名

搜索排名是指用户在搜索引擎上输入关键词后所呈现在首页的相关链接。这些搜索结果的排名有先后之分，这就是搜索排名。

如图 1.3 所示，在"旅游线路"的搜索结果页中，搜索引擎通过计算，实时展示出搜索排名。

（5）网站权重

网站权重，指的是搜索引擎给网站赋予一定的权威值，对网站权威的评估。一个网站权重越高，权威性就越高，在搜索引擎中越容易获得好的排名。常见的网站权重包括百度权重、谷歌权重、搜狗权重、360权重。

1）百度权重

百度权重，预估百度搜索带来的网站流量，从 0 到 10 逐级递增。

百度官方没有此定义，而是由第三方统计工具（爱站网和站长工具）推出的，两个工具算法不一致，所以数值也可能不一致。

百度权重代表网站整体的流量和获得流量的能力。一般情况下，网站权重越高，百度搜索结果排名靠前的可能性就越大。

2）谷歌权重（PR）

PR，是 PageRank 的缩写，是谷歌官方提供的数值，做英文网站的站长特别重视 PR 值，PR 值从 0 到 10 逐级递增，是搜索引擎对网页的评级。

PR 值代表页面的排名能力，通常情况下，网站 PR 值越高，谷歌搜索结果排名靠前的可能性就越大。

3）搜狗权重

国内还有一种权重评级就是搜狗的 SogouRank。SogouRank 同 PageRank 原理类似，它的评级范围是从 0 到 100。

4）360 权重

360 公司旗下搜索引擎推出的 360 权重，与百度权重类似，也由第三方推出。

（6）网站结构扁平化

图 1.4 是网站结构扁平化示意图。如 xxx.com/1.html、xxx.com/2.html、xxx.com/3.html 等这些网页直接在网站根目录下面，搜索引擎很容易就能够抓取到，网站结构层次很浅。对于中小型企业站一般采用 2 到 3 个层次即可，让网站尽量形成一个扁平化的物理结构，而且这样生成的 URL 比较短，蜘蛛抓取的效果高，利于网站收录。

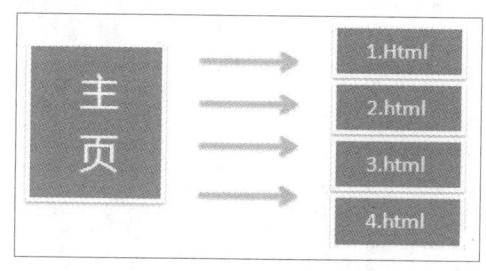

图 1.4　网站结构扁平化示意图

（7）URL

URL（Uniform Resource Locator）译为统一资源定位符，也被称为网页地址，是因特网上标准资源的地址。

页面的 URL 由 5 部分组成，包括传输协议、服务器地址、端口号、路径、询问。

举例来看，http://zh.wikipedia.org:80/w/index.php?title=Special:%E9%9A&printable=yes

在这条 URL 中，http 是超文本传输协议，是互联网上应用最为广泛的一种网络协议，所有的 WWW 文件都必须遵守这个标准；zh.wikipedia.org 是服务器地址；80 是端口号，用于区分服务的端口，比如用于浏览网页服务的 80 端口（80 为默认端口，可以省略，其他端口不可省略）；w/index.php 是路径；?title=Special:%E9%9A&printable=yes 是询问的信息，询问信息是动态页面的参数，静态页面中没有询问信息。

（8）301重定向

301重定向也叫301转向、301跳转，是用户或蜘蛛向网站服务器发出访问请求时，服务器返回http数据流中头信息（header）部分状态码的一种，表示网址永久性转移到另一个地址。

网页A用301重定向转到网页B，搜索引擎可以肯定网页A永久性转移到网页B，搜索引擎就会把网页B当作唯一有效的目标。同时，网页A积累的权重将传递到网页B。

（9）站内链接

站内链接也称为内链，是指同一域名下页面之间的链接。如图1.5所示，途牛旅游网域名是http://www.tuniu.com，跟团游页面的网址是http://www.tuniu.com/tours/，点击图中跟团游链接，即可进入http://www.tuniu.com/tours/页面。因为跟团游页面链接与网站首页是同一个域名，因此，属于站内链接。

图1.5　站内链接

（10）网站地图

网站地图又称sitemap，是一个网页，里面放置了网站上需要蜘蛛抓取的重要页面的链接，图1.6所示为新浪网网站地图。

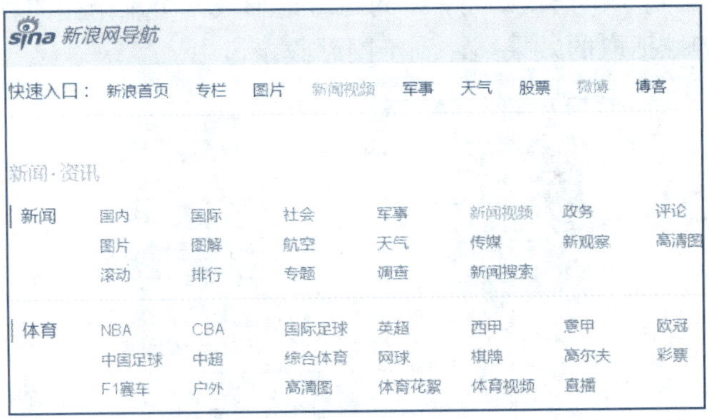

图1.6　新浪网网站地图

（11）索引量

站点中有多少页面可以作为搜索候选结果，就是一个网站的索引量。

站点内容页面需要经过搜索引擎的抓取和层层筛选后，方可在搜索结果中展现给用户。页面通过系统筛选，并被作为搜索候选结果的过程，即为建立索引。

（12）网站收录

蜘蛛抓取网页后并保存索引，经过二级计算会把优质的页面展现给访客，这些页面称为被收录的页面。简单来说，网页被蜘蛛抓取并保存索引，能被用户检索到时就算网页被收录了。网站页面被收录的越多，网站在搜索引擎中获得展现的几率也就越大。

（13）死链接

死链接是网站建设中的专业术语，是无效链接，用户点击死链接后无法达到想要浏览的页面。例如，在访问一个页面时，出现"很抱歉，页面访问失败""无法找到该页"等提示，说明该页面所在的链接是死链接。图1.7所示就是携程旅行网站中的一个死链接页面。

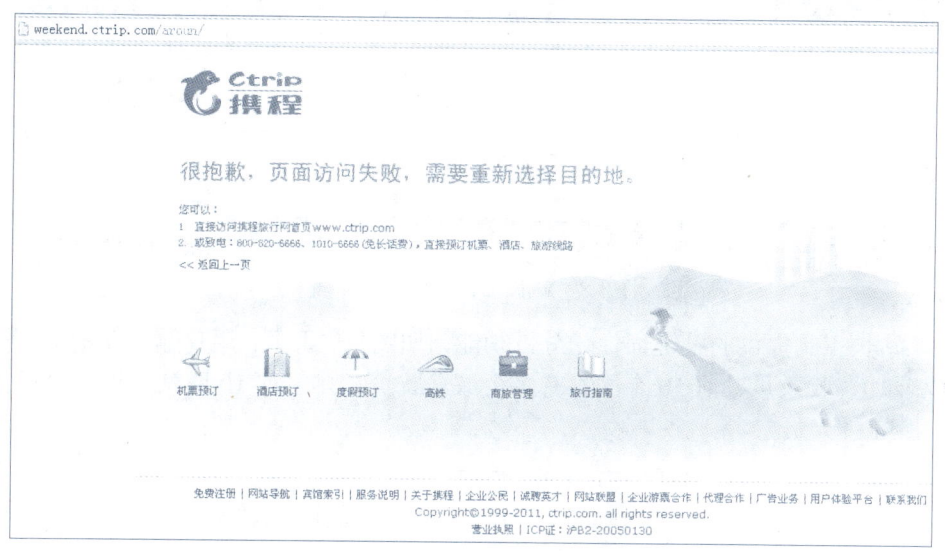

图1.7　携程旅行网站中的死链接页面

（14）外部链接

外部链接又称为导入链接，是指其他网站的链接指向自己的网站。外部链接对于网站优化非常重要，外部链接的质量（即导入链接所在页面的权重）间接影响了自己网站在搜索引擎中的权重。外部链接包括单向外部链接和友情链接。

单向外部链接，指的是A网页有链接指向B网页，而B网页没有链接指向A网页。当A网页和B网页属于不同网站时，这个链接就称为单向外部链接。

友情链接，是双向外链，也称为网站交换链接、互换链接，是指两个网站之间互相在自己的网站放对方网站的链接。

2. SEO常用工具

每一位网站优化人员，都不可避免地会用到各种各样的辅助工具，这些辅助工具对我们的优化也起到了至关重要的作用。用好各类工具可以提高工作效率，让SEO变得更加轻松。

SEO中常见的工具有很多，每一种工具都有自身的特点、特色。书中会为大家做简单介绍，详细功能讲解请参照本章视频。

注意，几种工具的排列顺序与工具的重要性、使用频率无关。

（1）站长工具

站长工具（http://tool.chinaz.com/）是现在很受欢迎的SEO工具，70%左右的站长都在使用该工具。经常在站长工具查询网站，可以了解网站的SEO数据变化。

图1.8是站长工具的首页功能界面。在优化网站过程中，经常用到的功能有SEO综合查询、关键词挖掘、友情链接检测、反链查询、PR查询、网站历史数据查询、关键词排名查询等。

图 1.8　站长工具首页功能界面

比如，站长工具提供的关键词优化分析功能，如图 1.9 所示。用户输入关键词，工具列出指数（搜索量）、收录量、前 50 个网站有多少域名首页、排名前 10 网站分析，然后估算出优化难度，供 SEO 人员参考。

图 1.9　关键词优化分析功能

再有，网站历史数据功能，以图表形式给出百度收录、百度索引量、Google 收录、百度反链等数据的变化曲线。

友情链接检测工具，会自动访问页面的所有导出链接，然后标出是否有反链。这个工具可以检测出哪些链接指向的页面不能访问，除了清理过期域名链接外，也可以用于外链建设。

每一个功能的具体操作方法及使用场景，请参考视频。

（2）爱站网

爱站网（http://www.aizhan.com/）成立于 2009 年，主办单位是亿讯网络公司，是一家专门针对中文站点提供服务的网站，主要为广大站长提供站长工具查询，目前网站访问量已超过百万，注册会员 100 万人次。

爱站网除了为站长们提供 IP 反查域名、Whois查询、PING检测、网站反向链接查询、友情链接检测等站长常用工具之外，还研发出独具特色的百度权重查询、异地查询功能，为站长提供诸多便利。

百度权重查询功能，如图 1.10 所示，也是百度排名、爱站词数查询工具，是 SEO 人员使用频率很高的功能之一。

图 1.10　百度权重查询功能

爱站网的关键词挖掘功能也比较实用，在进行网站关键词挖掘时，可以结合起来使用。爱站网中各功能的具体操作方法以及使用场景，请参考视频。

（3）百度站长平台

百度站长平台（http://zhanzhang.baidu.com/），是全球最大的面向中文互联网管理者、移动开发者、创业者的搜索流量管理的官方平台。提供有助于搜索引擎抓取收录的提交和分析工具，SEO 的优化建议等；及时发布百度权威数据、算法、工具等升级推新信息。通过线上线下多种互动渠道，为互联网多端载体增加用户和流量的同时，也为海量用户创造更良好的搜索体验，在移动互联时代携手双方共创绿色搜索生态圈。

百度站长平台是做网站 SEO 最重要的工具，其首页导航界面如图 1.11 所示。

图 1.11　百度站长平台导航

工具：站长平台管理后台，可以进行收录、索引、链接提交、移动适配、死链接等内容的查询及相关操作。

学院：与百度相关的最新信息，包括百度官方发布的一些百度搜索引擎的最新资讯。

VIP 俱乐部：百度站长平台专为优质站点推出的、提供百度优质资源及特权服务的等级体系俱乐部。

站长社区：百度站长社区是搭载于百度站长平台，为站长、移动开发者和创业者们提供交流学习的官方社区。设置有站长互助、站长工具、官方问答集锦、学院同学汇、活动专区、站长江湖、VIP 专区、新人训练营、站内搜索、百度产品动态等版块。

百度站长平台中，经常用到的功能比较多，如消息提醒、网页抓取部分的索引量、提交要收录的 URL 和要删除的死链接、robots 监测更新、抓取异常诊断功能等，以及搜索关键词功能。

百度站长平台中的诸多功能非常实用，为站长朋友们提供了不少便利。各个功能的具体使用方法，请参考视频。

（4）百度指数

百度指数（http://index.baidu.com/）是 SEO 人员最常用的工具之一。百度指数能够告诉用户：某个关键词在百度的搜索规模有多大，一段时间内的涨跌态势以及相关的新闻舆论变化，关注这些词的网民是什么样的，分布在哪里，同时还搜了哪些相关的词，帮助用户优化数字营销活动方案。

百度指数是以图表的方式显示关键词搜索量及随时间的变化，如搜索趋势功能，会以曲线的形式展现具体的数据变化，帮助站长做出正确的判断。图 1.12 所示是关键词"旅游攻略"的趋势研究。

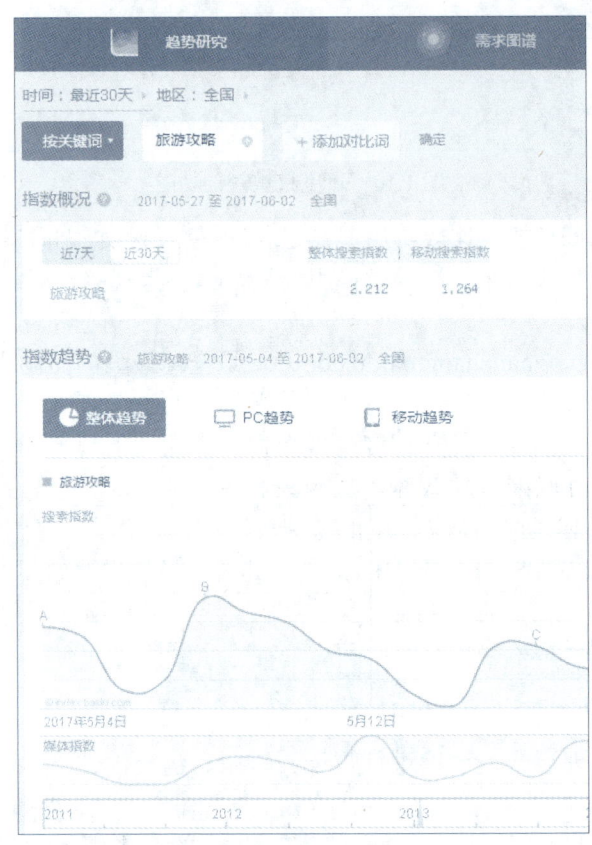

图 1.12 "旅游攻略"的趋势研究

百度指数中的需求图谱部分列出相关搜索词，以及上升最快相关搜索词，这对关键词扩展和发现新的有潜力的关键词都有很大帮助。

百度指数人群画像部分，列出了用户人群分布数据，如地域、性别、年龄、兴趣，这部分数据可以作为优化网站时的参考。

百度指数中各功能的具体操作以及应用场景，可以在视频中观看。

（5）Majestic SEO

Majestic SEO 是一款深度挖掘网站外部链接数据的工具，虽然详细数据需要付费，不过价格不是很高。

中文界面网址是 https://zh.majestic.com/。

Majestic SEO 既可以查询自己网站的外链以及使用了哪些锚文本，也可以查询别人网站的数据。没有登录的访问者都可以查询任何网站的外部链接基本数据，如总链接数、总外部链接数、带来链接的总域名数等,但是看不到链接列表和更详细的情况。

要查询一个网站的反向链接数量,直接输入网址即可,图 1.13 是携程旅行网外部反向链接查询界面。

图 1.13　携程旅行网外部反向链接查询界面

外部反向链接,指的是来自于其他不同网站或引用域的导入链接。

引用域,是指拥有反向链接指向你正在分析的站点上某个页面或链接的网站。

引用 IP,是指承载至少一个网站的 IP 地址,而且该网站包含了一个指向给定目标 URL 或目标域的链接。一个 IP 地址可以承载多个域(网站)。

下面简单介绍部分数据:

反向链接历史,用图表的方式非常直观地显示出网站外部链接的增长(或下降)趋势,如图 1.14 所示。链接历史也能反映出自己网站链接建设效果如何,竞争对手的哪些营销活动带来了大量外部链接等。

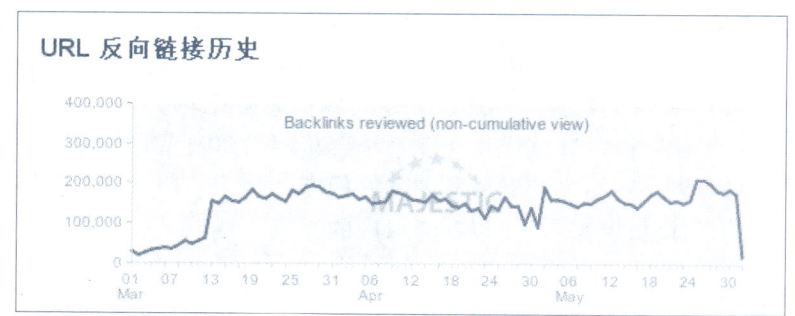

图 1.14　反向链接历史

链接锚文本,每个锚文本的引用语、外部链接总数、已删除数量、带有 nofollow 的链接数量,如图 1.15 所示。

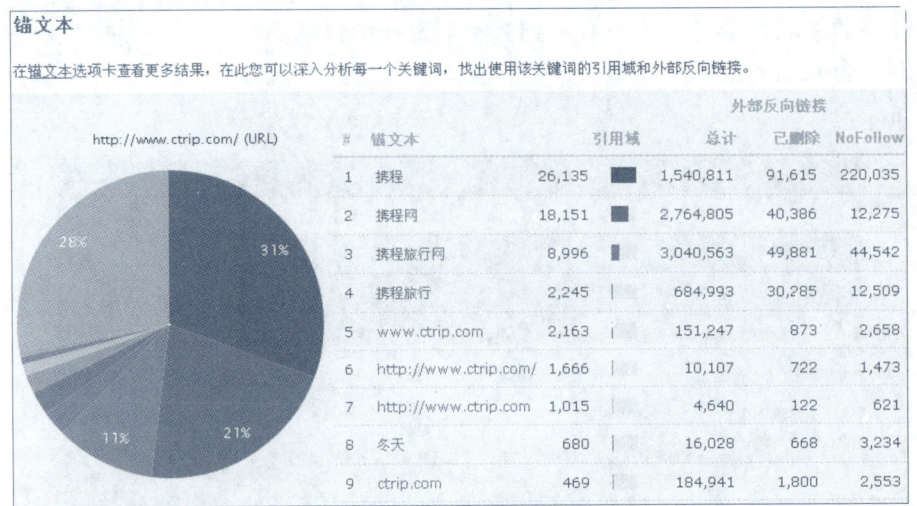

图 1.15　链接锚文本

Majestic SEO 是一个功能很强大的工具，如何利用该工具进行外部链接分析，可以参考对应的视频教程。

（6）百度统计工具

百度统计工具是百度推出的网站流量分析工具，通过该工具可以知道访客是如何找到并浏览网站的，以及在网站上做了些什么。登录地址是 https://tongji.baidu.com/。

百度统计功能强大，可以帮助 SEO 人员深入了解网站数据情况，并根据网站数据给出相应的优化建议。

主要的功能包括流量分析、来源分析、访问分析、转化分析、访客分析、优化分析，如图 1.16 所示。流量分析中，可以查看网站的实时访客、流量变化趋势，时间周期不同，数据会有所不同；来源分析中，能够了解各种来源类型给网站带来的流量情况，包括搜索引擎、搜索词、外部链接、指定广告跟踪几个方面；访问分析，可以查看访客对网站内各个页面的访问情况，包括网站的受访页面、入口页面、受访域名、页面点击图等；转化分析，可以查看网站的转化情况，从哪些路径进行的转化，方便后期优化调整；访客分析，通过这个功能，可以知道访客来自哪里，使用什么浏览器访问的网站，以及哪些是新客户哪些是老客户，还能知道访客属于哪个年龄段及访客的忠诚度；优化分析，SEO 优化建议系统会从网站 URL 和页面内容两个方面检查网站对百度搜索引擎的友好程度。

百度统计工具的具体功能分析，可以参考对应的视频。

图 1.16　百度统计功能

1.2　搜索引擎简介

作为一名 SEO 人员，要做好网站优化的工作，必须要了解搜索引擎的工作原理以及不同搜索引擎的特点。

1.2.1 搜索引擎工作原理

搜索引擎的工作过程非常复杂，其工作过程大体可以分为三个阶段：

（1）网页收集：搜索引擎蜘蛛通过链接进行爬行和抓取，将抓取到的页面存储到原始数据库中。

（2）预处理：搜索引擎蜘蛛抓取到的页面不能直接进行用户查询排名，需要进行预处理。

（3）检索服务：用户输入查询词后，排名程序调用索引数据库中的数据，将与用户搜索词相关的页面展示给用户。

接下来，我们逐一介绍每一个阶段。

1. 网页收集

搜索引擎是通过蜘蛛程序对互联网中的网页进行抓取和收集的，网页收集是搜索引擎工作的第一步。了解搜索引擎的网页抓取机制，便于蜘蛛抓取更多的页面，使网站有更好的排名。

（1）什么是蜘蛛

网络爬虫，又被称为网页蜘蛛、网络机器人，是指按照一定的规则，自动抓取互联网中网页的程序或者脚本。

（2）蜘蛛的工作方式

对于互联网中的网站来说，如果没有对其中的链接进行屏蔽设置，蜘蛛就可以通过链接在网站内或者网站间进行爬行和抓取。

由于互联网中的网站及页面链接结构异常复杂，蜘蛛需要采取一定的爬行策略才能抓取更多的页面。

最简单的爬行策略有两种：一种是深度优先，另一种是广度优先。

广度优先：是指蜘蛛会先抓取起始网页中链接的所有网页，然后再选择其中的一个链接网页，继续抓取在此网页中链接的所有网页。这是最常用的方式，因为这个方法可以让网络蜘蛛并行处理，提高其抓取速度。

图1.17所示是广度优先的模型图，蜘蛛从F页面顺着链接爬行到A1、B1、C1页面，直到F页面上的所有链接都爬行完，然后再从F页面发现的下一层链接A1爬行到A2、A3、A4页面。

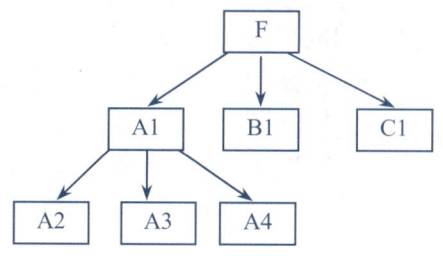

图1.17　广度优先模型图

深度优先：是指蜘蛛会从起始页开始，一个链接一个链接跟踪下去，处理完这条线路之后再转入下一个起始页，继续跟踪链接。

图1.18所示是深度优先模型图，蜘蛛从F页面爬行到A1、A2、A3页面，到A3页面后，

已经没有其他链接可以爬行了，就返回 F 页面，顺着页面上的另一个链接爬行到 B1、B2、B3 页面。在深度优先策略中，蜘蛛一直爬到无法再向前，才返回爬行另一条线。

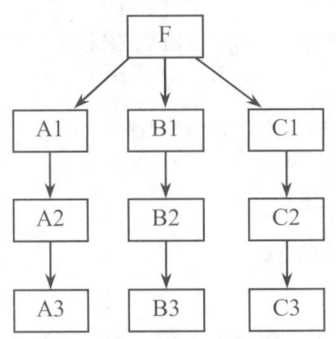

图 1.18　深度优先模型图

深度优先和广度优先通常是混合使用的，这样既可以照顾到尽量多的网站，也可以照顾到一部分网站的内页，同时也会考虑页面权重、网站规模、外链、更新等因素。而且搜索引擎为了提高爬行和抓取的速度，都是用多个蜘蛛并发分布爬行。

根据这一原理，在优化网站时，应该合理设置网站中的链接，便于蜘蛛更加顺利的爬行网站中的各个页面。

（3）认识种子站点

一些互联网中的网站被蜘蛛格外看重，蜘蛛的爬行也往往以这些网站作为起始站点。通常情况下，这类站点具有一定的权威性和导航性，如新浪、hao123 等。这些具有权威性和导航性的网站称为种子站点。因此，在优化网站时，可以在种子站点中添加自己网站的链接，增加蜘蛛抓取的入口。

（4）搜索引擎的收集机制

蜘蛛对于网站的抓取频率受网站更新周期的影响，若网站定期定量更新，那么，蜘蛛会规律进入网站中进行爬行和抓取。

蜘蛛每次爬行都会把页面数据存储起来，如果第二次爬行发现页面与第一次收录的完全一样，说明页面没有更新，多次抓取后蜘蛛会对页面更新频率有所了解。不常更新的页面，蜘蛛也就没有必要经常抓取。如果页面内容经常更新，蜘蛛就会更加频繁地访问这种页面，页面上出现的新链接，也自然会被蜘蛛更快地抓取。

因此，在优化网站时，应该定期定量地更新内容，增加网站被抓取的频率。

（5）文件存储

搜索引擎蜘蛛抓取的页面存入原始数据库中。搜索引擎会对原始数据库中的页面进行相应的处理。

2．预处理

蜘蛛抓取的原始页面并不能直接用于查询排名，需要对其进行一定的处理。这个处理的过程称为预处理。搜索引擎预处理的环节是在后台提前完成的，用户搜索时感觉不到这个过程。搜索引擎预处理，涉及到网站优化中的多个环节，因此，掌握搜索引擎预处理的原理，可以更快速地理解网站优化的各个因素。搜索引擎预处理共分为六步，如图 1.19 所示。

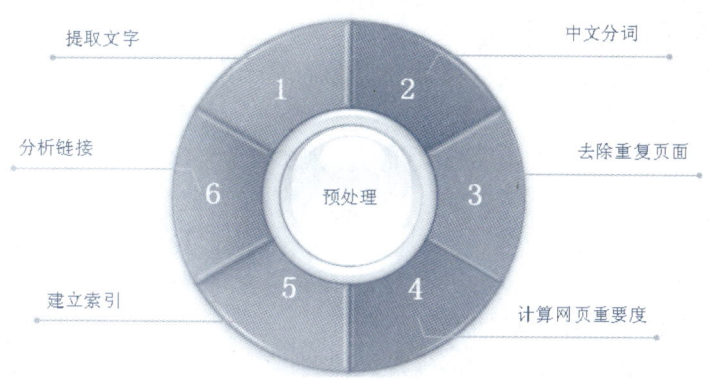

图 1.19　搜索引擎预处理

（1）提取文字

现在的搜索引擎还是以文字内容为基础，从网页文件中去除标签、程序，提取出可以用于排名的网页文字内容。

同时，需要注意，在优化网站时，页面内容尽量以文字为主，方便蜘蛛提取用于排名的内容。

（2）中文分词

搜索引擎将抓取到的页面中的文字提取出来后，需要对提取出的文字进行拆分重组，这个过程称为中文分词。

英文等语言，单词与单词之间有空格作为天然分隔，搜索引擎索引程序可以直接把句子划分为单词的结合。而中文，词与词之间没有任何分隔符，一个句子中的所有字和词都是连在一起的。搜索引擎必须首先分辨哪几个字组成一个词，哪些字本身就是一个词。

进行中文分词时，首先要把网页中提取的文字按照词组进行划分，比如"连衣裙批发"可以分词为"连衣裙""批发""连衣裙批发"。

在分词时，对内容没有任何影响却大量出现的词会被搜索引擎自动过滤，如的、地、得、啊、哦、呀、不但、而且等。

搜索引擎对页面的分词取决于词库的规模、准确性和分词算法的好坏，而不是取决于页面本身如何，因此 SEO 人员对于分词所能做的很少。唯一能做的是在页面上用某种形式提示搜索引擎，某几个字应该被当做一个词处理，尤其是可能产生歧义的时候，比如在页面标题处出现关键词，或者使用标签强调关键词。

（3）去除重复页面

将分词后的页面进行对比，去除重复内容的页面。

同一篇文章经常会重复出现在不同网站及同一个网站的不同网址上，搜索引擎并不喜欢这种重复性的内容。用户搜索时，如果在搜索结果页排名靠前的位置看到的都是来自不同网站的同一篇文章，用户体验就会很差。对于搜索引擎而言，更倾向于网站更新高质量的原创内容，这样做符合搜索引擎的基本原则。

搜索引擎倾向于原创，因此，SEO 人员应该知道简单地增加"的""地""得"、调换段落顺序这种所谓的伪原创，并不能逃过搜索引擎的去重算法。优化网站时，更新高质量的内容才是真理。

（4）计算网页重要度

搜索引擎会根据网页的被指向链接数及页面的原创性两个因素综合判断，计算出页面的重要程度。

因此，为网站增加指向链接、提高页面的原创度，是 SEO 人员应该重视的内容。

（5）建立索引

建立索引，是建立关键词与网页之间的对应关系。建立索引的最大好处在于可以快速获取对应的数据。简单来说，搜索一个关键词后，搜索引擎能够在很短的时间内将所有相关的内容进行展现，依靠的就是提前对页面建立了索引。

建立索引时，有两种索引关系：正排索引和倒排索引。

1）正排索引

蜘蛛经过文字提取、中文分词、去重等操作后，得到的就是独特的、能反映页面主题内容的、以词为单位的字符串。接下来搜索引擎索引程序就可以提取关键词，为该页面建立与关键词的对应关系，这个过程称为正排索引。简单来讲，正排索引指的是页面对应关键词的索引，图 1.20 所示是正排索引关系图。

图 1.20　正排索引关系图

2）倒排索引

用户在搜索引擎中输入某个关键词后，搜索引擎会快速地将与搜索词相关的所有页面展示给用户，这个过程称为倒排索引。简单来讲，倒排索引指的是关键词对应页面的索引，图 1.21 所示是倒排索引关系图。

图 1.21　倒排索引关系图

正排索引还不能直接用于排名，比如用户搜索"旅游攻略"，如果只存在正排索引，排名程序需要扫描所有索引库中的文件，找出包含该关键词的文件，再进行相关性的计算。这样就不能实时返回排名结果。

所以搜索引擎会将正排索引数据库重新构造为倒排索引，把页面对应到关键词的关系表，转化为关键词对应到页面。

这样，当用户搜索某个关键词时，排名程序在倒排索引中定位这个关键词，就可以马上找到所有包含这个关键词的页面。

由于蜘蛛在分析页面时，会根据页面中关键词出现的频率、次数、格式、位置等信息，判断一个页面重点优化的关键词是什么，然后建立关键词和页面的对应关系。因此在优化网站时，应该重点突出每个页面中优化的关键词，提高关键词出现的频率、出现的次数，也可以使用标签进行突出强调。

（6）分析链接

链接关系计算是预处理中很重要的一步。主流搜索引擎排名因素都包含网页之间的链接流信息。必须计算出页面上有哪些链接指向哪些其他页面，每个页面有哪些导入链接，链接使用了什么锚文本等，这些复杂的链接指向关系，形成了网站和页面的链接权重。

3．检索服务

经过搜索引擎蜘蛛抓取页面、预处理之后，处理好的页面就保存到索引数据库中了。用户在搜索框中输入查询词后，排名程序调用索引数据库中的数据，计算排名显示给用户。一般情况下，检索服务可以分为两个步骤。

（1）查询词的处理

搜索引擎会通过分词的方法，将用户查询的关键词进行拆分。

（2）获取排序

将查询的关键词拆分后，会将拆分结果与预处理时建立的索引项进行对比，之后利用倒排索引将对比后最匹配的结果展示给用户。

在检索服务环节，搜索引擎会根据用户搜索的词，展示对应的页面。因此，在优化网站时，SEO 人员应该清楚，企业的目标用户通常会搜索哪些词，然后就可以将这些词在网站中进行优化。

综上所述，蜘蛛在互联网中抓取网页后，将网页存放到原始数据库中。网页在原始数据库中经过一系列处理后，才可以被用户搜索到。搜索引擎的工作流程，如图 1.22 所示。

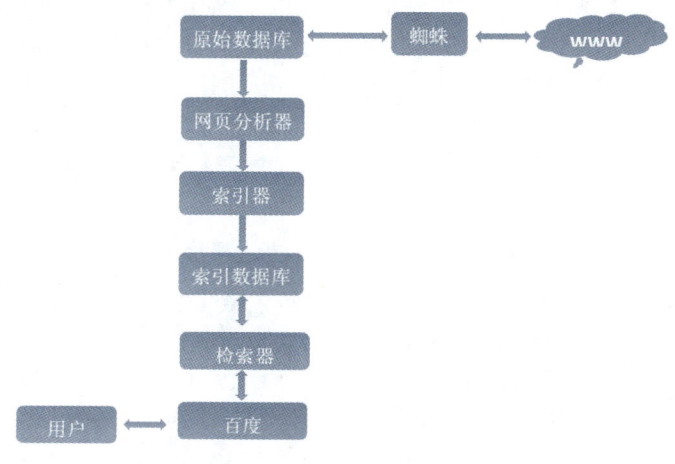

图 1.22　搜索引擎的工作流程

1.2.2　常见搜索引擎的对比

搜索引擎是指根据一定的策略、运用特定的计算机程序从互联网上搜集信息，在对信息进行组织和处理后，为用户提供检索服务，将用户检索的相关信息展示给用户的系统。常见的搜索引擎有百度、360、搜狗、谷歌等。

经常有人会问：不同的搜索引擎，它们的优化有什么不同？

简单来说，不同搜索引擎的优化，原理相同，方法也类似，只是一些细节上有区别。了解不同搜索引擎的 SEO 差异性，便于提升网站在不同搜索引擎中的排名。接下来，我们针对几种常见的搜索引擎做具体的介绍。

1. 常见搜索引擎简介

（1）百度

百度，全球最大的中文搜索引擎、最大的中文网站。于1999年年底成立于美国硅谷，2000年百度公司回国发展。目前收录中文网页已超过12亿个，这些网页的数量每天以千万级的速度在增长；同时，百度在中国各地分布的服务器，能直接从最近的服务器上把所搜索的信息返回给当地用户，使用户享受极快的搜索传输速度。目前，中国所有提供搜索引擎的门户网站中，80%以上都由百度提供搜索引擎技术支持。

（2）360

360搜索，属于全文搜索引擎，是奇虎360公司开发的基于机器学习技术的第三代搜索引擎，具备"自学习、自进化"能力和发现用户最需要的搜索结果。360搜索主要包括新闻搜索、网页搜索、微博搜索、视频搜索、MP3搜索、图片搜索、地图搜索、问答搜索、购物搜索，通过互联网信息的及时获取和主动呈现，为广大用户提供实用和便利的搜索服务。

（3）搜狗

搜狗搜索是中国领先的中文搜索引擎，致力于中文互联网信息的深度挖掘，帮助中国上亿网民加快信息获取速度，为用户创造价值。2013年9月，腾讯控股入股搜狗，搜搜和搜狗整合。2016年5月19日，搜狗与微软必应合作推出英文和学术搜索。

（4）谷歌

谷歌是一个功能强大、网络信息资源非常丰富的搜索引擎，它由斯坦福大学博士生Larry Page和Sergey Brin于1998年9月创立。1999年下半年，谷歌网站"Google"正式启用。2010年3月23日，宣布关闭在中国大陆市场搜索服务。虽然谷歌退出了中国市场，但是谷歌在中国搜索引擎市场上还是有一定的影响力。

2. SEO差异性

（1）对新站排名

百度对新站排名不够友好，如果关键词竞争激烈，那么新站短时间内很难获得理想排名。360对新站排名是最不好的，很不待见。谷歌和搜狗，这两个搜索引擎对于新站的态度大致相同，基本上没有新站和老站的区别，只要保持内容不断更新，就可以在短时间内获得稳定而且非常高的排名。

因此，新站想要在百度中获得好的排名，还需要SEO人员打好基础，同时选择竞争度不是很高的词去优化。

（2）对内容的收录

百度对于内容的收录要求比较高，很多新网站要被百度收录是个难题。有时需要比较长的考核期。而一旦被收录，比较容易获得排名和流量。相对而言，360对于内容的收录会宽泛些。而搜狗基本上处于百度和360之间，不过搜狗的时效性没有百度的高。谷歌很容易收录新网站和新页面，但是谷歌有沙盒效应，收录门槛很低，获得比较好的排名比较难。

无论针对哪一种搜索引擎，想要获得好的排名，内容质量是根本。因此，SEO人员在优化网站时，应该注重内容质量的提升。

（3）首页优势

百度有比较大的首页优势，而谷歌对所有页面一视同仁，不管是首页还是内页。在搜索结果页面上,谷歌较多返回网站内页,而要想在百度获得较好的排名,经常需要靠首页。360 对于每一个页面(新站除外)的展现机会是基本对等的。

因此,不管是网站首页,还是网站内页,都应该重视,重点去优化,这样在不同的搜索引擎都有展示的机会。

(4)对外链的注重度

百度对于外部链接的依赖性比较小,对页面本身的相关性却比较敏感。这种敏感既体现在,在正确的位置出现关键词有助于排名,也体现在关键词堆砌时容易影响排名。

对于搜狗搜索引擎,首页的外部链接不要过多,如果你网站权重不高的话,就一定不要这样做,尤其是新站,将影响收录。

谷歌对外部链接很重视,对页面元素则没有那么敏感。我们经常可以看到排在第一页的页面,关键词在页面上出现一次的也有,出现十次的也有。谷歌对于关键词在页面上的出现次数、位置,看不出明显的、有规律的偏好。360 对于外部链接同样比较重视。

作为网站的导入链接,虽然不同搜索引擎对其注重度不同,但是,高质量的导入链接还是很有必要的。因此,SEO 人员在优化网站时,不能随意的发布外部链接,要注重外部链接的质量。

不同搜索引擎,优化的侧重点有差异。但是,从实践来看,只要抓住 SEO 的根本原理,做好基础优化,一般来说在所有搜索引擎中的排名都会不错。不同搜索引擎算法上的细微差别造成排名不同是正常的。但是,对于一个真正优秀的网站来说,不会有太大差别。

1.3　SEO 流程简介

SEO,很多人对其并不陌生,但是多数人对 SEO 理解的并不全面。比如有的人认为 SEO 就是编辑,而有的人则认为 SEO 只是发外链,对 SEO 真正了解的人非常少。

SEO 需要循序渐进,要知道先做什么,后做什么,该做什么,不该做什么。这就需要大家掌握 SEO 的基本流程。

进行网站 SEO 优化,基本的步骤包括:行业概况分析、公司情况分析、竞争对手分析、确定关键词、网站优化、网站数据监测。

1. 行业概况分析

不同行业,其行业特点不同。SEO 人员在进行网站优化时,需要从行业分析开始,对整个行业有个清晰的了解和认识,为后期的优化做准备。

例如,要对行业的发展趋势、用户关注点、地域分布等有所了解。以优本理财为例,优本理财所属行业是网贷理财行业,该行业发展迅速,在短短几年内就为理财人士所熟知,银行系、国资系纷纷入驻该行业,网贷理财行业的人士更加注重投资资金的安全,该行业的一个特点就是网站用户访问量大多集中在工作日时间。根据这一行业特点,来规划后期的优化策略。

2. 企业实况分析

关于企业的情况,主要考虑这几个问题:企业是否有足够的决心做 SEO、能投入多少人力和财力、能否耐心等待、技术部门是否愿意配合、内容编辑部门是否具备基础 SEO 知识、SEO 是否得到企业高层的重视等。了解企业的实际情况,可以制定更加有针对性的优化方案,避免出现冲突或者不能执行的情况。

其实目前很多网站都受困于上述的问题，比如不少企业的内容编辑部门，编辑人员不具备基础的 SEO 知识，导致网站的内容不符合 SEO 人员的要求。

再比如，你所在的企业只是一家小企业，人员配备不是很齐全，而且预算不多。那么，就需要根据这一情况来制定更加合适的规划。

3. 竞争对手分析

要在行业中为自己的网站找到一个比自己做得好的竞争对手，为什么要找竞争对手呢？因为有了竞争对手可以通过参考它的数据、内容来为自己的未来发展方向做个参考，也可以将其作为一个目标，让自己的 SEO 工作有个清晰的目标，这样更有动力推进 SEO 计划。

通过分析竞争对手，还能知道目标用户的特点、喜好、看重什么等数据，这样可以为自己的工作节省很多时间。以竞争对手的数据为参考，可以让你更快、更准确地做好网站优化，增加网站的竞争力。

对同行业竞争对手进行研究时，可以分析竞争对手的权重等基本数据、网站优化情况、网站流量等数据，根据其优化情况，对自身网站的优化做出参考。

4. 确定关键词

通过对行业、公司情况、竞争对手的分析，整理出对自己有价值的信息之后，即可确定网站的关键词。关键词选取是 SEO 优化中最基础也是最关键的一个步骤，选择恰当的关键词是 SEO 最具技巧性的环节之一。

具体的方法有，根据关键词的指数及竞争度分析、从竞争对手网站进行分析、利用工具分析等。但是，并不是所有的关键词都值得优化，只有选择正确的关键词，才能使网站 SEO 走向正确的大方向上。

对于特定的人和企业来说，只有特定的词才有商业价值。而一个关键词是否具备商业价值，可以通过该关键词的转化率来判断。比如一个网站优化了三个关键词 A、B、C，在同一个统计时间段内，这三个关键词的点击次数是相同的，但是用户习惯通过关键词 A 进入网站下单购买。那么，关键词 A 的转化率相对来说更高一些，也更有商业价值一些。

看一个具体的例子，搜索"液晶电视原理"的用户购买意图就比较低，商业价值也低，他们很可能是在做研究，学习液晶电视知识而已。而搜索"液晶电视图片"的用户商业价值有所提高，很可能是在寻找、购买液晶电视的过程中想看看产品实物有哪些选择。搜索"液晶电视价格"，购买意图大大提高，已经进入产品比较选择阶段。而搜索"液晶电视促销"或"液晶电视购买"，其商业价值进一步提高，一个大减价信息就可能促成用户做出最后的购买决定。

在做关键词分析时，SEO 人员可以通过各种方式查询到大量的搜索词，通过尝试就能判断出不同词的购买可能性。另外，确定关键词是非常重要的一个工作，SEO 人员在了解了网站的实际情况之后，应该首先为所优化的网站选取合适的关键词。

5. 网站优化

为网站选取到合适的关键词，接下来，就是对网站进行优化，使网站更容易被搜索引擎收录。通俗来讲，网站优化分为两个部分：站内优化和站外优化。

站内优化，即网站本身内部的优化，主要是让自己网站的内页能够被搜索引擎更好地收录，对搜索引擎更友好，而且对排名有很好的促进作用。站内优化主要是调整网站结构、网站层次，并将关键词合理分配到网站上等基础优化，主要以人工优化为主，调整后让网站和关键词更符合搜索引擎排名规则。站内基础优化周期较长，一般对新站或关键词没有排名的网站而言，正常周期是 30~60 天关键词才会有一个良好排名。

站外优化操作简单，就是增加网站的外部链接（通过其他网站链接到你的网站的链接）。为网站增加外部链接，可以增加网站的权重，对排名提升也有帮助，起到了推广的作用，对网站的收录也起到推进的作用。

在网站优化过程中，站内优化和站外优化同样重要。SEO 人员应该根据网站的实际情况，对站内和站外的各个因素进行优化分析，提升网站的各项数据。

6. 网站数据监测

在优化网站过程中，需要对网站的相关数据进行时时监测，做到随时了解网站的运行情况，并为下一步的优化计划做准备。如网站权重、网站排名、网站收录等数据的监测。

在实际优化网站过程中，数据监测、数据分析是至关重要的一个环节。SEO 人员作为网站优化的负责人，需要实时掌控网站的情况，出现问题能够及时应对。综上所述，进行网站优化时一定要注意方法，不要盲目地去优化。这样才能让网站受到百度蜘蛛的青睐，提升网站的收录速度，提升网站排名。

1.4 案例分享

案例：极速留学网站 SEO 优化流程

【案例描述】

极速留学，专业办理留学申请，包括美国、英国、加拿大、澳大利亚留学等服务，是百万家庭首选留学机构。

该企业有自己的官方网站，假如你应聘到该企业去做 SEO，请分析该网站的 SEO 优化流程。

【案例分析】

1. 行业概况分析

以前留学人员的父母多数为各大公司管理层，现在，随着家长的教育意识不断提高，留学不再只是有钱人的专门选择，越来越多的处于工薪阶层的父母望子成龙心切，希望能帮助子女获得更高的人生起点。数据显示，32%的留学生家长来自普通工薪阶层。

在众多留学国家里，美国一直位于第一，英国列居其次，两国加起来囊括了将近 80%的留学生。究其原因，世界百强名校中的前几名基本在美国和英国，而且尤其对于想要提高英语水平的学生来说，英音或美音纯正的国家具有明显优势。

多数学生在高中及高中之前的阶段就已经有了出国留学的意向，留学呈现低龄化趋势，一方面与家长"望子成龙"心态相关，越来越多的家长希望孩子能够尽早接受国际化教育，更好适应国外教育环境；另外则与家庭可支配收入的提高相关，越来越多的家庭有足够的经济条件支持孩子在国外接受教育。

而该企业的目标用户，主要有高中生在读及毕业生、本科在读及毕业生，以及研究生。

2. 企业实况分析

该企业主做美国留学、英国留学、澳大利亚留学、加拿大留学四大国留学业务，包括留学院校申请、留学签证申请等业务。

公司规模比较大，有专门的 SEO 团队，人员配备比较齐全。企业领导对于网站优化非常重视，对网站的内容、用户体验都非常关注，希望网站有比较好的排名。

3. 竞争对手分析

在留学行业，比较权威的机构有澳际留学、启德留学等，这些机构网站优化工作做得比较不错，权重在 4 左右。

以澳际留学、启德留学为例进行分析，发现目标用户对于留学规划、院校申请、院校推荐、专业选择、签证申请、留学费用、住宿等内容比较感兴趣。另外，网站内容更新比较及时，网站每个栏目每天基本都有更新。

结合自己企业的产品及服务，可以发现，这些内容也是我们重点优化的，因此可以借鉴来用。另外，网站的关键词、内容及更新频率，也是可以参考的。

4. 确定关键词

根据公司的产品和服务，以及竞争对手网站的数据，再结合关键词的优化难易度，确定出适合网站优化的关键词，如有出国留学、美国留学、英国留学、澳大利亚留学、加拿大留学、美国留学费用、美国留学签证、美国院校申请、英国留学费用、英国留学签证、英国院校申请等。

需要注意的是，在优化网站过程中，如果公司规模比较大、业务比较多，而且有足够的内容去填充，可以考虑建立多个网站，每个网站专门负责一个业务线，条理更清晰。

5. 网站优化

确定网站的关键词之后，进入网站优化的环节。按照搜索引擎的优化规则，进行站内及站外的优化，综合提升网站的数据，提高关键词排名。

6. 网站数据监测

网站 SEO 优化，是一个漫长的过程，很难在短时间内看到效果，因此，要长期坚持去优化。在实际优化过程中，每天必做的一项工作，是查询网站的各项数据，如网站权重、网站收录等，将其统计在一个 Excel 表中，发现网站优化中出现的异常情况，及时处理。

以上就是 SEO 优化的基本流程，在实际工作中，可以参考此流程对网站进行优化分析。需要注意的是，不同的企业，行业特点不同、主营业务也不同，需要根据企业的具体情况进行分析，然后合理地优化。

章节总结

本章主要介绍了以下内容：

- 什么是 SEO：SEO（Search Engine Optimization），中文翻译成搜索引擎优化，是指通过采用易于搜索引擎索引和排名的合理手段，使网站各项基本要素适合搜索引擎的检索原则，从而更容易被搜索引擎收录及优先排名。
- SEO 的价值：提升网站流量、提高目标客户的精准性、提高品牌知名度。
- SEO 常用名词：链接、关键词、搜索结果、搜索排名、网站权重、网站结构扁平化、URL、301 重定向、站内链接、网站地图、索引量、死链接、外部链接。
- SEO 常用工具：站长工具、爱站网、百度站长平台、百度指数、Majestic SEO、百度统计工具。
- 搜索引擎工作流程：网页收集、预处理、检索服务。

- 预处理：提取文字、中文分词、去除重复页面、计算页面重要度、建立索引、分析链接。
- 常见搜索引擎对比：百度、360、搜狗、谷歌。
- SEO 流程：关键词选取、站内优化、站外优化、数据分析。

作业

一、选择题

1. SEO 的中文名称是（　　）。
    A．搜索引擎竞价　　　　　　　B．搜索引擎优化
    C．搜索引擎排名　　　　　　　D．搜索引擎检索
2. 蜘蛛抓取的原始页面要存储在（　　）。
    A．索引数据库　　　　　　　　B．原始数据库
    C．网站中　　　　　　　　　　D．百度快照
3. 搜索引擎预处理过程中，建立索引指的是（　　）。
    A．建立关键词与关键词之间的对应关系
    B．建立网站与页面之间的对应关系
    C．建立关键词与页面之间的对应关系
    D．建立页面与页面之间的对应关系
4. 关于搜索引擎"蜘蛛"的描述，不正确的是（　　）。
    A．是一种网络爬虫　　　　　　B．是一种脚本程序
    C．一种爬行动物　　　　　　　D．搜索引擎蜘蛛，自动抓取互联网中的网页
5. 以下选项中，不属于搜索引擎预处理流程的是（　　）。
    A．提取文字　　B．中文分词　　C．检索服务　　D．建立索引

二、简答题

1. 简述 SEO 的价值。
2. 简述搜索引擎的工作流程。
3. 列举百度、360、搜狗、谷歌的 SEO 差异性。
4. 名词解释：关键词、网站权重、搜索排名、网站收录。
5. 某旅游行业网站，主要从事北京周边游、自驾游、自由行等业务，你应聘成为该公司的 SEO 人员，去优化网站，请简述工作流程。

第 2 章

关键词选取

【学习目标】

- 了解为什么要选取关键词
- 了解分析关键词的意义
- 掌握关键词的分类标准
- 掌握关键词的收集方法
- 掌握关键词的选取方法

【导读】

在实际工作中,关键词收集、选取往往是网站优化的第一步。如果前期不做关键词研究、分析,容易导致两个后果:一是自己想优化的关键词排名上不去;二是优化的关键词排名上去了,但是没有流量。因此优化网站时,为网站选取合适的关键词可以事半功倍。

要为网站选取合适的关键词,需要了解关键词有哪些类别、如何收集关键词、关键词选取的思路及方法。掌握了这些技能,才能顺利地选取出适合网站优化的关键词。

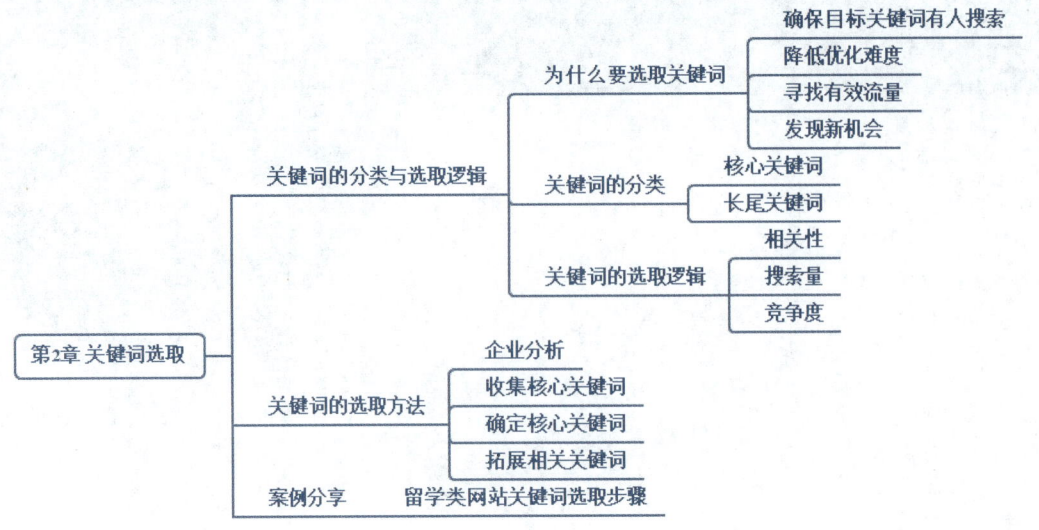

2.1 关键词的分类及选取逻辑

先来看一个例子：小张以前优化一个旅游行业网站，从接手该网站开始，经常遇到的问题可以总结为以下三种：

- 关键词排名上不去。
- 关键词有排名没流量。
- 关键词有排名、有流量依然没有转化。

针对此类问题，我们在寻找解决方法时，可以首先考虑是否是关键词选取得有问题。因为关键词选取得不合适，经常会导致这种后果。

作为 SEO 人员，我们需要知道所选择的关键词是否适合网站优化。而想要知道所选择的关键词是否合适，首先要清楚选取关键词的原因、关键词的类别以及选取逻辑。

2.1.1 为什么要选取关键词

搜索引擎营销包括搜索引擎竞价排名（付费搜索广告）和搜索引擎优化（SEO），是根据用户心中预期产生的关键词进行展示和传播的。属于被动传播，用户不搜索（或用户不知道你的产品），目标网站就无法获得展示的机会。

因此在选取关键词之前，要研究出哪些关键词适合优化，研究关键词的意义在于以下几个方面。

1. 确保目标关键词有人搜索

网站所优化的关键词，不能想当然地选取，必须经过关键词分析才能确保这个关键词确实有用户在搜索，没人搜索的词没有任何价值。

不熟悉 SEO 原理的人，确定目标关键词时通常会先想到公司名称或产品名称，但当企业或网站没有品牌知名度时，没有用户会搜索公司名或网站名。比如，"云舒旅行社"是一个新建立的品牌，优化初期用户对该品牌名称知之甚少，鲜少有人去搜索。这时候就不适合选取品牌词去重点优化。产品名称如果不包含产品的通用名称，也往往没人搜索。

那么，应该选取什么样的词呢？

要选取有用户搜索的关键词，那就要想客户之所想。我们首先要换位思考，反想自己如果是用户，会搜索什么样的词来找到需要的商品。同时，也不要盲目地跟随别人，不要照搬别人网站的关键词，别人做什么你做什么。确定的关键词，要确保用户搜索次数达到一定数量级。

2．降低优化难度

选择关键词的前提是找到有搜索量的关键词，但并不一定要选择最热门的、用户搜索量最多的关键词。因为这类关键词竞争力度太大，很难优化。比如搜索"旅游""SEO""租房""减肥"等这些词的用户很多，但是对中小企业和个人站长来说，要把这些词优化到搜索结果页排名靠前的位置，难度非常大。如图 2.1 所示，查询的是关键词"旅游"的优化难度，属于高难度的词，比较难优化。

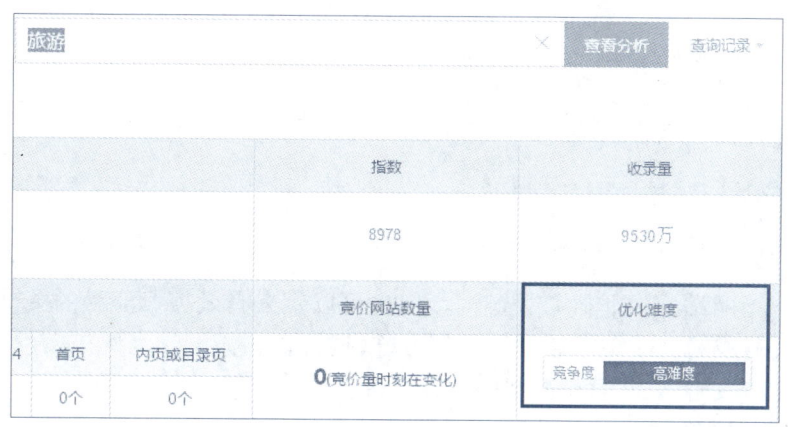

图 2.1　关键词"旅游"的优化难度

同时也并不能保证搜索最热门关键词的用户，就是我们的目标用户。对于中小企业网站和个人站长来说，如果没有足够的人力、预算，建议降低关键词的竞争度，这样才有可能在短时间内获得比较好的效果。

3．寻找有效流量

排名和流量都不是目的，有效流量带来的转化才是目的。就算企业有足够的实力将这些非常热门的关键词排到前面，也不一定是投入产出比最好的选择。流量带来的转化才是企业想要看到的。

比如，某网站提供旅游服务，将首页重点优化的关键词定为"旅游"。通常情况下，这并不是最好的选择。因为搜索"旅游"的用户需求并不明确，用户可能是了解旅游的定义，也可能是查找旅游景点，并不一定是要找旅游服务，这样的用户转化的机会就比较小。

当然，如果企业的实力强大，又有足够的人力、物力、财力去支持，也是可以选择这类词的。

整体来看，SEO 人员在选择关键词时，还是要选择需求精准、转化率高的关键词，这样的词，才可以获取有效的流量。

4．发现新机会

每个人的思维都会有局限，不一定能将有效的关键词全部选取出来。而用户的需求千变万化，为了满足用户的需求，让网站有更多展现机会，SEO 人员需要利用更多的方法去研究分析关键词，拓展关键词。

2.1.2 关键词的分类

作为 SEO 人员，想要为网站选取合适的关键词，还需要了解网站关键词的类别。从不同的角度来分，关键词可以有多种类别。从概念上来分，可以将关键词分为核心关键词和长尾关键词。

1. 核心关键词

（1）定义

核心关键词，是指经过关键词分析确定下来的网站"核心"的关键词，是网站主题最简单的词语，同时也是搜索量最高的词语。比如某旅游行业网站，核心关键词可以是"旅游攻略""旅游线路"等。

（2）核心关键词特征

1）搜索量大。

2）网站中核心关键词数量少。

3）一般出现在网站首页。

2. 长尾关键词

（1）定义

长尾关键词指网站上的非核心关键词，但也可以带来有效搜索流量的关键词，一般是由两个以上词组合而成的一个短语甚至是一个句子。同样以旅游网站为例，长尾关键词就可以是"超实用北京旅游攻略""北京旅游线路推荐"等。

（2）长尾关键词特征

1）长尾关键词长度较长，往往由 2～3 个词组成，甚至是短语。

2）搜索量少，并且不稳定。

3）一般出现在网站内容页。

4）长尾关键词的数量多。

在优化网站时，SEO 人员可以根据核心关键词和长尾关键词的特征，初步锁定关键词。

【补充阅读】

长尾理论（The Long Tail）是网络时代兴起的一种新理论，由美国人克里斯·安德森提出，他认为，只要存储和流通的渠道足够大，需求不旺或销量不佳的产品共同占据的市场份额就可以和那些数量不多的热卖品所占据的市场份额相匹敌，甚至更大。

同理，长尾关键词流量非常小，但因为长尾关键词词量非常多，所以长尾关键词的流量之和大于核心关键词的流量和。而且往往长尾关键词的转化率还要高于核心关键词，因此长尾关键词也是非常重要的。

根据长尾理论可以得出，长尾关键词的流量之和大于核心关键词的流量之和。在实际优化网站时，核心关键词和长尾关键词同样重要，都有优化的必要。

2.1.3 关键词的选取逻辑

了解了核心关键词和长尾关键词的定义及特征，还不足以选取出需要的关键词。为网站选取合适的关键词，需要清楚关键词的选取逻辑。

1. 核心关键词的选取逻辑

选取核心关键词要遵循的标准是：相关性高、搜索量大、竞争度高。

（1）相关性

网站核心关键词必须与网站内容或产品有相关性。

优化网站需要的不仅仅是流量，更应该是有效流量。通过优化不相关的关键词带来的访客，不容易转化，对网站优化毫无意义。

比如，某网站是做旅游相关业务的，选择“减肥方法”“健身技巧”这种不相关的关键词就不太合适。抛开可能性和优化难度不谈，即便通过这些词将用户吸引到你的网站，用户购买产品或服务的可能性也不会大。当然，对于一些新闻门户网站或者一些分类信息网站，不必硬套这一原则。

因此，SEO 人员在选择关键词时，相关性是首先要考虑的一个因素，要确保所选关键词与网站内容相关。

（2）搜索量

搜索量是关键词被网民搜索次数多少的体现，它帮助 SEO 人员分析关键词的热门程度。搜索量越高，关键词获取流量的能力越强。

很显然，网站核心关键词应该选择搜索量比较高的词。核心关键词通常布局在网站首页，数量比较少。如果选择搜索量少的关键词作为网站的核心关键词，不能带来足够多的流量，转化率也更少。因此如果考察的关键词搜索量趋近于零或者相对于其他关键词较小，则可能不太适合选为网站的核心关键词。图 2.2 所示（本图为参考图，具体以实际查询数据为准）是关键词“旅游天气”搜索量查询结果，对于旅游行业来说，该关键词搜索量比较低，不太适合作为网站的核心关键词。

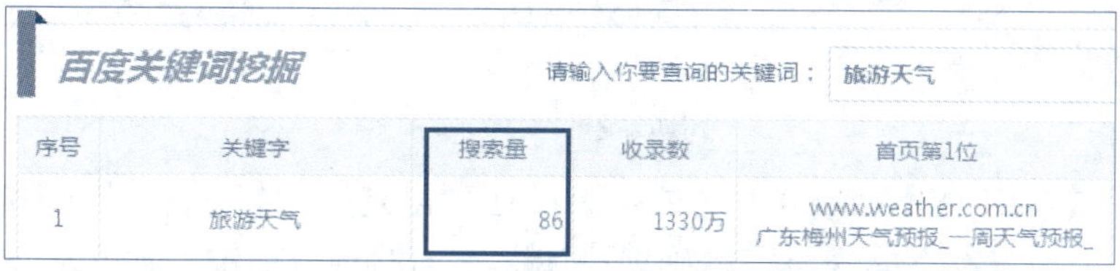
百度关键词挖掘　请输入你要查询的关键词：旅游天气

序号	关键字	搜索量	收录数	首页第1位
1	旅游天气	86	1330万	www.weather.com.cn 广东梅州天气预报_一周天气预报_

图 2.2　关键词“旅游天气”搜索量查询结果

但是，有些冷门行业的关键词搜索量确实很低，又没有可以替代的词，这种情况下可以选择低搜索量的关键词作为网站的核心关键词。如，化工厂只生产“三氯异氰尿酸钠”，虽然该词的搜索量很低，但是没有可以替代的词，所以也可以选为核心关键词。

查询关键词搜索量的方法，比较直接、简单，百度指数、爱站网、站长工具等都提供关键词搜索量数据。图 2.3 所示是爱站网关键词搜索量数据（本图为参考图，具体以实际查询数据为准）。

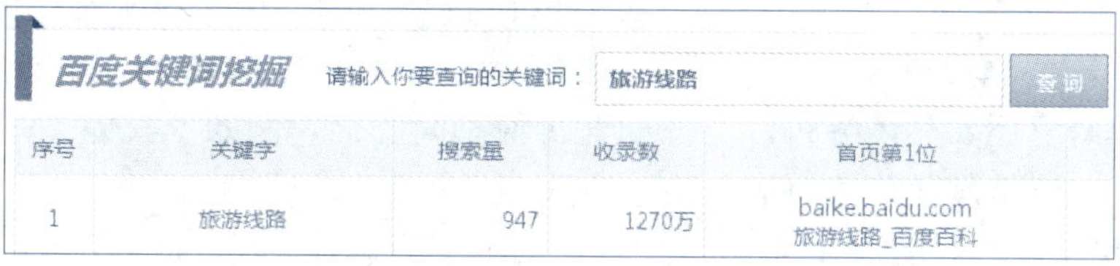
百度关键词挖掘　请输入你要查询的关键词：旅游线路　查询

序号	关键字	搜索量	收录数	首页第1位
1	旅游线路	947	1270万	baike.baidu.com 旅游线路_百度百科

图 2.3　爱站网关键词搜索量数据

在实际工作中，SEO 人员在选取核心关键词时，可以利用合适的工具，查询该关键词搜索量的高低，以此来判断该词是否适合选为核心关键词。当然，搜索量只是其中一个参考因素，还需要综合其他因素来选择。

（3）竞争度（推广难易度）

选择关键词最核心的要求是搜索量高、竞争程度小。但是，一般搜索量高的词，竞争程度也比较大，优化难度也就比较大，因此企业可以选择难度适中的词作为网站的核心关键词。当然也要结合企业自身的实力，以及网站中长期的目标。像一些中小企业网站，自身实力不是太强，就不太适合选择竞争度大的词来优化。核心关键词作为网站的长期优化目标，需要坚持优化，因此选取时要考虑竞争度合适的词。

判断关键词竞争度的方法有很多，如站长工具、爱站网可以直接查看关键词的优化难度。图 2.4 所示是"旅游线路"关键词竞争度查询（本图为参考图，具体以实际查询数据为准），关键词"旅游线路"的竞争度为中等偏上，可以作为旅游行业网站的核心关键词去优化。

图 2.4 "旅游线路"关键词竞争度查询

除了利用工具查询关键词竞争度之外，下面还列出几个可以用于判断关键词竞争程度的因素。每个因素单独看都不能完整、准确地说明关键词的竞争情况，而必须综合考虑。

● 搜索结果

将选好的关键词放入搜索框中查询，搜索结果页面会显示查询词返回的相关页面总数。这个结果是搜索引擎通过计算认为与查询词相关的所有页面，也就是参与该关键词竞争的所有页面。搜索结果越多竞争力度就越大。

SEO 人员可以根据搜索关键词得到的搜索结果数来规划出竞争力度的范围。通常，搜索结果数在 10 万以下，竞争很小，网站正常优化，就可以获得比较好的排名。搜索结果数达到几十万，说明优化关键词有一定的难度，需要一个质量和权重都不错的网站才能竞争。搜索结果达到一两百万以上，说明关键词已经进入比较热门的门槛，新网站排名到前几位的可能性大大降低，需要坚持扩展内容，建立外部链接，达到一定域名权重才能成功。

当然，具体情况还要具体分析，一些商业价值不高的词，例如"我们""技术"等，虽然搜索结果数很大，但是商业价值不高，竞争程度也并不高。

● 分析竞争对手

我们根据关键词搜索出来的网站进行具体的分析，只要分析前 10 名或者前 20 名的自然排名即可。分析竞争对手的内部架构、外链的数量与质量、文章的原创度、网站服务器稳定与否等,这些都要一一分析出来,分析出来之后,我们学习竞争对手好的方面,不好的方面我们要改进,这样来进行对手网站的总体分析。

- 分析搜索结果首页和内页

在分析搜索结果数量后,还要对前 10 名或者前 20 名的搜索结果页面进行分析,这样才能掌握关键词的竞争力度。将前 10 名或者前 20 名的页面全部列出来,查看首页和内页的数量有多少,如果首页多,内页少,那么竞争程度是很大的,如果是内页多,首页少,则竞争力度要小很多,这也是判断竞争程度的一个参考因素。

- 关键词的指数

百度指数是每个 SEO 人员都知道的,这是做 SEO 的基础知识,观察关键词的指数,也可以得出竞争程度的大小,这是最简单的一种判断关键词竞争程度的方法。通常情况下,搜索量越大竞争度就越大。

SEO 人员在判断关键词竞争程度时,需要综合多种因素进行分析,进而选择出合适的关键词。

【注意事项】

- 在选择关键词时,像一些热门行业,例如医疗行业、教育行业等,大多数关键词推广难度都很高,这种情况下,就要求 SEO 人员提高自己的技术实力了。
- 当关键词之间有包含关系时,如"自由行"和"自由行攻略",若网站没有严格限制,两个词均可以作为核心关键词进行优化;若网站存在关键词数量要求,则建议选择"自由行攻略"进行优化。这样在优化"自由行攻略"时,同样对"自由行"的排名有促进作用。

综上所述,SEO 人员在为网站选取核心关键词时,首先要保证关键词与网站内容相关。还需要结合企业的实力,选择合适搜索量和竞争度的词来优化。

2. 长尾关键词的选取逻辑

选取长尾关键词时,应按照以下逻辑顺序进行筛选。

(1)搜索量

对于长尾关键词来讲,一般搜索量不趋近于零就可以作为网站的关键词进行优化。但是长尾关键词的搜索量不做特别要求,由于某些行业具有"潮汐性",虽然目前关键词的搜索量极低,但是 SEO 人员可以提前预估未来哪些关键词搜索量会有较大提升,进而提前做好优化准备。例如,教育考试类网站可以提前优化"某考试的成绩查询"这类长尾关键词,电影行业网站可以提前优化"某部电影续集的上映日期"这类长尾关键词。

要选取合适搜索量的长尾关键词,还需要 SEO 人员对于自身行业有足够的了解,既要了解目标用户的需求,也要找准关键词的动向。

(2)相关性

一般选择相关性高、目标性较强的关键词作为长尾关键词。例如某网站为旅游行业网站,长尾关键词也应该选取与旅游相关的词,如"十一黄金周自由行攻略""北京 3 日游旅游线路推荐"等。

通过上述分析也能够发现,无论是核心关键词还是长尾关键词,都要保证关键词与内容的相关性。

（3）竞争度

长尾关键词通常在内容页优化，因此一般选择竞争度较小的关键词作为长尾关键词，推广难度较大的关键词不能选为长尾关键词。

对于 SEO 人员来讲，在选取长尾关键词时，要综合考虑三个因素：搜索量低、相关性高、竞争度低。

2.2 关键词的选取方法

了解了网站关键词的选取逻辑，接下来就可以为网站选取关键词了。选取关键词的第一步是确定网站的核心关键词。

核心关键词通常就是网站首页的目标关键词。一般来说，整个网站会有很多目标关键词，这些关键词不可能都集中在首页上进行优化，而是合理地分布在整个网站，形成金字塔结构。难度最大、搜索次数最多的两三个是核心关键词，放在首页；难度次一级、搜索量少些但是数量更多的关键词，放在栏目页；难度更低的关键词，搜索量更少，数量更为庞大，放在具体产品或文章页面。

为网站选取关键词，基本步骤为企业分析、收集核心关键词、确定核心关键词、拓展目标关键词。SEO 人员在选取关键词时，可以参考这一步骤。

1. 企业分析

分析企业所属的行业类别，网站的类型，产品的特点、功能、应用领域以及用户的搜索意图等。清楚了这些信息，才能确定目标用户可能会搜索什么样的关键词、我们应该为网站选取什么样的关键词。如某旅游行业网站，主要从事北京旅游相关业务，包括跟团游、自驾游、自由行等，通过数据分析以及对竞争对手网站的分析，发现用户对于旅游攻略、旅游线图、旅游景点推荐等内容比较感兴趣，在选取关键词时，就可以以此为参考。

另外，不同类型的网站，关键词选取技巧也不同。资讯类门户网站的特点是页面多、关键词多，一些大型的门户网站关键词甚至在十几万个以上。对于个人网站站长来说，新闻点评类网站、综合博客也拥有多个关键词。企业网站的特点是关键词更有地域性倾向，更突出其产品的服务特性。例如，要为一个旅游网站进行 SEO，优化时并不是宽泛地使用"旅游"这样的关键词，而是经过各种方式挖掘出关键词，再与服务的特性和地域性进行搭配，像"北京旅游攻略""北京旅游线路"等。

因此，SEO 人员可以根据企业分析的内容确定关键词的选取方向。另外，还应该初步确定关键词数量的大体范围。

2. 收集核心关键词

收集关键词是每一位 SEO 人员都必须掌握的技能，下面介绍 2 种关键词的收集方法。

（1）头脑风暴

列出与自己网站产品相关的、尽量多的、同时比较热门的关键词。在列举关键词的时候，可以思考如下几个问题：

- 你的网站能为用户解决什么问题？
- 用户遇到这些问题时，会搜索什么样的关键词？
- 将自己看作是用户，在搜索这些问题的答案时会怎样搜索？

- 用户在寻找产品时会搜索什么关键词？

足够了解企业的产品，再结合这几个问题，可以列出一定数量的关键词。例如，某旅游网站，主做北京旅游业务，在收集核心关键词时，通过头脑风暴，整理的关键词包括"旅游攻略""旅游线路""北京旅游""北京游玩""旅游景点推荐""北京一日游最佳景点""7 月份到哪里旅游最好""去北京旅游要多少钱""北京旅游团""北京旅游地图"等。需要注意，通过头脑风暴的形式获取的关键词，并不一定所有的关键词都适合作为核心关键词，可能有些词更适合作为长尾关键词，甚至有些词不属于网站的业务范围。因此需要进行初步的筛选。

另外，一个人的思路有限，可以与同事一起进行"头脑风暴"，实现"1+1>2"的效果。也可以咨询公司的客服人员，询问用户平时咨询比较多的问题有哪些，或者询问自己身边的亲戚朋友，他们在寻找你企业产品或服务时会搜索什么样的词。

（2）竞争对手分析

访问竞争对手网站，从中找出竞争对手使用的关键词。

分析竞争对手网站时，可以查看竞争对手网站的首页源代码（如图 2.5 所示）、网站的导航、版块标题、重点栏目，从中收集合适的关键词。有实力的竞争对手网站所优化的关键词很可能就是不错的选择。

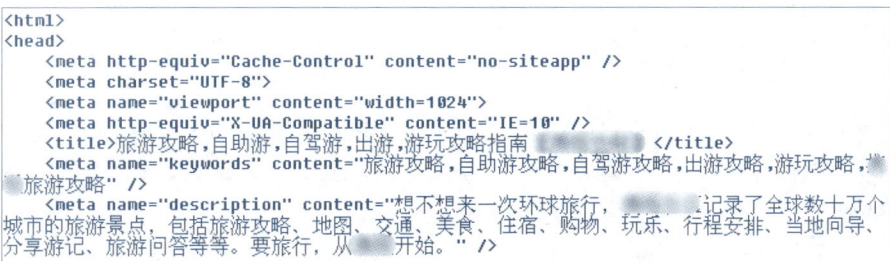

图 2.5　竞争对手网站源代码

3．确定核心关键词

通过"头脑风暴"以及分析竞争对手网站，收集到合适的关键词之后，就可以利用站长工具、爱站网等工具查询这些关键词的搜索量和竞争度。核心关键词通常是搜索量比较多、竞争度中等或中等偏上的词，可以根据查询的结果从中确定出合适的核心关键词。

核心关键词的数量不多，从收集到的关键词中，筛选出十几个搜索量比较多、竞争度中等或中等偏上的词，整理到 Excel 表中，表 2-1 所示是某旅游网站的核心关键词及对应的搜索量和竞争度。

表 2-1　某旅游网站的核心关键词及对应的搜索量和竞争度

关键词	搜索量	竞争度
旅游攻略	2308	高难度
旅游线路推荐	300	中等
跟团游	261	中等偏下
北京自驾游	187	较小
旅游景点大全	291	中等偏下

续表

关键词	搜索量	竞争度
自由行	1630	高难度
自驾游	1534	高难度
自驾游攻略	446	中等
周边游	1241	高难度

将查询到的关键词数据进行对比，确定出两三个合适的关键词作为网站的核心关键词。

在确定核心关键词时需要注意，企业的实力不同、优化力度不同，所选的关键词也不一样。对于中小企业网站、个人网站来说，可以选择搜索量相对较多、竞争度相对较小的词，比如"旅游线路推荐"、"跟团游"等，这样既能保证足够的搜索量，又能够优化成功。如果选择搜索量高、竞争度大的词去优化就不太现实。而对于企业实力比较强、资源比较丰富的网站，可以选择搜索量较高、竞争度比较大的一些词去优化。

4. 扩展目标关键词

确定了网站的核心关键词之后，可以根据核心关键词进行扩展，扩展出适合网站栏目页、内容页优化的目标关键词。

进行关键词扩展的方法有很多，接下来为大家介绍四种关键词扩展方法。

（1）百度下拉菜单

打开百度首页（www.baidu.com），输入想要查询的关键词，如"旅游攻略"，百度会将与查询关键词相关的关键词以下拉菜单的形式罗列出来，如图2.6所示。下拉菜单中的关键词为用户搜索量相对较大的关键词，可以选为网站的关键词。

（2）百度相关搜索

打开百度首页（www.baidu.com），在输入框内输入要查询的基础关键词，如"旅游线路"，搜索结果页最下方"相关搜索"处的关键词为用户在搜索基础词时通常会搜索的相关关键词，如图2.7所示，这类词的搜索量相对较大，可以选为网站的关键词。

图2.6 利用百度下拉菜单收集关键词 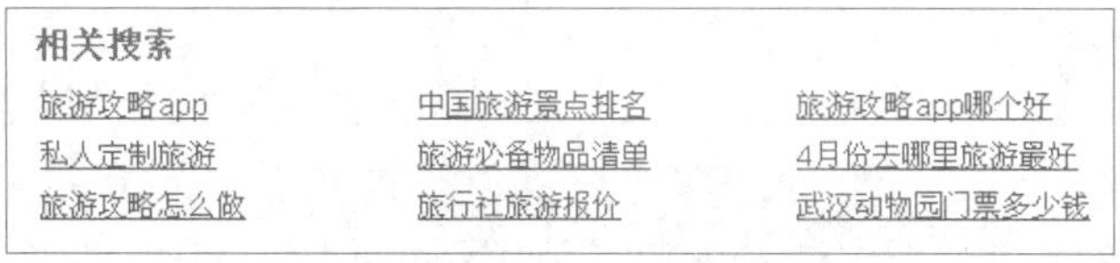　　　图2.7 利用百度相关搜索收集关键词

（3）百度指数

输入网址"index.baidu.com"，在输入框内输入基础词，如"旅游攻略"，在"需求图谱"功能中展示的关键词，是与搜索词相关的、搜索量较大或近期搜索热度较高的关键词，可以选为网站关键词，如图2.8所示。

（4）第三方工具

很多第三方工具都有关键词挖掘功能，如站长工具、爱站网、关键词规划师等。站长工具及爱站网挖掘关键词的操作方法详见第一章视频。我们以关键词规划师工具为例，介绍挖掘关键词的操作方法。

图 2.8　利用百度指数收集关键词

在关键词规划师中查询任何一个关键词，工具中会列出相关的关键词。图 2.9 所示是查询"旅游攻略"得出的相关搜索结果（本图为参考图，以实际查询结果为准）。再取其中任何一个关键词重新查询，又可以展示出一系列相关关键词。SEO 人员可以把查询出的关键词下载为 Excel 文件，从中筛选出合适的词保存下来，图 2.10 所示是下载的 Excel 文件，可以根据表格中的各个数据进行筛选。

图 2.9　查询"旅游攻略"得出的相关搜索结果

实际上扩展收集关键词的方法有很多，除了上述几种方法之外，SEO 人员还可以根据自己的工作习惯，总结更多的收集关键词的方法。在实际工作中，可以综合使用几种方法，为网站收集更多的关键词。

关键词	展现理由	整体日均搜索量	移动日均搜索量	计算机日均搜索量	新词左侧(上方)指导价	竞争激烈程度
旅游景点推荐	黑马	6200	6200	30	1.40	7
旅游	黑马	5000	3700	1300	0.79	11
北京一日游		4700	4500	130	1.29	6
北京旅游攻略	黑马	3700	3300	390	0.68	10
北京旅游		3100	2800	330	1.47	9
旅游景点大全	黑马	2800	2800	20	1.01	4
旅游景点	黑马	2500	2400	100	1.10	6
旅游攻略	黑马	2400	1900	500	1.06	10
北京旅游景点	黑马	2100	2000	100	0.45	8
同程旅游	黑马	2000	1600	400	3.27	8
天津旅游攻略	黑马	1900	1500	430	0.69	9

图 2.10　下载的 Excel 文件

2.3　案例分享

案例：留学类网站关键词选取步骤

【案例描述】

某留学行业网站，主要从事加拿大留学相关业务。该网站实力中等，SEO 人员 2 名，编辑 2 名。分析如何为该网站选取到合适的核心关键词和长尾关键词。

【案例分析】

根据该企业的背景描述可以发现，该企业实力中等，SEO 人员配备也不是很多。以此来看，在选取核心关键词时，可以选择搜索量中等、竞争度不是很高的词。

1. 收集核心关键词

根据该企业的主要业务，可以列举出合适的关键词，如留学、加拿大留学、加拿大留学申请、加拿大留学条件、加拿大留学费用等。

然后结合排名靠前的竞争对手网站，从中筛选关键词。在百度中搜索"加拿大留学"，搜索结果页中会出现加拿大留学相关的网站，图 2.11 是搜索结果页的部分截图。

图 2.11　搜索结果页部分截图

最后，整理好收集到的关键词，如表 2-2 所示。

表 2-2　收集到的关键词

留学	出国留学
加拿大留学	加拿大留学申请
加拿大留学条件	加拿大留学费用
加拿大留学专业	加拿大留学签证
加拿大本科申请	加拿大研究生申请

2．确定核心关键词

收集到关键词之后，利用工具查询关键词的搜索量和竞争度，记录下这些关键词对应的数据，如表 2-3 所示。

表 2-3　关键词对应的搜索量和竞争度

关键词	搜索量	竞争度
留学	1908	高难度
出国留学	3035	高难度
加拿大留学	841	中等偏上
加拿大留学申请	50	较小
加拿大留学条件	1006	高难度
加拿大留学费用	1164	高难度
加拿大留学专业	50	较小
加拿大留学签证	234	中等偏下
加拿大本科申请	85	较小
加拿大研究生申请	94	较小

由于企业实力中等，SEO 人员并不是很多，因此，在确定核心关键词时，可以选择搜索量中等、竞争度中等偏上的一些词，如加拿大留学、加拿大留学条件、加拿大留学费用。

3．扩展目标关键词

确定了核心关键词之后，接下来就是进行关键词扩展。因为对于一个稍有规模的网站来说，研究十几个，甚至是几十个关键词是不够的。还需要扩展更多的关键词。综合使用百度下拉菜单、百度相关搜索、百度指数、第三方工具，扩展更多的目标关键词，表 2-4 所示是扩展的目标关键词（部分）。

表 2-4　扩展的目标关键词（部分）

加拿大留学签证办理时间	加拿大本科一年需要多少钱	加拿大高中留学条件
加拿大留学签证新政	加拿大留学中介费用	加拿大留学申请文书
加拿大签证办理流程	加拿大留学费用	加拿大留学最新要求
加拿大双录取签证	加拿大本科留学费用	如何去加拿大读高中

续表

加拿大签证费用	加拿大留学生活费	加拿大可以直接申请专升本吗
加拿大签证体检	加拿大读研费用	加拿大读私立高中所需条件
加拿大留学签证及担保金	加拿大留学保证金	加拿大读研留学条件
加拿大探亲签证	加拿大研究生学费	加拿大读大学的条件
加拿大签证有效期	加拿大硕士奖学金	加拿大大学入学要求
加拿大留学签证申请	加拿大多伦多大学学费	多伦多大学录取条件

经过扩展得到的关键词，也需要查询相应的搜索量和竞争度，然后根据查询结果筛选出适合栏目页优化的目标关键词和内容页优化的长尾关键词。网站的长尾关键词数量庞大，在实际工作中，SEO 人员需要不断的挖掘长尾关键词，供编辑人员编辑内容。

以上是某留学行业网站关键词选取步骤，可以供大家参考。不同企业背景，需要根据实际情况去选取关键词。不同行业关键词选取的具体操作步骤请参考本章视频。

章节总结

本章主要介绍了以下内容：
- 为什么要选取关键词：确保目标关键词有人搜索、降低优化难度、寻找有效流量、发现新机会。
- 关键词的分类：核心关键词和长尾关键词。
- 核心关键词的选取逻辑：相关性高、搜索量高、竞争度低。
- 长尾关键词的选取逻辑：相关性高、搜索量低、竞争度低。
- 长尾理论的核心内容：长尾关键词流量之和大于核心关键词流量之和。
- 关键词的选取方法：企业分析、收集核心关键词、确定核心关键词、扩展目标关键词。
- 关键词扩展途径：百度下拉菜单、百度相关搜索、百度指数、第三方工具。

作业

一、选择题

1. 下列关于核心关键词和长尾关键词的描述，正确的是（　　）。
   A．选择核心关键词和长尾关键词时，也需要考虑用户的搜索意向
   B．网站核心关键词带来的流量一定比长尾关键词带来的流量多
   C．标题中适当布局关键词，便于用户的搜索
   D．长尾关键词的搜索量虽然低，但是可以通过优化多个长尾关键词来提升网站的整体流量

2. 网站优化长尾关键词的原因是（　　）。
   A．长尾关键词的流量之和大于核心关键词的流量和
   B．往往长尾关键词的转化率高于核心关键词
   C．长尾关键词的匹配度低

D．长尾关键词流量非常小

3．关于核心关键词选词逻辑的描述，不正确的是（　　）。

　　A．核心关键词与网站内容匹配度高　　B．核心关键词的搜索量比较大

　　C．核心关键词的竞争度较大　　　　　D．核心关键词的搜索量较小

4．网站优化，重要的是关键词选择。医疗行业网站在选择关键词时应该注意（　　）。

　　A．所选关键词要符合用户的搜索习惯

　　B．关键词不能过于生僻

　　C．所选关键词与页面内容相关性要高

　　D．以上选项均正确

5．某留学行业网站，初步选定两个核心词"留学"和"出国留学"，两个词有包含关系，最终确定网站核心词时，选择的方法是（　　）。

　　A．两个词同时选作核心关键词时更易于推广

　　B．只能选择"留学"作为核心关键词

　　C．有数量限制时，选择"出国留学"作为核心关键词

　　D．只能选择"出国留学"作为核心关键词

二、简答题

1．简述核心关键词和长尾关键词的选择标准。

2．简述网站优化核心关键词和长尾关键词的必要性。

三、实战题

实战背景：
- 公司名称：北京北大健身俱乐部。
- 所在城市：北京。
- 所涉项目：健身操/健身舞、室内器械健身、拳击运动、瑜伽健身。
- 公司简介：北大健身成立以来，一直专注于室内健身运动，立志发展成为国内大型的室内健身运动品牌。

实战要求：根据对北大健身俱乐部业务的了解，为其网站选取 3 个核心关键词，30 个长尾关键词。

随手笔记

第 3 章

站内优化（一）

【学习目标】
- 掌握搜索引擎的排名机制
- 了解影响关键词排名的因素
- 掌握网站导航优化方法
- 掌握网站 URL 设计方法
- 掌握 301 重定向的设置方法
- 学会如何设置网站的站内链接
- 学会撰写 robots.txt 文件
- 掌握网站地图的构建方法

【导读】
　　一名优秀的 SEO 人员从事网站优化工作不会从单一的角度对一个网站进行优化，而是全方位的进行，这样可以使网站有一个综合性的提升。
　　网站优化一般分为站内优化和站外优化。站内优化，顾名思义就是网站内部的优化。随着百度算法的不断更新，站内优化对网站关键词排名越来越重要了。站外优化，即网站外部的优化，也就是增加外部链接。
　　本章会介绍站内优化的具体内容。首先介绍搜索引擎的排名机制，然后根据排名机制拓展出影响关键词排名的因素，同时重点分析站内优化中网站结构影响关键词排名的原理及优化方法。

```
                                           搜索引擎的排名机制
                     影响关键词排名的因素                          站内因素
                                           影响关键词排名的因素
                                                               站外因素
                                                       为什么要优化网站导航
                                           导航系统优化
                                                       如何优化网站导航
                                                   URL越短越好
                                                   URL中包含关键词
                                           URL设计
                                                   连字符的使用
                                                   URL重写
                     网站结构优化        URL标准化及301重定向
    第3章 站内优化（一）
                                                       网站内链的作用
                                           站内链接优化
                                                       网站内链的设置方法
                                                       robots.txt的定义及作用
                                           robots.txt  robots.txt的常用语法
                                                       robots meta标签的使用
                                                       HTML格式网站地图构建技巧
                                           网站地图
                                                       XML格式网站地图构建技巧
                                       某新闻行业网站URL优化
                     案例分享
                                       robots.txt文件应用解析
```

3.1 影响关键词排名的因素

对于很多 SEO 新手来说，最棘手的问题就是接手一个网站自己不知道怎么去优化。实际上，做 SEO 很重要的一点是要了解网站优化各个因素的原理。而想要了解影响关键词排名的因素，首先要清楚搜索引擎的排名机制，知道搜索引擎重视哪些因素。

3.1.1 搜索引擎的排名机制

将有价值的内容展现给用户是搜索引擎的服务宗旨。对于用户来说，有价值的内容可以从两个方面去理解：一是用户想要看到的内容；二是对用户来说相对重要的内容。而"用户想要看到的"和"重要的"这两个方面在搜索引擎中可以理解为"相关性"和"页面权重"，这就是搜索引擎的排名机制。

相关性，是指页面与关键词的关联性。关联性越高，页面越容易获得排名。从另一个角度理解，用户在搜索引擎上搜索某个关键词后，搜索引擎所展示的内容一定是与用户搜索的内容相关的。如图 3.1 所示（本图为参考图，以实际查询结果为准），在百度搜索引擎中搜索"旅游"，排名靠前的都是与"旅游"相关的搜索结果，而且相关性越高，排名越靠前。

页面权重，搜索引擎会将互联网中的页面按照重要程度进行划分，将其认为重要的页面展示给用户。权重的详细解释，请参照"第 1 章 SEO 基础"中常用名词含义部分。在其他因素一定的前提下，权重越高页面排名越靠前。

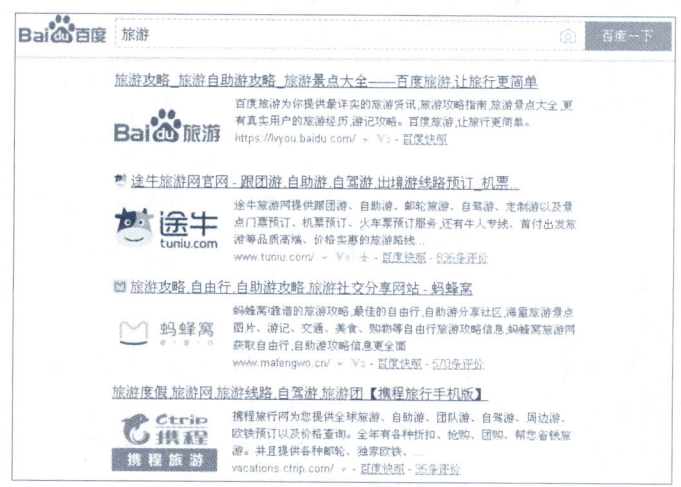

图 3.1　百度中搜索"旅游"

3.1.2　影响关键词排名的站内因素和站外因素

既然搜索引擎根据相关性和权重来计算页面排名。那么根据相关性和权重就可以扩展出影响关键词排名的因素包括站内因素和站外因素。

1．站内因素

影响关键词排名的站内因素可以概括为：网站结构、网站代码、关键词布局及密度、网站内容。

网站结构：涉及的内容比较多，包括导航系统优化、URL 设计、URL 标准化及 301 重定向、站内链接优化、robots.txt 与网站地图。

网站代码：指的是网站基本标签优化对排名的影响，包括<h>、<strong>、<a>、<img>、<iframe>等基础标签。

关键词布局及密度：包括关键词布局优化、关键词密度优化。

网站内容：网站内容更新及网站收录优化。

影响关键词排名的站内因素比较多，但是每一个因素都很重要。SEO 人员在优化网站时，应该重视每一个因素的优化。

2．站外因素

站外因素主要包括单向外部链接和友情链接的优化，虽然站外因素相对于站内因素来说比较少，但是站外因素对于关键词排名的作用非常大，因此也需要重视。

3.2　网站结构优化

网站结构指的是网站中页面之间的层次关系。站在用户的角度考虑，能够使得用户在网站中浏览时可以方便地获取信息，不至于迷失。从 SEO 的角度来看，优化网站结构要达到以下几个目的。

1．建立良好的用户体验

用户体验是检测一个网站质量好坏的标准，从根本上说，用户体验好的网站也是搜索引擎喜欢的网站，而用户体验会影响网站的关键词排名。当用户在访问一个网站时，希望能够自如点击网站中的链接，找到自己想要的信息的，要做到这一点，有赖于良好的导航系统、适时出现的内部链接、准确的锚文本指示。

2. 提升网站收录

网站收录是 SEO 人员比较关注的问题，网站页面收录的多少在很大程度上依靠网站结构布局的好坏。从理论上讲，网站结构清晰，更容易吸引搜索引擎蜘蛛的优先关注，更有利于搜索引擎蜘蛛顺利的爬行抓取。

3. 便于页面权重的合理分配

除了外部链接能给网站页面带来权重外，网站本身的结构及链接关系是内部页面权重分配的重要因素。哪些页面具备比较高的排名能力，取决于页面得到的权重高低。网站的页面权重高低会影响到网站页面的排名。因此，好的网站结构对权重分配影响很大。

4. 锚文本的建设

锚文本是指把关键词做一个链接，指向别的网页。例如，图 3.2 中标注的就是一个锚文本，点击"出境长线"，即可跳转到"出境长线"页面。通过锚文本链接，可以增加页面与该关键词之间的相关性，因此锚文本也是影响网站排名的一个重要的因素。在实际优化网站过程中，网站内部的锚文本是 SEO 人员能控制的。

图 3.2 锚文本

网站结构优化的目的主要是督促 SEO 人员完成整个网站内部的优化，最终达到的目的是网站有好的排名，有更多的人浏览查看，有更高的转化率。

通常来讲，网站结构优化可以从导航系统优化、URL 设计、URL 标准化及 301 重定向、站内链接优化、robots.txt 与网站地图几个方面进行分析。

3.2.1 导航系统优化

网站导航，是为用户提供全面的引导，让用户快速进入相关栏目，从而找到相关内容的版块。当然网站导航中的各种链接实际上也为百度蜘蛛提供了抓取的入口。

1. 为什么要优化网站导航
- 网站导航决定用户在网站中穿梭浏览的体验，促使用户能够在网站中继续浏览下去。
- 网站导航设计合理，可以将网站的内容和产品尽可能多地展现在用户面前。
- 合理的网站导航可以增加用户粘性，提高网站的浏览深度，增加浏览量，降低网站的跳出率。
- 清晰大方的网站导航更容易获得用户的好感，提高网站的回访率。
- 网站导航简洁，搜索引擎蜘蛛能最大限度的抓取网站，从而增加网站的收录量。

2. 如何优化网站导航

（1）主导航栏目结构和名称要清晰

网站主导航就是放在网站最上部、网站的栏目或主要内容的导入链接。一般情况下，导航上的栏目或内容，是这个网站最主要的内容，也是除了首页外，站长最希望用户进入的页面，

图 3.3 所示是某旅游网站的主导航。

图 3.3　某旅游网站的主导航

要优化网站的主导航，首先，要减少导航链接的层次，做到链接结构扁平化。例如，途牛旅游网导航中"跟团游"栏目的链接为 www.tuniu.com/tours/，只有两层，结构非常清晰。

另外，主导航名称要清晰、醒目。主导航一般体现为一级栏目，通过它用户和搜索引擎蜘蛛都可以进入到下级栏目页。因此，主导航名称要能够高度概括下级栏目的内容，让用户和搜索引擎蜘蛛通过该名称就能够知道栏目介绍的是什么内容，而且尽量使用目标关键词。如图 3.3 所示，某旅游网导航中的"跟团游"栏目，介绍的是出境跟团、国内跟团、周边跟团等与跟团游相关的内容，导航名称直接使用跟团游，清晰、明了。

（2）使用文字导航

网站导航尽量使用文字形式不要使用图片形式，因为文字导航比图片导航能更好地传递权重。如果导航中的文字可以复制就是文字导航，如图 3.4 所示。也不要用 flash、JavaScript 生成的导航系统，因为搜索引擎不能分析 flash、JavaScript 内的链接。

图 3.4　文字导航

一般情况下，网站导航的形式需要配合技术人员进行调整。SEO 人员在优化网站时发现导航存在问题，应及时与技术人员协商解决。

（3）网站导航包含关键词

导航系统中的链接通常是分类页面获得内部链接的最主要来源，数量很大。所以在选择导航链接关键词时要注意分类名称，尽量使用目标关键词。图 3.5 是某旅游网站导航，"旅游攻略""自由行商城"等都是网站优化的关键词。在实际工作中，SEO 人员在确定了页面要优化的关键词之后，首先规划好网站导航栏目，然后在导航栏目中设置合适的关键词。

图 3.5　某旅游网站导航

需要注意的是，导航中不要堆积关键词，很多 SEO 人员喜欢在导航堆积关键词，来提升关键词排名。实际上这既不利于用户体验，搜索引擎也会察觉。

（4）面包屑导航的设置

面包屑导航是网站导航的一种，位于主导航以下，页面主要内容以上，用于展示当前页面在网站中的位置和层级，帮助用户返回到上级页面。图 3.6 所示为途牛网站的面包屑导航。

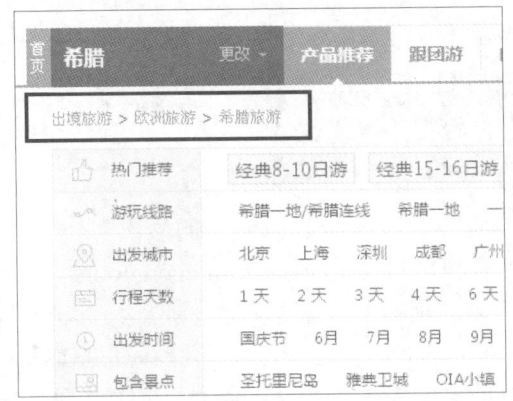

图 3.6 途牛网站的面包屑导航

面包屑导航的作用非常大，如通过面包屑导航，可以让用户了解当前页面的位置，清楚网站的架构层级，并且可以根据导航快速返回各个层级。另外，面包屑导航中的各个层级以锚文本的形式展示，这也增加了网站的站内链接结构，有利于搜索引擎蜘蛛对网站的抓取。

因此，在优化网站过程中，发现网站没有面包屑导航，SEO 人员可以配合技术人员为网站添加上面包屑导航。面包屑导航的层级关系，可以根据所优化网站的层级来设置。

（5）尾部导航避免堆积关键词

在网站底部添加一个网站导航是很多网站采用的一种优化方式，图 3.7 是某旅游网站尾部导航展示。

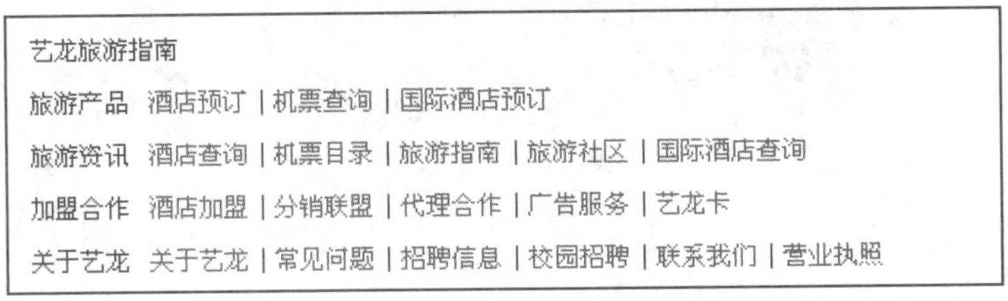

图 3.7 某旅游网站尾部导航展示

网站首页设计尾部导航有两方面的好处：

- 有利于提高首页以及其他页面导航关键词密度，更多链接指向导航中添加的页面，有利于提高这些页面的权重。
- 有利于用户体验，让用户随时都能找到重要导航的链接。

当然，尾部导航不需要把主导航的链接全部放上，只放一些最重要的即可，可以再放一些其他内容。如图 3.7 所示的艺龙旅游网尾部导航，添加的是网站一些重要栏目的入口。

因此 SEO 人员在优化网站时，可以为网站添加尾部导航，并适当植入关键词，但是要避免关键词堆积。

3.2.2 URL 设计

设计网站 URL 结构时需要对 URL 层级及文件命名系统事先做好规划。总的原则是首先从用户体验出发，URL 应该清晰、友好、方便记忆，然后才考虑对排名的影响。在设计 URL 时通常考虑以下几个方面。

1. URL 越短越好

URL 层级越短越有利于搜索引擎抓取收录。页面被收录是排名的前提，URL 层级越短对应的页面权重就越高，有利于提升搜索结果排名。

通常情况下，网站 URL 层级建议最多保留 3 个层级，以下面 URL 为例来分析。

优化前：http://www.sina.com.cn/mobile/c/2017/08/29/07121212.html，URL 层级是 7 层。

优化后：http://www.sina.com.cn/mobile/c-2017-08-29-07121212.html，URL 层级为 3 层。

对于网站 URL 层级过多的情况，SEO 人员需要在保证网站 URL 能够清晰表达网站结构的前提下，减少不必要的目录层级。URL 层级缩短操作方法请参照本章视频讲解。

2. URL 中包含关键词

URL 中出现关键词有利于提升关键词与页面的相关性，对于提升页面排名有一定的作用。关键词可以出现在域名中，也可以出现在路径中。

域名中包含关键词，可以是关键词本身，也可以是关键词的拼音或拼音首字母。如 www.toberp.com，深圳拓步软件公司，关键词是"erp"，在域名中出现了关键词。

路径中包含关键词，指的是路径中的目录名、文件名可以包含关键词的英文、拼音、拼音首字母等，图 3.8 所示是房天下家居装修网站的五金栏目，目录名称为关键词"五金"的拼音。

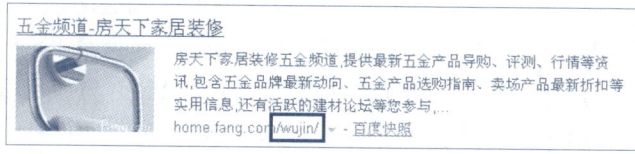

图 3.8 房天下家居装修网站的五金栏目

3. 连字符的使用

目录名或文件名中单词之间一般建议使用连字符"-"分隔，不要使用下划线或者其他符号。搜索引擎把 URL 中的连字符当做空格处理，下划线则被忽略。例如，文件名 seo-tools.html 会被读取出 seo 与 tools 两个单词，而文件名 seotools.com 就不能被分解出两个单词。

在优化网站时，发现网站路径名称中有关键词，就可以利用连字符将多个单词进行分割。需要注意的是，域名中尽量不要使用连字符。

4. URL 重写

URL 重写即把动态页面的 URL 转化成伪静态 URL 的过程。

动态页面指的是通过执行 asp、php、jsp、asp.net 等程序生成客户端页面代码的网页，后缀对应为.asp、.php、.jsp、.aspx。图 3.9 所示为某网站的动态页面 URL。

图 3.9 某网站的动态页面 URL

静态页面一般是以.html 为后缀的页面，不需要经过网站服务器的编译，比动态页面易收录。图 3.10 所示为某网站的静态页面 URL。

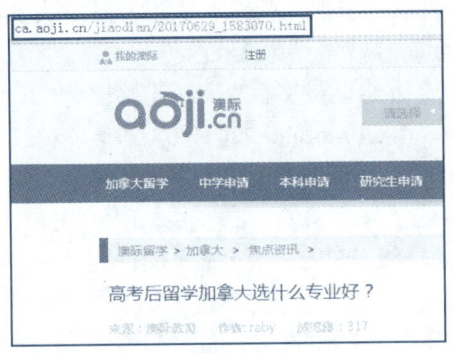

图 3.10　某网站的静态页面 URL

伪静态 URL 是模拟静态页面的 URL，伪静态的页面后缀可以是.html、.htm 或者目录格式。例如，URL 重写前是 http://www.xxx.com/c/userfile.aspx?id=1321，URL 重写后是 http://www.xxx.com/userfile-1321.html。

需要注意，URL 重写只是修改了网址的格式和后缀，修改后的页面并没有变为纯静态页面。伪静态只是改变了 URL 的表现形式，实际上还是动态页面。

为什么要进行 URL 重写呢？动态 URL 不太容易被百度蜘蛛所识别，因此优化后的 URL 更易于百度蜘蛛的爬行和抓取，对于网站收录的提升有较大帮助。

一般情况下，有专门的技术人员负责将动态页面的 URL 重写成伪静态的 URL，SEO 人员需要做到的是能够判断出网站中是否存在动态页面 URL，并将其整理出来交由开发人员去处理。

3.2.3　URL 标准化及 301 重定向

在日常浏览网页过程中，你是否见过多个 URL 打开同一个页面的情况？例如：

http://tour.eyuyao.com/

http://tour.eyuyao.com/index.php

这两个 URL 打开的是同一个页面，图 3.11 是它们对应的网站页面。

图 3.11　两个 URL 对应的网站页面

当多个 URL 打开同一个页面时，会分散页面目标页面的权重，这时搜索引擎会对页面进行 URL 标准化处理。

1. URL 标准化

（1）定义

当多个 URL 对应的内容一样，搜索引擎要从多个 URL 中挑选一个具有代表性的，而忽略其余的，这个选择的过程称为 URL 标准化。

这个被搜索引擎选择了的 URL，就是一个标准化的 URL。一般情况下，搜索引擎根据被指向链接数量来判断标准化的 URL，被指向链接多的则为标准化的 URL。

（2）URL 未标准化会出现的问题及导致的后果

URL 未标准化可能会出现的问题有：从技术上讲，不同的 URL，服务器可以返回不同的内容，但是这种情况下返回的是相同的内容；从搜索引擎的角度来讲，几个不同网址对应的内容相同，搜索引擎认为是复制的内容。

URL 未标准化可能会导致的后果：外部链接指向不同的 URL，分散页面权重，不利于排名；搜索引擎判断的标准化网址不是我们想要的那个；复制内容过多，搜索引擎可能会认为有作弊的嫌疑。

要解决以上问题有很多方法，301 重定向就是其中一个。

2. 301 重定向

301 重定向的一个重要作用是集中权重，使首页权重不分散。另外，页面做 301 重定向之后，选中的目标页面是我们制定的页面，同时排除了重复内容的风险。

怎样做 301 重定向呢？

这里以 LAMP（Linux+Apache+MySQL+PHP）主机为例讲解 301 重定向的操作方法。

LAMP 主机使用.htaccess 文件作 301 转向，.htaccess 是一个普通文字文件，存放在网站根目录下。这里以从 myweb.com 跳转到 www.myweb.com 为例进行讲解。

第一步：登录主机独立控制面板，在"常用管理功能导航"下选择"301 转向"，如图 3.12 所示。

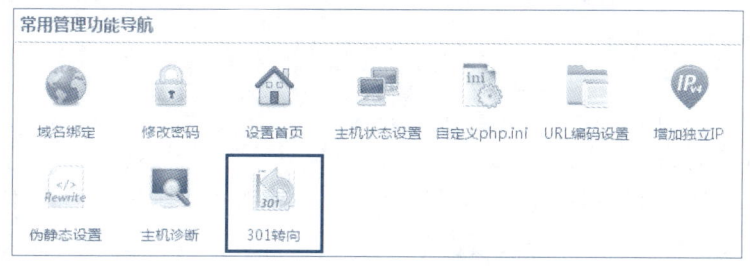

图 3.12 "301 转向"功能选项

第二步：确定原域名及目标域名（目标域名只能填写一个），会自动生成一段指令，如图 3.13 所示。之后将自动生成的一段指令复制到新建的文本文档中。

第三步：将文本文档上传到空间 wwwroot 文件夹下，并将该文本文档重命名为.htaccess，如图 3.14 所示。

301 重定向的具体操作步骤，请参照本章视频解析。需要注意的是，尽量在网站上线前由技术人员来完成 301 重定向，设置完成后若没有特殊情况，则不需要改动。

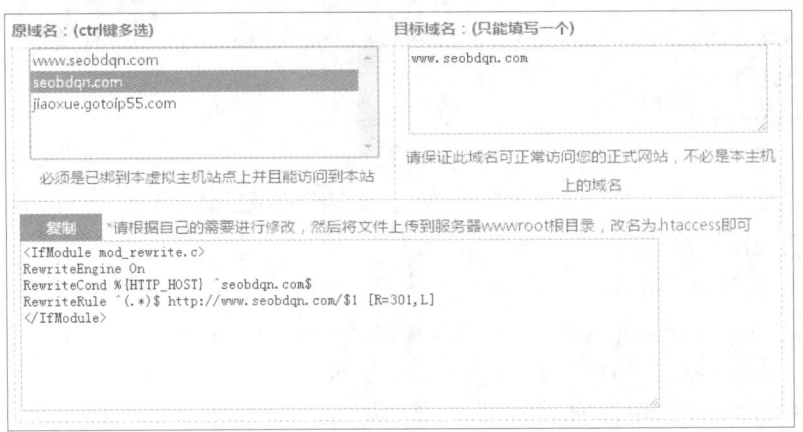

图 3.13 确定原域名及目标域名

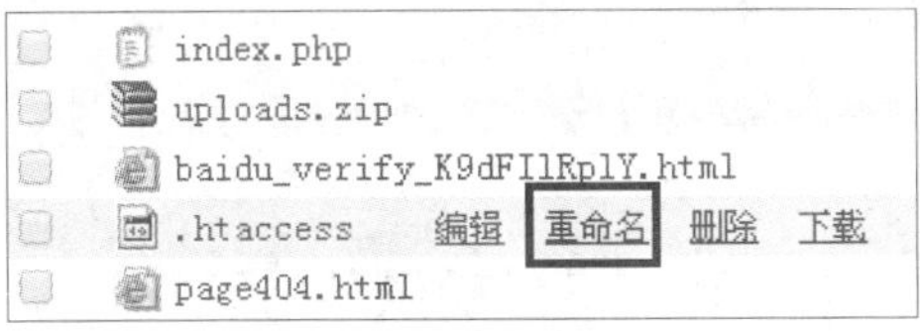

图 3.14 重命名 ".htaccess" 文档

除了网址规范化问题,还有哪些情况需要做 301 重定向呢?

需要用到 301 重定向的情况有很多,比如,网站更换域名,需要利用 301 重定向将旧域名跳转到新域名。网站改版也经常需要用到 301 重定向,如页面删除、改变地址、URL 命名系统改变等。

SEO 人员需要能够判断出何时要做 301 重定向,并配合技术人员来完成。

3.2.4 站内链接优化

在网站结构优化中,站内链接是很重要的一部分内容。因为站内链接设置不合理,对网站关键词排名影响很大。

1. 站内链接的作用

站内链接的作用可以概括为以下 4 点:

(1) 提升用户体验

如果能在相关页面设置对应页面的链接,浏览会变得非常顺畅,用户体验也会比较好。如果页面中链接设置不合理,有的页面甚至没有链接,只能重新输入网址才能访问其他页面,这种体验会非常差。

这也就告诉 SEO 人员,在优化网站时,想要让你的网站用户体验比较好,设置好网站的站内链接是其中一个方面。

(2) 增加网站收录

蜘蛛爬行网站时,并不是每次都爬行全站,而是有选择地爬行。同等情况下,站内链接设置合理的网站更容易被搜索引擎蜘蛛抓取到新内容。

因此站内链接是影响网站收录的一个重要因素,在优化网站过程中,如果网站内容收录比较差，可以分析站内链接设置这一方面。

（3）提升页面权重

权重是靠链接进行传递的，站内页面之间的链接也可以传递权重。因此在优化网站时，对于重点优化的页面，可以合理地设置内部链接。

（4）提高页面关键词排名

权重是影响关键词排名的一个重要因素，站内链接在提升页面权重的同时，也有助于提升页面关键词的排名。

总体来看，站内链接对于网站优化的作用还是很大的，SEO 人员需要重视站内链接的优化，学会站内链接的优化。

2．站内链接的优化方法

搜索引擎对互联网上的内容进行索引时，是按照树状结构抓取的。离"树干"越近，从"树根"获得的营养越多；离"树干"越远，获得营养的机会和数量越少。

搜索引擎就是这个道理，离根目录越近的页面，得到的权重越多，反之越少。所以网站内链应该设置成扁平化的结构，可以让网站的内页获得更高的权重。也就是说，网站内链在设置时可以参照扁平化的结构。

那么网站内链具体应该如何设置呢？

页面链接要做到通过每一个页面都可以到达网站内任意页面。虽然不同网站在设置站内链接时链接的位置不甚相同，但思路是类似的。

- 首页链接：网站首页要有链接指向重要栏目页和内容页。

设置网站首页指向重要栏目页的链接，例如可以在首页的导航、版块标题、尾部导航中添加重要栏目页的入口，这样就可以从首页进入到重要栏目页，如图 3.15 所示。

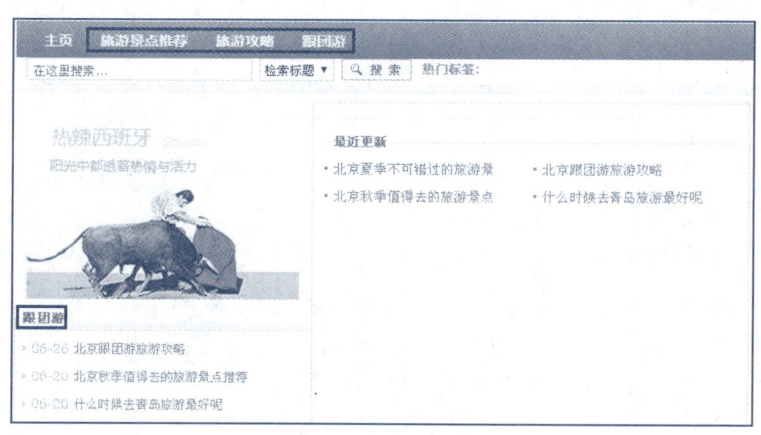

图 3.15　首页指向重要栏目页

设置网站首页指向内容页的链接，例如，可以将重要内容页推荐到网站首页展示，很多网站会有"推荐到首页"的功能，可以直接将重要的内容页推荐到首页，如图 3.16 所示。

- 栏目页链接：网站栏目页要有链接指向首页，指向其他栏目页，指向栏目内的内容页。

网站栏目页指向首页，可以设置的入口比较多，例如，在网站主导航中添加首页的链接，通常网站主导航全站通用，这样在网站任意页面都可以跳转到首页。另外，面包屑导航中的链接也可以返回到首页，如果网站中没有添加面包屑导航，可以添加上。

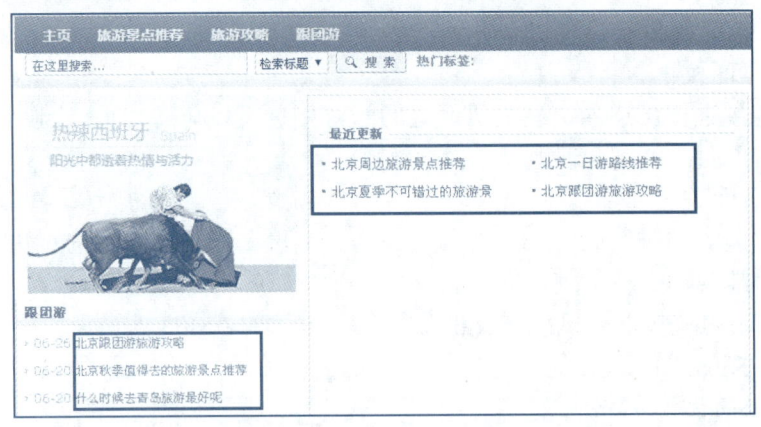

图 3.16 首页指向重要内容页

由栏目页指向其他栏目页，实现起来也比较简单，例如在主导航中添加其他重要栏目，就可以实现从栏目页指向其他重要栏目页。

因为网站栏目页一般是文章列表页，因此从栏目页指向栏目内的内容页，只需在栏目中更新内容即可。图 3.17 所示是栏目页站内链接的设置。

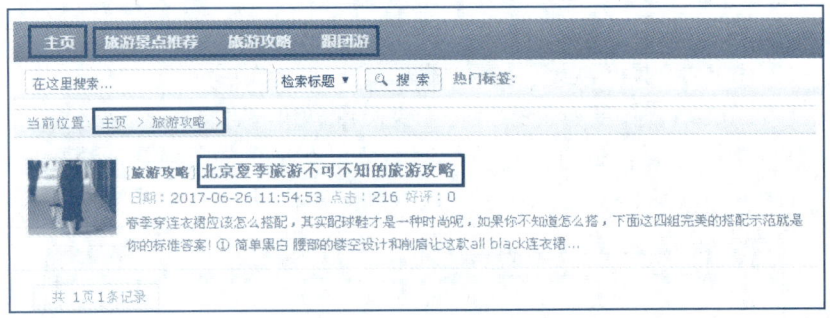

图 3.17 栏目页站内链接的设置

- 内容页链接：网站内容页要有链接指向首页，指向上级栏目页，指向栏目内相邻和重要内容页，指向其他栏目重要内容页。例如：

由内容页中设置链接指向首页，可以在主导航中添加首页链接入口，设置面包屑导航也可以实现，还可以在内容中添加首页的锚文本链接，在内容页面中首次出现关键词时，设置锚文本链接跳转到首页。

由内容页指向上级栏目页的链接设置方法与指向首页的设置方法类似。只不过在内容页中设置锚文本链接时，是跳转到上级栏目页。

由内容页指向栏目相邻和重要内容页以及指向其他栏目重要内容页时，可以在内容页中添加几篇推荐的相关文章，设置成锚文本的形式。如图 3.18 所示，网站内容页中添加相关推荐的文章以及上一篇下一篇功能。也可以与技术人员协商，添加相关推荐的栏目。

在站内链接设置过程中，还需要注意一些特殊情况。

（1）重要内页

一般来说，网站首页获得的内外部链接最多，权重最高。首页链接到栏目页，这些栏目页权重仅次于首页。大部分网站有多层分类，权重依次下降，权重最低的是最终产品页面。

图 3.18 网站内容页中添加相关推荐的文章以及上一篇下一篇功能

有时某些具体产品页面需要比较高的权重,例如某些转化率最高、利润率最高或者新推出的重点产品、搜索次数很多的产品,还有为特定节日或促销活动制作的专题页面。这些页面按照经典树形结构安排,离首页通常有一定的距离,权重不会太高。要想使这类重要内页获得高权重,最简单的方法就是在首页上直接加上几个重要内页的链接。距离首页近的网页更重要,无论这个页面层级目录有多深,只要在首页有入口搜索引擎就会认为这个页面是重要的。SEO 人员需要明白,首页可以放上自己想要重点优化排名的产品页面,使这些页面权重提高。

一般情况下,将产品内页的链接放在首页上,哪怕没有其他外部链接的支持,这些内页的排名也会有显著提高。

(2)非重要页面

每个网站都有一些在功能及用户体验方面很有必要,但是在 SEO 角度没有必要的页面,比如"关于我们""添加收藏""用户注册"等,这类页面通常不会去重点优化让其获得较高排名。

一般情况下,这类页面在整个网站每个页面上都会有链接,造成权重传递的浪费。因此,对于这类页面可以使其不能被跟踪或传递权重。例如使用 nofollow 属性可以避免搜索引擎蜘蛛抓取该链接,权重就不会传递。如图 3.19 所示,某网站"帮助中心"页面对关键词排名无作用,因此链接中添加了 nofollow 属性,避免权重传递的浪费。当然也可以使这类页面只在首页出现,在其他页面删除掉。

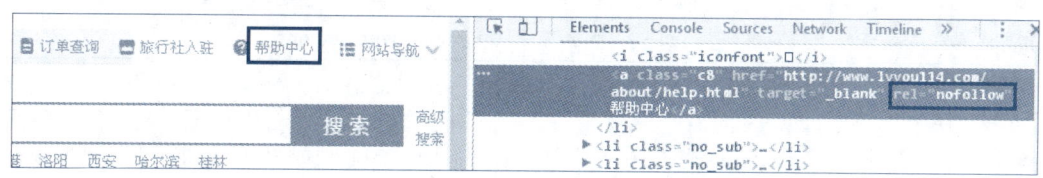

图 3.19 某网站"帮助中心"页面

实际工作中,SEO 人员面对的网站多种多样,如果遇到不确定的网站内部链接结构问题,抓住站内链接设置的核心:使搜索引擎蜘蛛以最短的距离爬行到最多的页面,最好结构清晰、简单地将权重传递到重要页面。

对于 SEO 人员来讲,需要对整个网站非常熟悉,知道网站中哪些页面是重点优化的,链接设置是否合理等。

3.2.5　robots.txt

在优化网站过程中，有些时候，网站中有重要及私密的内容，站长并不希望某些页面被蜘蛛抓取，比如后台的数据、测试阶段的网站。还有一种很常见的情况，搜索引擎抓取了大量没有意义的页面，如电子商务网站按照各种条件过滤、筛选的页面等。而要确保页面不被抓取，需要使用 robots.txt 文件。

robots.txt 是一个纯文本文件，用于声明该网站中不想被蜘蛛访问的部分，或者指定蜘蛛抓取的部分。当蜘蛛访问一个站点时，它会首先检查该站点是否存在 robots.txt 文件，如果找到，蜘蛛就会按照该文件中的内容来确定抓取的范围；如果该文件不存在，那么蜘蛛就会沿着链接直接抓取。即，只有在需要禁止抓取某些内容时，写 robots.txt 才有意义。

robots.txt 文件放置在一个站点的根目录下，而且文件名必须全部小写，正确的写法是 robots.txt。要查看某网站的 robots.txt 文件，在浏览器中输入的网址是 http://www.xxx.com/robots.txt，其中 www.xxx.com 是要查询网站的域名。

1. robots.txt 的语法

robots.txt 文件的常用语法有 3 种，分别是 User-agent、Allow、Disallow，下面讲解 3 种语法的具体用法。

（1）User-agent

指定 robots.txt 中的规则针对哪个搜索引擎蜘蛛。

针对所有搜索引擎蜘蛛的写法是 User-agent:*，通配符*代表所有搜索引擎。只适用于百度蜘蛛的正确写法是 User-agent:Baiduspider。不同的搜索引擎，其蜘蛛名称也不相同，表 3-1 所示是不同搜索引擎的蜘蛛名称。

表 3-1　不同搜索引擎的蜘蛛名称

蜘蛛名称	搜索引擎
Baiduspider	百度 www.baidu.com
Googlebot	谷歌 www.google.com
Sogou spider	搜狗 www.sogou.com
Bingbot	必应 cn.bing.com
Youdao Bot	有道 www.youdao.com

（2）Allow

允许搜索引擎蜘蛛抓取某些文件。例如允许蜘蛛访问网站中的/a/目录，正确写法是 Allow:/a/。

$：表示匹配 URL 结尾的字符。例如允许蜘蛛抓取以.htm 为后缀的 URL，写法是 Allow:.htm$。

（3）Disallow

告诉搜索引擎蜘蛛不要抓取某些文件或目录。例如禁止蜘蛛抓取/admin/目录的写法是 Disallow:/admin/。

禁止的目录或文件必须分开写，每个一行，例如禁止所有的搜索引擎蜘蛛抓取/a/、/b/、/c/目录，正确的写法是：

User-agent:*
Disallow:/a/
Disallow:/b/
Disallow:/c/

在网站优化中，SEO 人员需要熟练掌握 robots.txt 的基本语法。下面分享一些常见的 robots.txt 语法使用案例，如表 3-2 所示。

表 3-2　robots.txt 语法使用案例

案例	robots 代码
禁止所有搜索引擎蜘蛛访问网站的任何部分	User-agent: * Disallow: /
允许所有搜索引擎蜘蛛访问网站的任何部分	User-agent: * Allow: /
仅禁止 Baiduspider 访问您的网站	User-agent: Baiduspider Disallow: /
仅允许 Baiduspider 以及 Googlebot 访问	User-agent: Baiduspider Allow: / User-agent: Googlebot Allow: / User-agent: * Disallow: /

2．robots.txt 应用

robots.txt 文件的一个用法是在 robots.txt 文件中指定 sitemap 的位置。具体的用法是 sitemap:http://www.seobdqn.com/sitemap.xml，这样就告诉搜索引擎蜘蛛这个页面是网站地图。

robots.txt 文件是搜索引擎蜘蛛进入网站后访问的第一个文件，在编写时确实有很多需要注意的地方，如果日常使用中不注意语法的正确使用，有些语句可能就发挥不了应有的作用，会影响搜索引擎对网站的访问，因此要正确编写。robots.txt 文件的编写方法请参照本章视频。

对于 SEO 人员来讲，在优化网站过程中，当发现网站中有隐私文件需要屏蔽搜索引擎蜘蛛抓取时，可以设置 robots.txt 屏蔽搜索引擎蜘蛛抓取这些隐私文件。而网站中没有要屏蔽的内容时，可以不添加 robots.txt。

3．robots meta 标签

如果搜索引擎已经收录网页，而这个网页是我们不想让搜索引擎收录的，robots.txt 文件解决不了这个问题，而 robots meta 标签却可以解决。

robots.txt 文件主要是限制整个站点或者目录的蜘蛛访问情况，而 robots meta 标签则主要是针对某个具体的页面。robots meta 标签放在页面中，专门用来告诉搜索引擎蜘蛛如何抓取该页的内容。

robots meta 标签的基本写法是<meta name="robots" content="index,follow">，其中有几项需要特别注意的内容。

（1）在 robots meta 标签中，name="robots"表示所有的搜索引擎，也可以针对某个具体的搜索引擎，如针对百度搜索引擎可以写为 name="Baiduspider"。

（2）content 部分有 4 个指令选项，以英文逗号","隔开，分别是：index、follow、noindex、nofollow。

- index 指令告诉搜索引擎蜘蛛可以抓取该页面。
- noindex 指令与 index 指令相反，表示搜索引擎蜘蛛不可以抓取该页面。
- follow 指令表示搜索引擎蜘蛛可以爬行该页面上的链接。
- nofollow 指令与 follow 指令相反，表示搜索引擎蜘蛛不可以爬行该页面上的其他链接。

综上所述，robots meta 标签有以下 4 种组合：

```
<meta name="robots" content="index,follow">
<meta name="robots" content="noindex,follow">
<meta name="robots" content="index,nofollow">
<meta name="robots" content="noindex,nofollow">
```

当 robots meta 标签的 content 值为"index,follow"时，表示该页面可以被抓取，该页面上的链接也可以被继续爬行下去，robots meta 标签可以简写为<meta name="robots" content="all">。

当 robots meta 标签的 content 值为"noindex,nofollow"时，表示该页面不可以被抓取，该页面上的链接也不可以被继续爬行，robots meta 标签可以简写为<meta name="robots" content="none">。

robots meta 标签的具体使用方法请参照本章视频。

robots meta 标签是限制某个具体页面的蜘蛛访问情况，因此当发现网站中某个页面需要屏蔽蜘蛛抓取时，可以在该页面的源代码中添加 robots meta 标签，robots meta 标签添加在页面的<head>和</head>之间。

3.2.6 网站地图

网站无论大小，单独的网站地图页面都是必需的。通过网站地图，不仅用户可以对网站的结构和内容有清晰的认识，搜索引擎也可以跟踪链接爬行到网站所有主要部分。

网站地图分为两种形式，一种是 HTML 格式，一种是 XML 格式，二者有一定的区别，但是作用类似。

1．HTML 格式网站地图构建技巧

（1）地图需要包含网站主要的链接

对于稍具规模的网站来说，一个 HTML 格式的网站地图不可能罗列出所有的页面链接，在设置网站地图页面时可以采取两种办法：一种方法是网站地图只列出网站最主要部分的链接；另一种方法是将网站地图分成多个文件，主网站地图列出通往次级网站地图的链接，次级网站地图再列出部分网页的链接。多个 HTML 网站地图页面加在一起，就可以列出大部分的页面链接了。图 3.20 所示是新浪网 HTML 格式网站地图，导航中添加了网站中重要内容的链接。

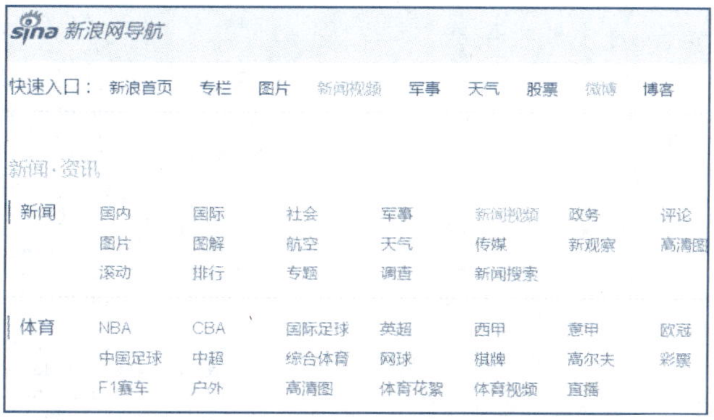

图 3.20　新浪网 HTML 格式网站地图

（2）地图排版美观简洁

HTML 地图是给用户看的，HTML 地图虽然处在网站中不起眼的位置，但是万万不可忽视这样的细节，如果网站地图分类模糊不清，用户找不到想看的东西，有可能会跳出。如果分类太杂太多，也会影响用户的体验。一般来说，把主要的版块以及一些目录层次较深但有价值的页面展示出来就可以了。例如图 3.20 中所示的新浪网网站地图，页面排版比较简洁，类别划分清晰，方便用户浏览。

HTML 格式网站地图可以用程序生成，也可以手工制作和编辑。以 DedeCMS 网站为例，生成网站地图的步骤是：进入网站后台，单击左侧"生成"标签，选择"更新网站地图"选项，选中"普通地图"单选按钮，单击"开始更新"即可。DedeCMS 生成网站地图的操作界面如图 3.21 所示。

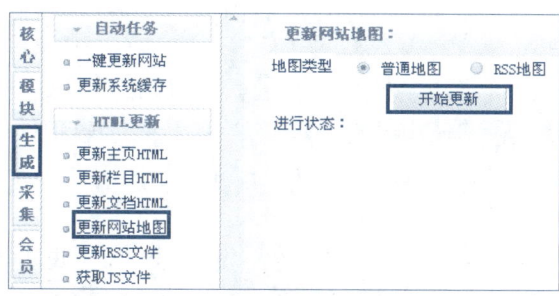

图 3.21　DedeCMS 生成网站地图的操作界面

2. XML 格式网站地图构建技巧

XML 格式网站地图由 XML 标签组成，文件本身必须是 utf-8 编码。最简单的网站地图可以是一个纯文本文档，文件只要列出页面 URL，搜索引擎就能抓取并理解文件内容。

XML 网站地图文件如图 3.22 中代码所示。

```
<?xml version="1.0" encoding="utf-8">
<urlset xmlns="http://www.sitemaps.org/schemas/sitemap/0.9">
  <url>
    <loc>http://www.seobdqn.com</loc>
    <lastmod>2017-05-10</lastmod>
    <changefreq>daily</changefreq>
    <priority>1.0</priority>
  </url>
```

图 3.22　XML 网站地图文件

XML 网站地图一般都是由软件生成，比较程序化，可变化性较低。制作好网站地图文件之后，可以有两种方式通知搜索引擎网站地图的位置，一是在站长工具后台提交网站地图文件。另一种方式是在 robots.txt 文件中通知搜索引擎网站地图文件的位置，图 3.23 所示是在 robots.txt 文件中添加网站地图。

```
User-agent: *
Disallow: /plus/ad_js.php
Disallow: /plus/advancedsearch.php
Disallow: /plus/car.php
Disallow: /plus/carbuyaction.php
Disallow: /plus/shops_buyaction.php
Disallow: /plus/erraddsave.php
Disallow: /plus/posttocar.php
Disallow: /plus/disdls.php
Disallow: /plus/feedback_js.php
Disallow: /plus/mytag_js.php
Disallow: /plus/rss.php
Disallow: /plus/search.php
Disallow: /plus/recommend.php
Disallow: /plus/stow.php
Disallow: /plus/count.php
Disallow: /include
Disallow: /templets
Sitemap:http://www.seobdqn.com/sitemap.xml
```

图 3.23　在 robots.txt 文件中添加网站地图

中大型网站结构相对来说比较复杂，蜘蛛在爬行时会有一定压力，因此中大型网站提交网站地图通常有比较好的效果，能使收录增长不少。HTML 网站地图不仅对于用户的网站体验是友好的，对于网站的优化也非常有利。对于小型网站来说可以没有 XML 网站地图，但不能没有 HTML 网站地图。

两种格式的网站地图生成方法，请参照本章视频。

3.3　案例分享

案例 1：某新闻行业网站 URL 优化

【案例描述】

北京搬家信息网，网址：http://www.92bjw.com/。

请分析该网站 URL 设计中存在的问题，并给出解决方案。

【案例分析】

对网站 URL 进行优化时，可以从四个方面进行分析优化：URL 中是否包含关键词、URL 层级是否合理、URL 中连字符的使用是否合理、是否包含动态 URL。根据这四个方面进行分析，可以发现该网站在 URL 优化方面主要存在两大问题。

1．包含动态 URL

例如网站中“联系我们”的 URL 为：http://www.92bjw.com/about.php?part=aboutus&id=5，包含动态参数，属于动态页面。

优化方法：将动态页面重写成伪静态页面，例如将上述链接改写为：http://www.92bjw.com/about-5.html。

2．部分栏目 URL 中不包含关键词

例如网站“北京搬家/货运”栏目路径为：http://www.92bjw.com/info.php?catid=155，不包含关键词。

优化方法：可以将 URL 的路径名称改为关键词的拼音、英文、首字母缩写等。例如可以将上述链接改写为 http://www.92bjw.com/bjhy-155/，其他栏目页面的 URL 可以参照该方法进行修改。

该网站中动态页面以及 URL 的路径中不包含关键词的页面有很多，在实际优化过程中，还需要 SEO 人员将所有存在问题的页面的 URL 查找出来，然后进行统一的修改。

案例 2：robots.txt 文件应用解析

【案例描述】

很多站长在编写网站 robots.txt 文件时，会将不希望被搜索引擎抓取的目录或内容添加到 robots.txt 文件中。这种做法本身无可厚非，但是如果编写时语法使用不当，得到的结果就会大相径庭。

【案例分析】

我们重点分析 Allow 和 Disallow 的顺序问题。

某个网站的 robots.txt 文件如下：

User-agent:*

Allow:/

Disallow:/abcd/

从这样一段代码中可以理解到，肯定是想屏蔽"abcd"文件夹，不让搜索引擎蜘蛛爬取这个文件夹中的文件。但是经过分析却发现，这段语句最终的结果和预期的效果却是大相径庭的，搜索引擎蜘蛛仍然会爬取"abcd"文件夹。

原因就在于搜索引擎蜘蛛从 robots.txt 文件中读取内容的规则是从上而下的，下面写的规则不能打败上面所写的规则。如果按照影响范围来解释上面的情况，那就是因为已经设置了"Allow:/"，那么对蜘蛛的影响就是全局性的，允许蜘蛛访问这个网站的所有文件，而在第三行中，设置"Disallow:/abcd/"之后，就是在前一个影响范围之中进行的，本身"abcd"文件夹就是在网站目录中，也受到了第二条的影响，所以，第三条是无效的，因此这段 robots.txt 文件的写法中，蜘蛛仍然可以抓取"abcd"文件夹。

再如：

User-agent:*

Disallow:/abcd/

Allow:/

这种写法仅仅是将顺序颠倒了一番，蜘蛛就不能访问"abcd"文件夹了，如果看懂了上一个例子的解释，那么这个例子就比较容易理解了。这个例子中，"Disallow:/abcd/"在前面，由于限制的出现，它所影响的是"abcd"文件夹，在第三行中"Allow:/"影响的范围本来是全局的，但是这条语句对蜘蛛的影响不能妨碍前一条语句。蜘蛛本来想通过第三条语句访问全部的目录，但是第三条语句的权限打败不了第二条语句，所以就只能访问除了"abcd"之外的文件夹。

章节总结

本章主要介绍了以下内容：
- 搜索引擎的排名机制：相关性和权重。
- 影响关键词排名的站内因素：网站结构、网站代码、关键词布局及密度、网站内容。
- 影响关键词排名的站外因素：单向外链、友情链接。
- 网站结构优化的目的：建立良好的用户体验、提升网站收录、便于页面权重的合理分配、锚文本的建设。

- 网站结构优化的要点:导航系统优化、URL 设计、站内链接优化、robots.txt 与网站地图。
- 如何优化网站导航:主导航栏目结构和名称要清晰、网站导航包含关键词、网站导航关键词的位置、面包屑导航和子导航的设置、避免页脚堆积。
- URL 的组成:传输协议、服务器地址、端口号、路径、询问。
- URL 的设计规则:URL 越短越好、URL 中包含关键词、连字符的使用、URL 重写。
- URL 标准化:当多个 URL 对应的内容一样,搜索引擎要从多个 URL 中挑选一个具有代表性的,而忽略其余的,这个选择的过程称为 URL 标准化。
- 301 重定向:301 重定向也叫 301 转向、301 跳转,是用户或蜘蛛向网站服务器发出访问请求时,服务器返回 http 数据流中头信息(header)部分状态码的一种,表示网址永久性转移到另一个地址。
- 站内链接:站内链接也称为内链,是指同一域名下页面之间的链接。
- 站内链接的作用:提升用户体验、增加网站收录、提升页面权重、提高页面关键词排名。
- 站内链接的优化方法:页面链接要做到通过每一个页面可以到达网站内任意页面。
- robots.txt:robots.txt 是一个纯文本文件,用于声明该网站中不想被蜘蛛访问的部分,或者指定蜘蛛抓取的部分。
- robots.txt 的作用:防止私密或重要内容被搜索引擎抓取、节省服务器资源,从而提高服务质量、减少重复抓取、提高网站质量、指定 sitemap 文件位置。
- robots.txt 的语法:User-agent、Allow、Disallow。
- robots meta 标签:robots meta 标签主要是针对某个具体的页面。robots meta 标签放在页面中,专门用来告诉搜索引擎蜘蛛如何抓取该页的内容。
- 网站地图:网站地图又称 sitemap,是一个网页,里面放置了网站上需要蜘蛛抓取的重要页面的链接。

作业

一、简答题

1. 简述站内链接的作用。
2. 简述 301 重定向的作用及原理。

二、实战题

1. 为网站域名设置 301 跳转,将不带 www 的域名跳转到带有 www 的域名。
2. 将网站的 URL 层级缩短至 3 层。
3. 为网站编写 robots.txt 文件,并将网站地图地址添加到 robots.txt 文件中。

第 4 章

站内优化（二）

【学习目标】

- 熟悉 HTML5 基本的代码和结构
- 掌握 HTML 基本标签的优化方法
- 了解网站代码编写的标准
- 掌握关键词布局的方法
- 掌握关键词密度优化的方法
- 掌握网站内容更新技巧
- 掌握网站收录优化的方法

【导读】

想提高网站的关键词排名，站内优化的重要性不言而喻。根据搜索引擎的排名机制拓展出的影响关键词排名的站内因素中，除了网站结构优化外，其他因素也同样重要。

本章节会重点介绍站内优化中的网站代码优化、关键词布局及密度优化、网站内容优化三个方面的内容。

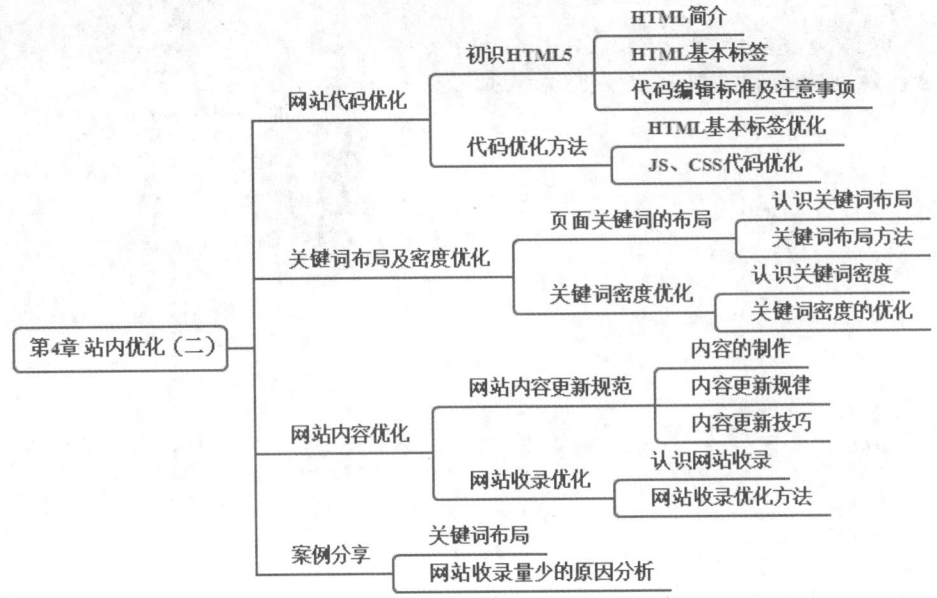

4.1 网站代码优化

很多 SEO 人员在分析网站时，会查看网页的源代码，如图 4.1 所示。那么，优化网站为什么要查看网页的源代码呢？要查看源代码中的哪些内容呢？这就需要我们掌握 HTML 代码优化的内容。

图 4.1　网页源代码

4.1.1 初识 HTML

互联网中的网页由代码组成,主要以 HTML 语言构成网页文档,网页源代码如图 4.1 所示。

1. HTML 简介

HTML 是 Hyper Text Markup Language 的缩写,是超文本标记语言或是超文本标签语言。HTML 文件以.html 或.htm 为扩展名,是目前网络上引用最广泛的语言,它可以跨网络、跨平台进行传输。

HTML 是构成网页文档的主要语言,它使用一系列的标签来结构化信息,目前最新版本是 HTML5。

（1）HTML 文档结构

HTML 源码结构如图 4.2 所示。

1）html：任何网页代码都以<html>开始,以</html>结束。

2）head：头部,定义网站类型和属性,以<head>开始,以</head>结束。

3）body：主体部分,展示网页主体内容,以<body>开始,以</body>结束。这部分是网页主要内容的集合体,包含网页中显示的文本、图片、链接等具体内容。图 4.3 所示页面中展示的内容均为 body 中的内容。

```
<html>
  <head>
    <title>......</title>
  </head>
  <body>
  </body>
</html>
```

图 4.2　HTML 源码结构

图 4.3　body 中的内容

（2）常用编辑工具

要用 HTML 代码编写页面,需要用到编辑工具。HTML 代码编辑工具比较多,接下来介绍三种常用的代码编辑工具。

1）记事本：Windows 内置、体积小、启动快、内存占用低。使用记事本创建网页的基本步骤为：

第一步：打开记事本,输入 HTML 代码。

第二步：编辑完成后，将文档保存为.htm 或.html 格式的文件。

第三步：打开网页预览效果。

2）UltraEdit（简称 UE）：是一套功能强大的文本编辑器，可同时编辑多个文件，而且即使开启很大的文件，速度也不会慢。软件附有 HTML 标签颜色显示、搜索替换及无限制的还原功能。

3）DreamWeaver：集网页制作和管理网站于一身的所见即所得网页编辑器，它是第一套针对专业网页设计师的视觉化网页开发工具，利用它可以轻而易举地制作出跨越平台限制和跨越浏览器限制的充满动感的网页。

三种工具的代码编辑方法，请参考本章视频。

2．HTML 基本标签

作为一名合格的 SEO 人员，我们不需要精通 HTML 代码，但是要懂得网站代码如何使用、如何优化。比如网站中的重要内容，我们需要为其增加附加价值，这样才能得到搜索引擎的重视，这时就可以通过 HTML 代码中的标签将重要的内容标记，通过 HTML 代码标记重要内容之后搜索引擎蜘蛛在抓取网站内容时就知道哪些内容应该赋予更高的权重。

因此 SEO 人员需要掌握几种基本的代码，清楚其含义以及用法。

（1）<title>标签

网页标题，在<head>部分，以<title>开始，以</title>结束，图 4.4 是<title>标签展示。

```
<html lang="en">
<head>
    <meta charset="UTF-8">
    <meta property="qh.webmaster" content="4ff57097b722d" />
    <meta property="wb:webmaster" content="cd996377eedb7f7f" />
    <title>旅游网官网 - 跟团游,自助游,自驾游,出境游线路预订_机票预订查询_酒店预订</title>
    <meta name="description" content="旅游网提供跟团游、自助游、邮轮海游、自驾游、定制游以及景点门票预订、机票预订、火车票预订服务,还有牛人专线、首付出发旅游等品质高端、价格实惠的旅游路线.全年有各种尾货特价、限时秒杀等特卖旅游路线让你畅游海内外,要旅游,找途牛。" />
    <meta name="keywords" content="自助游 度假 出境游 周边旅游 旅游" />
```

图 4.4　<title>标签展示

<title>标签对关键词排名的作用很大，SEO 人员要确保网站每一个页面的<title>标签撰写正确。

（2）<meta>标签

网页信息，在<head>部分，图 4.5 所示是网页<meta>标签源代码展示。

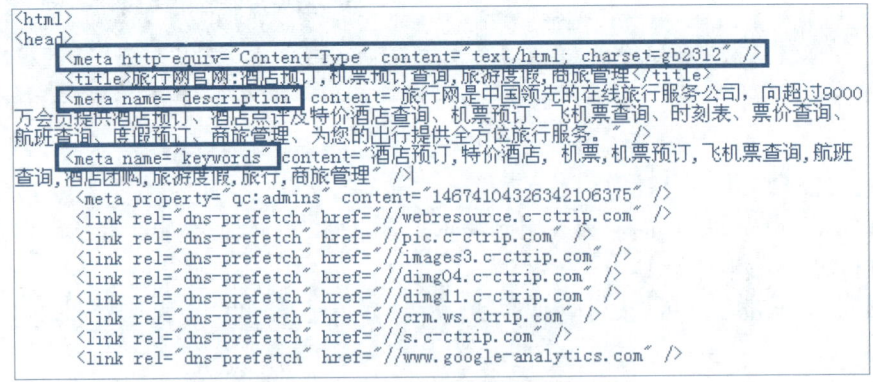

图 4.5　网页<meta>标签源代码展示

<meta>标签主要用于三大属性的定义。

1) charset 属性：字符集，也叫编码，是文字和符号的总称。如 gb2312、utf-8、gbk 等。
- gb2312 字符集：是简体中文字符集。
- utf-8 字符集：全球通用，可以全球访问。
- gbk 字符集：是 gb2312 的升级版，应用更广泛。

charset 属性的使用方法如下：

<meta http-equiv="Content-Type" content="text/html; charset=gb2312" />

SEO 人员需要注意，如果网站使用的字符集不合适，可能会出现乱码，如图 4.6 所示。这时可以检查 charset 属性中的字符集，更换其他字符集。

图 4.6 由于字符集不合适导致的乱码

2) description 属性：简要地描述网站的相关信息，写法如下：

<meta name="description" content="旅行网是中国领先的在线旅行服务公司，向超过 9000 万会员提供酒店预订、酒店点评及特价酒店查询、机票预订、飞机票查询、时刻表、票价查询、航班查询、度假预订、商旅管理、为您的出行提供全方位旅行服务。" />。

其中 content 中的内容为页面描述的信息，用一段话来概括该网页的内容。

3) keywords 属性：用于设定网页的关键词，便于搜索引擎了解网页的主要内容，并将网页显示在对应的搜索结果中。

写法为：<meta name="keywords" content="酒店预订，特价酒店，机票，机票预订，飞机票查询，航班查询，酒店团购，旅游度假，旅行，商旅管理" />

其中 content 中的内容为页面的关键词。

SEO 人员需要掌握<meta>标签中几种属性的作用及用法。站在 SEO 的角度，网站的每一个页面都需要撰写 description 和 keywords 属性。

(3) <h#>标签

用来定义文档标题，#可以用数字 1-6 替代，数字越小级别越高，在标题的默认外观上，级别越高的标题就越大越醒目。

<h#>标签应用在网页 body 部分，以<h#>开始，</h#>结束，中间是标题内容。例如：

<h1>文档标题 1</h1>
<h2>文档标题 2</h2>
<h3>文档标题 3</h3>

其外观展示效果如图 4.7 所示。

<h#>标签，不同的级别重要性不同，在优化网站时，SEO 人员需要慎重使用。

文档标题1
文档标题2
文档标题3

图 4.7　<h#>标签的外观展示效果

（4）<p>标签

定义新段落，以<p>开始，以</p>结束，中间是段落内容。

例如以下是一段<p>标签定义的内容，对应的页面展示效果如图 4.8 所示。

<P>　　有一个想法，和心爱的人一起去海边，赤脚踩在柔软的沙滩上，倾听着海风吹拂着海边的椰子树，还有那海浪的声音；千年的古迹，一座座佛堂庙宇静静的矗立在那里，等待虔诚的人们去朝拜；云雾缭绕的高山茶园种植着清香扑鼻的红茶；有一个地方天气会突然变得很冷，世界的尽头会告诉你答案；坐在越野吉普车内，像奔驰在辽阔的非洲大陆；"绿野仙踪"和"千与千寻"会是一生中最佳的一次火车体验；荷兰人建造的加勒古堡，坚固无比；而拥有这一切的就是有着"印度洋眼泪"之称的斯里兰卡。</P>

<P>　　斯里兰卡还被誉为"宝石王国"，但在没去过之前，所有的一切只是空想，虽然很美，但去过之后会更美，而兰卡人对着你微笑，是那么的纯真，那么的温暖，那么的让你久久不能忘记，它只属于这个国家，只属于这里爱微笑而善良的人们。</P>

　　有一个想法，和心爱的人一起去海边，赤脚踩在柔软的沙滩上，倾听着海风吹拂着海边的椰子树，还有那海浪的声音；千年的古迹，一座座佛堂庙宇静静的矗立在那里，等待虔诚的人们去朝拜；云雾缭绕的高山茶园种植着清香扑鼻的红茶；有一个地方天气会突然变得很冷，世界的尽头会告诉你答案；坐在越野吉普车内，像奔驰在辽阔的非洲大陆；"绿野仙踪"和"千与千寻"会是一生中最佳的一次火车体验；荷兰人建造的加勒古堡，坚固无比；而拥有这一切的就是有着"印度洋眼泪"之称的斯里兰卡。

　　斯里兰卡还被誉为"宝石王国"，但在没去过之前，所有的一切只是空想，虽然很美，但去过之后会更美，而兰卡人对着你微笑，是那么的纯真，那么的温暖，那么的让你久久不能忘记，它只属于这个国家，只属于这里爱微笑而善良的人们。

图 4.8　<p>标签定义的内容对应的页面展示效果

有些 SEO 新手会问，<p>标签必须成对出现吗？实际上<p>标签的标准规范是：<p>...</p>，至于没有成对出现，只能说不符合规范，但并不是一定不行。可能不同浏览器性能不同，不成对出现页面也能正常显示。但是编写代码，最好还是遵守规范，这样无论哪种情况下都能正常地运行。其他标签的使用也是类似的原理。

（5）
标签

自动换行，应用在语句尾部。需要注意，
标签比较特殊，与其他标签写法不一样。
标签的用法如下：

<P>　　有一个想法，和心爱的人一起去海边，赤脚踩在柔软的沙滩上，倾听着海风吹拂着海边的椰子树，还有那海浪的声音；
千年的古迹，一座座佛堂庙宇静静的矗立在那里，等待虔诚的人们去朝拜；
云雾缭绕的高山茶园种植着清香扑鼻的红茶；
有一个地方天气会突然变得很冷，世界的尽头会告诉你答案；
坐在越野吉普车内，像奔驰在辽阔的非洲大陆；
"绿野仙踪"和"千与千寻"会是一生中最佳的一次火车体验；
荷兰人建造的加勒古堡，坚固无比；
而拥有这一切的就是有着"印度洋眼泪"之称的斯里兰卡。</P>

该内容外观展示效果如图 4.9 所示。

> 有一个想法,和心爱的人一起去海边,赤脚踩在柔软的沙滩上,倾听着海风吹拂着海边的椰子树,还有那海浪的声音;
> 千年的古迹,一座座佛堂庙宇静静的矗立在那里,等待虔诚的人们去朝拜;
> 云雾缭绕的高山茶园种植着清香扑鼻的红茶;
> 有一个地方天气会突然变得很冷,世界的尽头会告诉你答案;
> 坐在越野吉普车内,像奔驰在辽阔的非洲大陆;
> "绿野仙踪"和"千与千寻"会是一生中最佳的一次火车体验;
> 荷兰人建造的加勒古堡,坚固无比;
> 而拥有这一切的就是有着"印度洋眼泪"之称的斯里兰卡。

图 4.9
标签的应用

(6) <strong>标签

加粗强调,以<strong>开始,以</strong>结束。<strong>标签的应用如图 4.10 所示。

```
<div class="product_box">
    <div class="product_zoomfix big_pic">
        <a class="product" href="http://tour.eyuyao.com/travel_lineinfo.php?id=11553">
            <span class="big_img_box" style="background-image:url(/upimg/mode/1706/1497399752.jpg);opacity:1;background-position:50% 50%;background-repeat:no-repeat no-repeat;"></span>
            <span class="price_box"><strong class="place">南京</strong>
<strong class="price">￥388起</strong>
</span>
            <span class="name_wrap">
                <span class="product_name">四大古都之一</span>
            </span>
        </a>
    </div>
```

图 4.10 <strong>标签的应用

(7) <img>标签

定义图片,可以通过相关属性对图片进行设置,应用在 body 部分,书写方式如下:

<img src="http://14.360buy.com/da/20110228/88_31_cuHtmr.jpg" alt="惠普">

其中,img 告诉浏览器该处是图片;src 指定图片文件所在的路径;alt 是对图片进行简短描述。<img>标签中的 alt 属性很重要,SEO 人员在优化网站时,要能够检查页面中图片的 alt 属性是否正常添加,添加的是否合理等。

(8) <a>标签

<a>标签又叫做超链接标签,本质上属于网页的一部分,允许同一网站的网页之间,或不同网站的网页之间进行链接的元素,以<a>开始,以</a>结束。

<a>标签的基本写法为:<a href="所要链接到的 URL">超链接在网页上显示的内容</a>,如图 4.11 所示的链接,均为<a>标签标注的。

- 内蒙古戈壁高速连丝路 京新高速已即将通车
- 莞港两地开通旅游高铁 今后可能半小时往返
- 中哈第二条客运通道列车首开
- 中国总领馆提醒暑期赴泰中国游客注意安全
- 垫付游客医疗费 北京水魔方财务雪上加霜
- 内蒙古今年计划接待游客1.1亿人次

图 4.11 <a>标签标注的链接

在网站优化过程中,当<a>标签中"超链接在网页上显示的内容"为网站所优化的关键词时，可以提升关键词与页面的相关性，也可以传递权重，因此可以提升关键词排名。

在使用<a>标签的过程中，经常用到的一个属性是 target 属性，定义链接的网页在何处显示，可以是新窗口，也可以是本窗口。

- target="_blank"，在新窗口打开，写法为：<a href="http://www.lvyou.com" target="_blank">旅游</a>。
- target="_self"，在本窗口显示，写法为：<a href="http://www.lvyou.com" target="_self">旅游</a>。

在新窗口打开，用户可以同时浏览多个页面，很方便。如果浏览同类页面，还可以进行对比，有利于提升网页转化率。另外，在新窗口打开一个页面，新窗口和原窗口都将会有流量，有利于提升网站的浏览量。但是也需要注意，用户打开的窗口过多，需要逐个手动关闭，也会产生厌倦和疲劳感。

在原窗口打开，会减少网站服务器的开销，不会出现网站打不开的情况，而且只保留一个窗口，用户会感觉很清爽，占用用户计算机的资源也少。但是打开一个页面，原页面就不会存在，如果用户浏览完一个页面后随手关闭页面会将整个网站关闭，造成跳出率上升。

比较之后发现，用新窗口打开网站用户体验要好一些。因此 SEO 人员在分析网站时，当发现网站中所有页面都是原窗口打开时，可以进行相应的调整，将其设置成新窗口打开。

3. 代码编辑标准及注意事项

目前，互联网中的网站代码全部是根据 W3C 标准编辑的，W3C 是 World Wide Web Consortium 的缩写，中文是 W3C 理事会或万维网联盟，是制定网络标准的一个非赢利组织。W3C 标准统一了各个浏览器对 HTML 等代码的显示，对用户来说，无论使用哪个主流浏览器都可以正确地浏览网页，对搜索引擎来说，统一的标准方便其"阅读"和抓取网页的内容。

为了保证页面能正常显示，在编辑 HTML 代码时需要注意：

（1）不要忘记标签的闭合。HTML 标签需要有开始标签及闭合标签，若缺少其一则该条指令无法生效。例如，

<title>...</title>

（2）标签要正确嵌套，例如：

<html>
<head>
<title>....</title>
</head>
<body>
...
</body>
</html>

（3）涉及到属性的标签，其属性名要加引号。例如：

<meta name="keywords" content="关键词" />，keywords 是一个属性，因此要在其名称前后添加引号。

SEO 人员最好是按照该规范去编写及优化网站代码，避免后期花费大量的时间去修改。

4.1.2 代码优化方法

了解了 HTML 的基本信息以及几个基本标签的使用方法，对于 SEO 人员来说是不够的。

要做好网站优化，SEO 人员更需要掌握网站代码的优化方法，这才是 SEO 工作的重点之一。

1. HTML 基本标签优化

HTML 基本标签中，有一些是对网站优化有促进作用的。接下来，介绍五种重要标签的优化方法。

（1）<h#>标签

<h#>标签是用来定义标题、表示强调的一种标签。根据<h1>到<h6>六种不同的级别，来呈现页面内容的层级。

经常使用的是<h1>、<h2>这两个<h#>标签，在使用<h1>、<h2>标签时建议包含关键词，可以提升关键词在页面中的权重。由于<h3>、<h4>、<h5>的强调作用较小以至可以忽略，所以在网站优化中基本上用不到。<h6>可以用在首页友情链接处，以降低友情链接对页面目标关键词的影响。

<h1>标签是对页面最重要部分的强调，一般用在页面标题上。需要注意的是，在同一个页面中<h1>标签只能出现一对，若在页面中出现多个<h1>标签会对网站关键词排名造成不利影响。因此 SEO 人员在分析网站源代码时，若发现网站源代码中有大量的<h1>标签，应保留一对，剩余的用其他标签替换。

<h2>标签在同一页面中一般也出现一对，通常使用在栏目名称、文章段落标题或小标题中。

虽然<h#>标签对网站优化有着积极的影响，但如果乱用同样会带来不利的后果，切忌将<h#>标签用在整段内容中。

（2）<strong>标签

<strong>标签表示强调，有加强语气的作用，在页面中表现为加粗显示。在包含关键词的位置使用<strong>标签，有助于在页面内突出关键词，提升关键词与页面的相关性。

<strong>标签一般应用在网站版块标题、文章小标题处，图 4.12 所示是在文章小标题处添加<strong>标签。

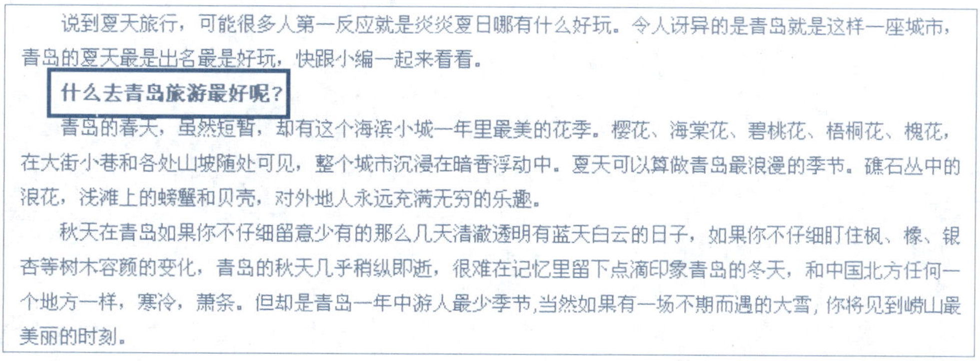
说到夏天旅行，可能很多人第一反应就是炎炎夏日哪有什么好玩。令人讶异的是青岛就是这样一座城市，青岛的夏天最是出名最是好玩，快跟小编一起来看看。

什么去青岛旅游最好呢？

青岛的春天，虽然短暂，却有这个海滨小城一年里最美的花季。樱花、海棠花、碧桃花、梧桐花、槐花，在大街小巷和各处山坡随处可见，整个城市沉浸在暗香浮动中。夏天可以算做青岛最浪漫的季节。礁石丛中的浪花，浅滩上的螃蟹和贝壳，对外地人永远充满无穷的乐趣。

秋天在青岛如果你不仔细留意少有的那么几天清澈透明有蓝天白云的日子，如果你不仔细盯住枫、橡、银杏等树木容颜的变化，青岛的秋天几乎稍纵即逝，很难在记忆里留下点滴印象青岛的冬天，和中国北方任何一个地方一样，寒冷，萧条。但却是青岛一年中游人最少季节，当然如果有一场不期而遇的大雪，你将见到崂山最美丽的时刻。

图 4.12 在文章小标题处添加<strong>标签

注意，在网站中使用<strong>标签时，切忌页面中大段文字、页面内非关键词使用此标签。

在 HTML 代码中，<b>标签也是用来加粗显示页面内容的标签，但是该标签只是起到加粗的效果，没有强调作用。

因此在优化网站时，当文本中包含关键词时建议选择<strong>标签。

（3）<img>标签中的 alt 属性

<img>标签是表示图片信息的标签，而 alt 属性是一个必需属性。在<img>标签中添加 alt 属性，一是为了通过 alt 属性对图片进行说明，告诉搜索引擎图片的含义；二是为了提高用户体验，在<img>缺少 title 属性时，当鼠标移动到图片上展现的文字信息即为 alt 属性内容。另外，当图片不能正常显示时，alt 属性中的文字将替代图片进行展示。

<img>标签中 alt 属性对 SEO 的作用包括：可以使搜索引擎更好地识别图片信息，从而使图片有收录和排名；alt 属性的内容可以是页面所优化的关键词，因此，<img>标签中的 alt 属性可以用来调整页面关键词的密度。

优化<img>标签的 alt 属性时，需要保证 alt 属性中的内容要和图片相符，字数控制在 100 个字符以内。

（4）<a>标签中的 title 属性

<a>标签中的 title 属性是为链接添加描述性文字，鼠标指针悬停在超链接上，显示该超链接的文字注释。

<a>标签的 title 属性内容可以是要跳转的页面所优化的关键词，因此为<a>标签添加 title 属性可以增强页面和关键词的相关性，还可以调整页面关键词的密度。

因此，当页面中需要调整关键词密度时，可以考虑添加上该属性。

（5）<iframe>标签

<iframe>标签会创建包含另外一个文档的内联框架（行内框架），在页面内加载其他页面及资源。图 4.13 所示是在原有页面中添加了内联框架。

图 4.13　在原有页面中添加了内联框架

<iframe>标签会导致搜索引擎蜘蛛抓取困难，搜索引擎的蜘蛛不会识别在<iframe>中被调用的图片、文本、URL 等内容，因为这些内容不属于该页面，只是访问的时候被临时调用的，建议不要使用。

如果网站中必须要添加<iframe>框架结构，如何优化呢？

- 网站顶部不要使用，一般放在中间或尾部。
- 尽量减少<iframe>标签的使用。一个页面的<iframe>标签不要太多，一般不超过两个。
- <iframe>框架内的内容尽量简单，一般就是一个图片或者简单的网页。

SEO 人员在检查网站<iframe>标签时，直接在网站源代码中搜索<iframe>，判断其使用是否合理。若不合理，可以配合技术人员进行修改，去掉不必要的内联框架。

2．JS、CSS 代码优化

（1）JS 代码优化

如今搜索引擎对用户体验的关注度越来越高，这就要求 SEO 人员在优化网站时不仅要做好自身网站内容的建设，还要做好用户体验的优化。网页打开速度是影响用户体验的一个重要因素，要提升网页打开速度，除了可以选择更好的服务器之外，同时也可以对网站自身的代码进行优化。

网页中最影响网页打开速度的因素是什么？是网站中的 JavaScript 代码。JavaScript 简称 JS，它是一门面向对象的编程语言，用来开发网页，JS 可以直接写在网页内，也可以写在网页外调用。

网页中引用的 JS 文件越多，打开速度越慢。网络上关于 JS 优化的资料有很多，但大多技术性很强，像变量、字符串、类型，本章主要介绍 JS 怎样放置、如何删减。

网页要实现强大的功能，必须使用 JS 文件。正是这些 JS 文件，在增强网站功能的同时，也影响了网站速度。

总体来说，关于 JS 优化通常有以下三种方法：

1）将不重要的 JS 放在页面最底部

这是最简单也是效果最好的优化方法。将不重要的 JS 全部放到页面的最底部，如图 4.14 所示。实现异步加载，也就是等网页都加载完了再加载这些不重要的 JS，这样就不影响网页速度了。

```
684  </div>
685  </body>
686  </html>
687  <script language="javascript" src="http://dlt.zoosnet.net/JS/LsJS.aspx?siteid=DLI58783773&lng=cn"></script><script type="text/javascript" src="/style/scroll.js"></script>
```

图 4.14　不重要的 JS 文件放最底部

2）合并 JS 文件

合并 JS 文件的目的是减少 HTTP 请求，向服务器请求越少，打开速度越快，而合并多个原本独立的 JS 文件需要一些技巧。因为 JS 是可关联型的，可能前面的 JS 代码中声明的变量在后面的 JS 代码中也需要调用。如果顺序颠倒，JS 调用未定义的变量就会出错。所以 JS 一定要按顺序合并，从上到下，包括 JS 文件以及 JS 代码。

图 4.15 所示是合并 JS 文件案例。body 主体中间的"test(index);"代码中的"index"变量是在第一个文件 common.js 中声明的。如果把这段代码放到合并的 JS 文件中第一行，那么肯定会出错。所以应该按照从上到下的顺序，先把 common.js 里的代码放在合并的 JS 文件中的起始处，然后再放"test(index);"，接着再放 html.js 里的代码，完成合并。

```
<html>
<head>
<meta http-equiv="Content-Type" content="text/html; charset=utf-8" />
<title>测试文档</title>
<link rel="stylesheet" href="css.css" type="text/css"/>
<script type="text/javascript" src="common.js"></script>
</head>
<body>
<script language="javascript">
test(index);
</script>
<div></div>
<script type="text/javascript" src="html.js"></script>
```

图 4.15　合并 JS 文件案例

3）压缩 JS 代码

建议使用在线 JS 压缩工具完成 JS 代码的压缩。直接在百度中搜索"在线 JS 压缩工具"，即可找到多种可用工具。

需要注意的是 JS 代码对 SEO 的影响比较大，因为搜索引擎对 JS 抓取有压力，而且影响网站的打开速度。因此在优化网站时，要尽量减少 JS 代码的数量和体积，可以采用调用的形式来实现 JS 的功能，另外，重要链接不要添加在 JS 里。

对于 SEO 人员来说，在优化网站时，发现网站打开速度过慢，可以检查网站源文件中的 JS 代码。如果发现 JS 代码过多，可以提交给技术人员进行代码调整。

（2）CSS 代码优化

CSS（cascading style sheet），层叠样式表也叫级联样式表或者风格样式表，它是用来进行网页风格设计的，使页面内容呈现出丰富多样漂亮的效果，利于阅读。

CSS 代码对于 SEO 的作用表现在：精简网页的代码体积，提高网页的打开速度。

然而在建站过程中，无论是 CSS 编写规范、代码长度，还是文件大小等，都会影响到网页的打开速度。那么应该如何进行 CSS 的优化呢？

1）优化网页加载 CSS 的方式

网页中使用 CSS 共有三种方式，分别为：Embedding（嵌入式）、Inline（内联式）、Linking（引用式），它们各自的特点是：

- 嵌入式：将 CSS 写在<head></head>之间，并且用<style></style>标记进行声明，如图 4.16 所示。
- 内联式：对 HTML 的标记使用 style 属性，然后将 CSS 代码直接写在其中，如图 4.17 所示。

```
1  <html>
2  <head>
3  <style type="text/css">
4      h1{color:red}
5      p{color:blue}
6  </style>
7  </head>
8  <body></body>
9  </html>
```

图 4.16　CSS 嵌入式

```
1  <html>
2  <head></head>
3  <body>
4      <p style="color:#FFF;font-weight:bold;">内联样式</p>
5  </body>
6  </html>
```

图 4.17　CSS 内联式

- 引用式：将 HTML 页面本身与 CSS 样式分离为两个或者多个文件，实现了页面框架 HTML 代码与 CSS 代码的完全分离，使得前期制作和后期维护都十分方便。而同一个 CSS 文件可以连接到多个 HTML 文件中，甚至可以连接到整个网站的所有页面中，使得网站整体风格统一、协调，并且后期维护的工作量也大大减少，如图 4.18 所示。

```
1  <html>
2  <head>
3      <link rel="stylesheet" href="css的url" type="text/css" >
4  </head>
5  <body></body>
6  </html>
```

图 4.18　CSS 引用式

通过以上介绍可知，嵌入式和内联式都是把 CSS 写在当前的 HTML 代码中，这将会造成

HTML 文档变大，降低响应速度。所以，在优化网站时需要把页面的 CSS 样式优化成第三种引用式，即将所有与本页面相关的样式写入到该样式表中。

2）精简 CSS 代码

所谓精简，指的是用尽可能少的样式代码实现整个网页的样式效果，需要充分利用 CSS 的继承和综合使用。对于这点需要有一定 CSS 能力才可以做到。举一个简单的例子来说明，如页面中的链接，全部不需要下划线，且大部分为 12 像素，但链接的颜色并不相同，个别的字体效果也不相同，可以采用图 4.19 所示 CSS 的继承和综合使用的代码实现。

```
1  a{text-decoration:none; font-size:12px;}/*定义通用a样式*/
2  a.a_red{color:#f00;}
3  a.a_blue{color:#009;}
4  a.a_menu{color:#fff; font-size:14px; font-weight:bold;}
```

图 4.19　CSS 的继承和综合使用案例

因为 CSS 的继承作用，a_red 和 a_blue 都具备没有下划线、12 像素这一样式，而 a_menu 同样没有下划线，但因指定了大小，就不再继承 12 像素了，而使用 14 像素。

3）整合 CSS 文件

一般情况下，前端制作人员喜欢把通用样式写成一个文件，把专用样式写成另一个文件，以便于各个页面调用。如：把页面通用样式（包括通用布局样式、文字样式等）写在 common.css 中，把首页专用的样式写在 index.css 中。在制作首页时，要调用这两个样式表文件。这样做虽然能提高前端开发的效率，但页面的优化效果却不太好。因为多一个文件调用就需要多一次请求，当然也就会多耗费一点时间。在网站制作完成后，可以将页面的所有样式合并在一起，以提高网页的响应速度。

综上所述，SEO 人员要对网站 JS、CSS 代码进行优化，需要熟练掌握代码知识，以免操作失误，影响网站的正常运营。

在进行网站代码优化时，SEO 人员需要在目标网站的源代码中检查上述几种重要标签的使用，判断其是否符合 SEO 的优化原则。如果标签使用不合理，需要将其进行适当调整。如若不熟练，也可以配合技术人员进行操作。

4.2　关键词布局及密度优化

关键词布局和关键词密度是 SEO 优化中至关重要的内容，在网站中的合适位置布局关键词，并将关键词密度调整到合理范围中，对于页面关键词排名会有很大的帮助。但是现在很多 SEO 新手在优化网站时，会有一些疑问，比如"对于网站中不同的页面，关键词应该布局在哪些位置更有利于排名？""关键词密度调整到多少才合适？""如何调整网站关键词密度？"等，对于存在这类问题的 SEO 人员，本节的内容会解答你的疑问。

本节会对页面中关键词的布局方法、如何调整页面关键词的密度做详细介绍。

4.2.1　页面关键词的布局

1. 认识关键词布局

关键词布局就是将目标关键词合理分配到网站的首页、栏目页以及内容页。在优化一个网站时，首先要考虑的就是关键词的布局。其中包含核心关键词、目标关键词、长尾关键词的分布情况。并不是把所有要优化的词都放在首页去优化，什么核心关键词放首页、什么目标词放在栏目页、什么长尾词放在内容页，这些都要合理地布局。

当我们打开一个网站看到首页时，按照常人浏览习惯，首先关注最上边的导航栏，其次是屏幕左侧侧边栏，最后是中间位置。这个布局就是 F 型布局，它符合我们的浏览习惯。

这里所说的 F 型不是一定和字母 F 完全一样，还可以是适当的延伸。图 4.20 所示是 F 型布局的形式。

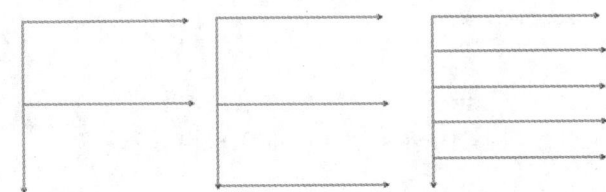

图 4.20　F 型布局的形式

关键词 F 型布局在引用过程中所表现的形式一般是关键词布局在页面的头、中、尾部，这样可以提高关键词与页面相关性，除了可以提高关键词排名还能方便管理。

2．关键词布局方法

页面关键词布局策略，通常遵循"关键词金字塔"原则，也就是难度最大的、比较重要的词排在上面一层，通常放在网站首页优化；次一级难度的词，一般分布在栏目页或列表页；底层的是大量的长尾关键词。因此，在进行关键词布局前，首先要清楚网站各类页面与关键词之间的关系。表 4-1 向大家展示了关键词的特征，表 4-2 向大家展示了页面的关键词选择。

表 4-1　关键词的特征

关键词	搜索量	竞争度	关键词数量
核心关键词	高 中	高 中	少数
长尾关键词	低	低	多数

表 4-2　页面的关键词选择

页面	权重	关键词选择	关键词数量
首页	高	核心关键词	1～3
栏目页	中	目标关键词	1～3
内容页	低	长尾关键词	1

了解了网页与关键词的对应关系后，在优化网站时才能够将关键词合理地布局在对应的网页中。

关键词应该布局在页面的哪些位置呢？

通常情况下，网站页面中的关键词可以布局在<title>标签、description 属性、keywords 属性、页面 body 中。

（1）<title>标签中布局关键词

<title>标签是用来定义网页标题的标签，除了显示在网页源代码中，还会显示在浏览器上

方的标题栏中，以及搜索结果页中每一个搜索结果的第一行，如图 4.21 所示。

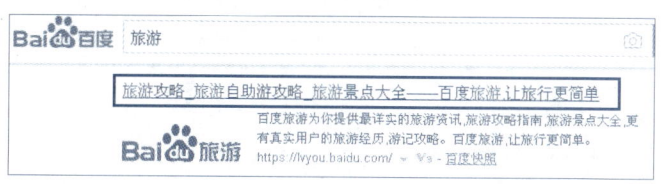

图 4.21　搜索结果页<title>标签内容

这就说明一个网页的标题与用户搜索的内容越接近就越有优先展示的机会。所以页面<title>标签中要包含关键词，方便用户搜索。另外，搜索引擎会根据<title>标签中的内容进行索引，在<title>标签中布局关键词，可以提升关键词与页面的相关性，进而影响关键词排名。

<title>标签中包含本页面关键词 1~3 个，这里的关键词数量不是固定值，可以根据页面权重的高低进行增减，但不可罗列太多。<title>标签中关键词字符数建议控制在 80 个以内，其中一个汉字等于两个字符。

在<title>标签中布局关键词时，可以将其设置为"关键词-网站名称"的形式，关键词之间以英文逗号","或下划线"_"隔开。例如艺龙旅游网优化的核心关键词有"旅游攻略""穷游""自由行""旅游景点"，因此其<title>标签的内容可以写为"旅游攻略_穷游_自由行_旅游景点-艺龙旅游网"，如图 4.22 所示。也可以将<title>标签设置为品牌名，如图 4.23 所示。需要注意的是，如果品牌知名度较低，则不推荐使用此方法；并且采用此种方法会造成首页<title>资源的浪费，核心关键词得不到最大限度优化。

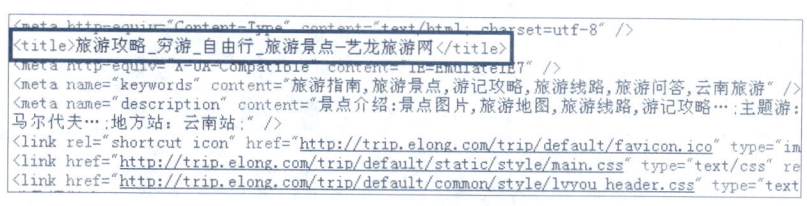

图 4.22　<title>标签设置为"关键词-网站名称"

图 4.23　<title>标签设置为品牌名

（2）description 属性中布局关键词

description 是 meta 标签里用来描述页面的一个属性，在 description 属性中布局关键词，可以提升关键词与页面的相关性，从而影响关键词排名。因此，description 属性中要包含页面关键词，字符数建议控制在 200 个以内。

页面 description 需要围绕目标关键词进行撰写，至少出现一次关键词。同样以艺龙旅游网为例，其 description 就可以写为："艺龙旅游网是中国领先的在线旅行服务提供商之一，靠谱的旅游攻略、海量的旅游景点图片，并有穷游、自由行等全面旅游信息，让你的出行更方便。"，撰写样式如图 4.24 所示。

```
<meta http-equiv="Content-Type" content="text/html; charset=utf-8" />
<title>旅游攻略_穷游_自由行_旅游景点-艺龙旅游网</title>
<meta http-equiv="X-UA-Compatible" content="IE=EmulateIE7" />
<meta name="keywords" content="旅游指南,旅游景点,游记攻略,旅游线路,旅游问答,云南旅游" />
<meta name="description" content="艺龙旅游网是中国领先的在线旅游服务商之一。靠谱的旅游攻略、海量的旅游景点图片,并有穷游、自由行等全面旅游信息,让你的出行更方便。" />
```

图 4.24　description 撰写样式

另外,description 中尽量多搭配相关信息,如经营范围、联系方式等,丰富 description 的内容。

(3) keywords 属性中布局关键词

keywords 属性用来定义网站的关键词,可以用来调整关键词密度,但是其重要性在逐渐减弱。在优化 keywords 属性时要注意,避免堆砌关键词,字符数建议控制在 100 个以内。

撰写 keywords 属性时,可以将页面的目标关键词罗列在 keywords 属性中,以英文逗号隔开。

(4) body 中布局关键词

在 body 中布局关键词,包括首页、栏目页、内容页的 body 部分。其中首页与栏目页 body 部分的关键词布局方式类似。

1) 首页和栏目页 body 部分关键词的布局。

关键词呈现 F 型布局,布局的位置主要包括以下几个方面,以某旅游网站为例:

- 导航和二级导航添加关键词,如图 4.25 所示。
- 版块标题添加关键词,如图 4.26 所示。

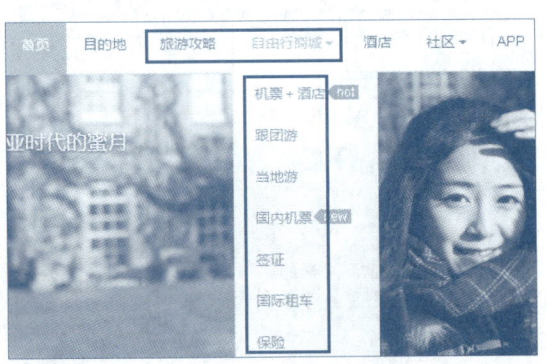

图 4.25　导航添加关键词

图 4.26　版块标题添加关键词

- 页面尾部导航、版权信息处添加关键词,如图 4.27 所示。
- 页面内容中添加关键词。在页面中多次出现某个关键词,并在第一次出现时用 <strong> 标签进行标注,这样搜索引擎会认为该页面是围绕这个关键词来组织内容的,指导搜索引擎来确定网页的关键词。

2) 内容页 body 部分关键词的布局。

通常情况下,内容页设置一个长尾关键词,布局的位置包括产品名称或文章标题、文章的首段和尾段、文章中图片的 alt 属性、文章小标题等。

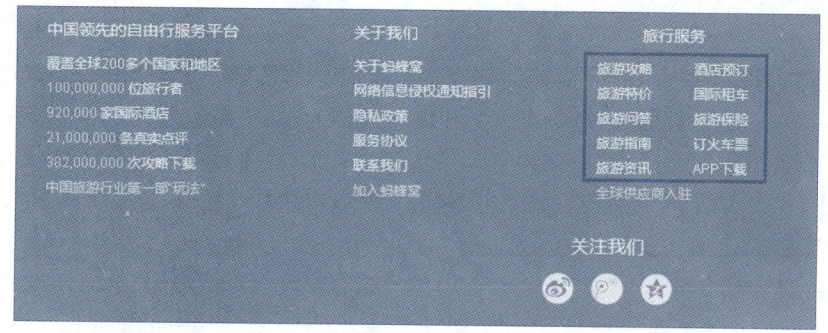

图 4.27　页面尾部导航添加关键词

通过以上讲解，相信大家也都有了自己的一套关键词布局方法。但是网页关键词并不是越多越好，而是有一定的密度限制，因此在优化过程中还需要掌握关键词密度的优化方法。

4.2.2　关键词密度优化

1．认识关键词密度

关键词密度（keyword density），用来度量关键词在网页上出现的总字符数与整个网页的总字符数的比例，一般用百分比表示。关键词密度是按照字符数计算的，相对于页面总字符数而言，关键词出现的频率越高，关键词密度也就越大。

关键词密度的计算方法是单个目标关键词字符长度×关键词出现的次数/页面文本总字符数。例如某个网页共有 100 个字符，而关键词本身是两个字符，并在网页中出现了 5 次，则可以说关键词密度为 10%。根据这一公式可以看出，判断页面与关键词的相关性时，最简单的逻辑是关键词出现次数越多，页面与这个关键词越相关。

当然，这个计算方法只是一种理想的简化方式，它没有有效包括 HTML 代码里<meta>标签中的 title、description、keywords、图片的 alt 属性等包含的关键词。也就是说，搜索引擎在计算关键词密度时，算法要复杂得多。在优化网站过程中，实际上并不需要我们手动去计算页面的关键词密度。

要确定关键词密度的数值，可以直接利用工具进行查询。推荐的工具是站长工具，网址是 http://tool.chinaz.com。站长工具可以查询每一个页面的关键词密度，包括首页、栏目页、内容页。图 4.28 是“去哪儿网”首页关键词“旅游攻略”的密度值（本图为参考图，以实际数值为准）

travel.qunar.com	检测结果
页面文本总长度	10156 字符
关键字符串长度	4 字符
关键字出现频率	123 次
关键字符总长度	492 字符
密度结果计算	4.8%
密度建议值	2%≤密度≤8%

图 4.28　“去哪儿网”首页关键词“旅游攻略”的密度值

4 Chapter

有些初做 SEO 的人经常会问，是不是关键词的密度越高越好？实际上关键词密度并不是越高越好，网站关键词密度太高很容易被搜索引擎判定为作弊，从而导致降权或者 K 站（俗称搜索引擎惩罚），因此合理的关键词密度可以避免网站被搜索引擎惩罚。一般来说，在大多数搜索引擎中，关键词密度为 2%～8%是一个较为合理的范围，合理的关键词密度会提升关键词与页面的相关性，有利于网站在搜索引擎中的排名。实际优化中，SEO 人员可以因地制宜，根据竞争对手网站的关键词密度做适当调整，略高即可。

2．关键词密度的优化

页面关键词密度过高容易被搜索引擎惩罚，密度过低不利于页面排名。因此要合理优化页面的关键词密度。

要优化页面关键词密度，不能随意去增加关键词或减少关键词，可以参考如下步骤：

（1）确定目标关键词密度的数值

利用站长工具查询自己网站某个关键词的密度，同时分别查询搜索结果页中排名前十位的竞争对手网站中该关键词的密度，与自己网站该关键词的密度进行对比，判断应该将自己网站的关键词密度调整到哪个范围。例如查询出自己网站关键词密度是 3.1%，竞争对手网站关键词密度是 6.5%，那么就应该在自己网站中增加关键词。

（2）增加或减少页面出现的关键词

根据查询的结果确定在页面中增加关键词还是减少关键词，从 F 型布局考虑调整页面关键词密度，包括网站的首页、栏目页、内容页。

调整首页关键词密度的方法如下：

- 在导航和二级导航中增加或减少关键词。
- 在页面的版块标题中增加或减少关键词。
- 在页面文字描述部分添加或减少关键词。
- 在页面尾部模板和版权信息中添加或减少关键词。
- 在图片的 alt 属性中添加或减少关键词。

栏目页关键词密度的调整方式与首页关键词密度的调整方式一样，需要根据 F 型布局进行调整。

调整内容页关键词密度时，可以在文章标题、文章首段尾段、文章中 alt 属性、文章小标题等位置添加或减少关键词。

（3）检测自己网页的关键词密度

调整页面关键词密度后，再次利用站长工具对页面关键词密度进行查询。需要注意的是，在调整页面关键词密度时，要逐步调整，确保将关键词密度调整到合理范围内。

需要提醒 SEO 人员，关键词密度并不是影响关键词排名的唯一因素，而且现在的搜索引擎算法已经比简单密度算法复杂得多，只是提高关键词密度，页面价值并不一定更高。因此，SEO 人员无须频繁调整关键词密度，避免降低搜索引擎的友好性。

4.3 网站内容优化

搜索引擎的价值在于给用户提供一种方便、快捷、准确的网络信息服务，用户使用搜索引擎也是希望通过搜索引擎获得更多信息，如果网站内容质量差，就不被搜索引擎所重视，不利于网站排名。所以网站内容是 SEO 的重要组成部分，搜索引擎也越来越重视网站内容质量度的考核。

本节会重点介绍网站内容优化的相关知识，包括如何更新高质量的内容、按照怎样的规律更新、更新内容时有哪些技巧、通过哪些方法可以提升网站的收录量等内容。

4.3.1 网站内容更新规范

互联网是一个开放的网络环境，在这样的环境下，原创作品很容易被别人发现并关注，有一些人还会对原创作品进行修改和加工，转载编辑一番。很多人认为这样被别的网站转载自己的原创作品是不好的，尤其是很多网站都不写来源和作者名称，这种抵触情绪会持续增强。其实客观地说，自己网站的原创作品被转载是一件不错的事情。

想要做成功一个网站，让用户浏览内容是一个方面，如果能让用户自觉地去转载内容，针对网站的宣传又提升了一个层次。

搜索引擎注重网站内容的抓取时间，例如互联网上的相同内容，搜索引擎会判断哪些是内容源，即这篇文章最先出现在哪个网站，搜索引擎就会认为这个网站是内容源头网站。当不止一篇文章首发于某个网站时，假设是上百篇，搜索引擎就会认为这个网站在业界很有影响力，其他网站都在关注它，便会给予这个网站比其他网站较高的权重和排名。

很多网站不希望内容被转载，其实这是错误的，内容被转载得越多，证明这个网站越有价值，内容的质量也越高。

因此，优化网站过程中，创作高质量的内容，对网站权重提升和排名都有帮助。

1. 内容的制作

做网站优化离不开写文章，有的人习惯了伪原创，有的人也坚持原创。实际上，原创内容是最受搜索引擎欢迎的。那么，什么样的文章属于原创文章？什么样的文章属于伪原创文章？如何创作原创及伪原创文章呢？

先来看原创文章的定义，原创是指作者首创，并非抄袭模仿的，内容和形式都具有独特个性的物质或精神成果。在 SEO 中，原创不一定要自己写，只要你发表的内容是搜索引擎没有收录的，对于搜索引擎来说就是原创。

原创文章能够为自己网站带来的好处也是很可观的：

- 提高网站权重：搜索引擎通过算法判断，原创文章为高权重页面，网站内高权重页面增多，网站权重也会提高。
- 加快网站收录速度：原创文章符合搜索引擎抓取原则，更容易被收录，网站收录速度也会增加。
- 增加网站流量：原创文章页面权重较高，权重高的页面排名更容易靠前，被访问的概率增加，网站原创文章增多，网站流量也会增加。
- 增加用户体验：原创高质量文章很容易吸引用户阅读，并使用户再次访问，所以原创可以提高用户体验。

如何创作原创文章呢？

要创作原创文章，可以参考这样的思路：首先确定要优化的长尾关键词，然后根据长尾关键词拓展出文章的标题及内容。在写作的时候将关键词牢记在心，尽量早、尽量多地将关键词布局在页面中：文章的标题、文章的首段和尾段、文章中的小标题等。一般来说，篇幅不长的页面，出现两三次关键词就可以了，篇幅比较长的页面出现4～6次也已经足够，千万不要堆积关键词。需要注意，原创文章要避免抄袭、复制。

例如某旅游网站，要优化的一个长尾关键词是"北京旅游景点推荐"，根据该词撰写一篇原创文章。首先是根据长尾关键词拓展出文章的标题，标题中要包含关键词，而且尽量写得有吸引力一些。然后根据长尾关键词确定文章的主题内容，是关于旅游景点方面的内容，确定之后，编写文章的正文内容，在撰写时要符合关键词部署的规则。文章编写示例如图4.29所示。

图4.29　文章编写示例

虽然原创文章有诸多好处，但是基于原创文章自身的特性，在创作过程中不可避免地会遇到一些难题，如要求作者有丰富的行业知识和经验、要求作者有好的文字功底、要求作者花费大量的时间和精力去编写等，原创文章的撰写难度也是比较高的。因此，在网站优化过程中，可以退而求其次，采取伪原创的方式来更新内容，以达到原创的效果。

伪原创是根据现有的文章进行加工，使搜索引擎认为文章是一篇原创文章。原创文章与伪原创文章在本质上是有区别的，原创文章的全部内容为作者首创，伪原创文章为修改了原文内容之后的文章。对于网站优化而言，优秀的伪原创文章可以起到和原创文章同等的作用。

伪原创文章如何创作呢？

要创作伪原创文章，修改标题是关键。修改标题的方法有很多，常用的几种方法如下：

- 词语替换法，某旅游网站的一篇文章，标题是"3种体型女生连衣裙搭配方法"，在修改标题的时候就可以改为"显瘦连衣裙搭配技巧"。这样用户在搜索"连衣裙搭配技巧"时也能找到这篇文章。
- 拆分替换法，指的是将原文章标题分词、打乱顺序。如"搭配技巧：根据体型选择对的连衣裙"。这样修改之后，能让标题更加符合浏览者的思维习惯。

除了修改标题外，创作伪原创文章还需要修改内容。常用的内容修改方法有以下几种：

- 首尾自创法：顾名思义，就是自己编写首段和尾段，一般是根据对长尾词的理解进行编辑。另外，首段和尾段字数分别不少于 100 字。
- 段落调整法：调整文章段落顺序，可以按照倒叙或者穿插方式修改段落出现的顺序。例如原段落是 12345，调整后的段落为 54231 或 45231。需要注意的是，如果是讲解操作步骤类的内容，是不可以调整段落顺序的。
- 词语替换法：使用意思相近的词语替换原来内容中的词语。
- 文字排序法：通过打乱文字顺序，让内容看起来不一样。例如原内容为"必须靠近水源，才可以生存下去"，可以改为"想生存就要居住在临近水源的地方"。
- 数字替换法：修改内容中的数字。例如，原内容为"出售门票 100 万张"，可以改为"出售门票一百万张"。

需要提醒 SEO 人员，如果原文章包含具有代表性的词，如地理位置、年龄、姓名、联系方式等，则要进行替换，修改成符合自己网站情况的内容。

搜索引擎在判断文章原创度方面有很高的要求，因此在伪原创文章过程中需要综合使用以上几种方法，提高伪原创文章的质量。

2．内容更新规律

在搜索引擎工作原理中介绍过，搜索引擎访问网站的次数和网站的更新次数有较大的关系，网站规律更新，搜索引擎也会规律来访。相反，如果网站更新不规律，将导致搜索引擎来访次数逐渐减少，对页面收录和网站权重提升都不利。

因此在优化网站过程中，SEO 人员要确保网站能够正常更新，保证一定的频率即可。例如，每周一至周五每日更新，周六、周日不更新，每隔一天更新一次等，都属于规律更新。

3．内容更新技巧

在优化网站过程中，更新内容是一项比较枯燥乏味但又不得不做的工作，但是 SEO 人员可以利用一些更新技巧去更新网站内容。

（1）原创文章更新技巧

原创文章消耗的人力和时间成本比较高，因此在网站优化过程中，要掌握一定的技巧，合理缩减成本投入。

原创文章的更新技巧可以概括为三个方面：控制原创文章所占的比例、寻找"未被收录"的文章、找寻原创文章的撰写规律提高效率。

1）控制原创文章所占的比例

编写原创文章有一定的难度，所以在更新原创文章时，可以控制其比例，将原创文章更新量控制在总更新量的 30% 左右。例如发布 10 篇文章中有 3 篇是原创文章。当然，原创文章的比例并不是定值，可以根据网站所处的优化阶段，来适度调整所占的比例。像网站优化初期，可以增加原创文章的比例。

2）寻找"未被收录"的文章

对于搜索引擎来说，之前没有见过、没有被收录的文章，就是原创的文章。因此，可以寻找一些"未被收录"的文章作为原创文章来更新。寻找"未被收录"的文章的方法比较多，这里为大家介绍三种：

- 查找英文文章用软件翻译整理。

第一步：用翻译工具将关键词翻译成英文。

第二步：用英文搜索引擎搜索相关英文关键词后，单击"翻译此页"按钮，将英文文章翻译为中文，如图 4.30 所示。

图 4.30　单击"翻译此页"按钮

第三步：人工简单修改使之通顺。
- 利用线下的书籍扫描识别。

第一步：查找合适的书籍。
第二步：找寻合适的文章并排除已收录的文章。
第三步：扫描并利用文字识别软件进行识别，图 4.31 所示为捷速 OCR 文字识别软件界面。

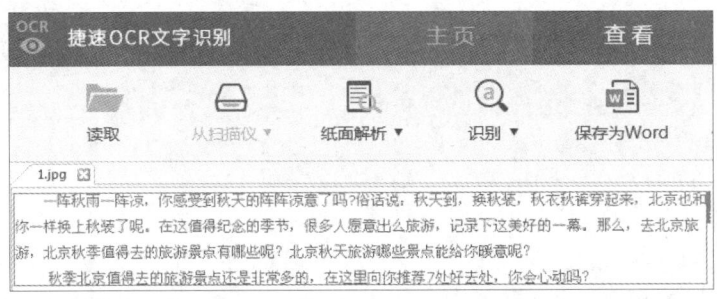

图 4.31　捷速 OCR 文字识别软件界面

- 屏蔽搜索引擎收录的原创页面。

一些网站使用 robots.txt 文件屏蔽了搜索引擎抓取，这些网站上的内容多为原创或伪原创的高质量文章，不过此类网站极少。

3）找寻原创文章的撰写规律提高效率

找寻原创文章的撰写规律，提高编写效率，也是缩减成本投入的有效方式。编写原创文章时，除了按部就班的编写之外，还可以有一定的技巧可言，比如：首先参考目标关键词编辑文章标题，然后根据文章标题列出小标题，最后围绕小标题组织内容。这三个步骤确定了原创文章的编辑流程，在实际工作中要做到熟能生巧。

（2）伪原创文章更新技巧

原创文章固然有很多优势，但毕竟资源有限。因此在实际优化中，也可以掌握伪原创文章的更新技巧，提高工作效率。

伪原创文章的更新技巧同样包括两个方面：控制伪原创文章所占比例、掌握伪原创文章创作技巧。

1）控制伪原创文章所占比例。

编写伪原创文章要比编写原创文章容易得多，因此在更新内容时，可以适当地提高伪原创文章的比例。如在站内所有文章中，伪原创文章占比 70%。同样地，需要根据网站的实际优化阶段来调整该比例。

2）掌握伪原创文章创作技巧。

创作伪原创文章的方法有很多，掌握一定的技巧可以提高工作效率。

- 多篇文章整合成一篇伪原创文章。

第一步：在互联网中，根据目标关键词查找多篇参考文章，并撰写合适的标题。

第二步：根据文章标题列出小标题。

第三步：根据小标题，在多篇文章中找到合适的内容，进行筛选、整合、调整。

- 多次翻译获取伪原创文章。

第一步：参考目标关键词查找文章。

第二步：使用翻译工具将查找到的文章转换为英文或其他语言。

第三步：换一种翻译工具，将其转换为中文。

第四步：通读并理顺，完成伪原创。

由于搜索引擎对于文章质量要求越来越高，因此 SEO 人员在优化网站时，要尽量保证文章的质量。即便是编写伪原创文章，其质量也要有保证。原创文章及伪原创文章的更新技巧，请参考本章视频。

4.3.2 网站收录优化

网站内容质量是影响网站收录的一个重要因素，而收录是页面有排名的前提。因此，提高网站质量、增加网站收录量，是网站优化的重中之重。

1. 认识网站收录

众多 SEO 人员都知道，网站页面被收录得越多，网站在搜索引擎中获得展现的概率也就越大。但是，搜索引擎会对新网站或页面进行一个类似资格评价的阶段，这个阶段称为沙盒期，度过沙盒期之后页面才能被搜索引擎收录，只有页面被收录才有可能获得排名。

通常情况下，沙盒期分为新站沙盒期和页面沙盒期两种。新站沙盒期指的是搜索引擎抓取新网站后会对其进行 1～2 个月的考核，其目的在于对网站有个整体的评估。页面沙盒期审核时间不定，高权重网站会直接略过页面沙盒期，低权重网站的页面会有数天到数周的沙盒期。

在网站优化过程中，想要知道网站页面是否被收录、网站收录量是多少，就需要掌握查询收录的方法。

查询单个页面是否被收录，可以直接在搜索引擎中查询页面的网址。要查询网站的收录量，可以在搜索引擎中输入"site:域名"，图 4.32 所示是利用 site 指令查询网站收录量。也可以利用站长工具进行收录查询，图 4.33 所示是利用站长工具查询网站收录界面。

2. 网站收录优化方法

在了解了网站收录的重要性及查询方法之后，对于站长来说，如何优化网站收录，使网站收录不断提升是关注的重点。

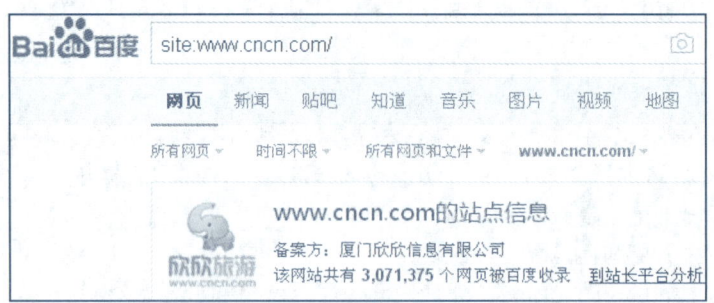

图 4.32　利用 site 指令查询网站收录量

网站 www.cncn.com 的收录/反链结果

搜索引擎	百度	谷歌	360
收录	307万1375	50万8000	538万
反链	14万2000	33万8000	1960万

图 4.33　利用站长工具查询网站收录界面

首先要明确影响网站收录的几个因素。

（1）网站权重

网站权重越高，页面收录的速度越快。反之，页面的沙盒期越长，收录越慢。

（2）链接结构

合理的链接结构以及合理的 URL 层级可以保证蜘蛛在网站内部顺利地爬行和抓取。另外，保证多样化的外部链接导入，可以有效提高网站内部被搜索引擎蜘蛛爬行的频率。

（3）页面质量

想要让网站更新的内容尽快被搜索引擎蜘蛛收录，首先要保证页面质量。衡量一个网站内容质量高低的因素有很多，如内容的原创度、内容是否有价值等。具有原创性、有价值的页面内容，符合搜索引擎抓取的原则，更容易被收录。

（4）更新频率

规律性更新可以保证搜索引擎蜘蛛规律地对网站页面进行爬行抓取，对于提高网站收录有较大帮助。

明确了影响收录的几个因素，就可以从每个影响因素出发，解决网站存在的问题。简单来说，可以通过设置合理的链接结构、尽可能多地增加原创文章、规律性地更新文章、增加网站地图等方式来提高网站收录。

4.4　案例分享

案例 1：关键词布局

【案例描述】

网址：http://www.aidigong.com/news/。

页面优化的关键词：“产后恢复与坐月子常识”。

任务：在该页面中合理布局关键词，并调整关键词密度，要求超过竞争对手的关键词密度。

【案例分析】

该页面是一个网站的栏目页，通过分析，发现该页面中并没有布局要优化的关键词。因此，首先要在该页面中布局关键词，然后调整关键词密度。

第一步：在页面的<title>标签、keywords 属性、description 属性中添加关键词"产后恢复与坐月子常识"。

第二步：分析页面整体的 F 型布局，也就是页面的头、中、尾各个部位，寻找出可以添加关键词的位置，并将关键词添加在合适的位置。

如，在页面导航中，产后护理版块中的内容，是产后恢复与坐月子常识，因此可以选择将图 4.34 中标注的词，替换为关键词"产后恢复与坐月子常识"，这样就在导航中添加了关键词。

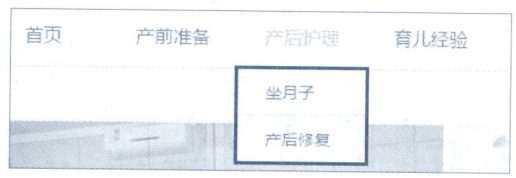

图 4.34　页面导航

也可以在版块标题中添加关键词，图 4.35 是页面版块标题，该版块内容主要是产后的护理与坐月子的知识，因此可以选择将该版块标题替换成"产后恢复与坐月子常识"。另外，该版块的文章标题也可以适当地植入关键词。

图 4.35　页面版块标题

另外在尾部导航中，以及页面内容的合适位置，也可以植入该关键词来提升关键词密度。

第三步：关键词添加完成后，利用站长工具查询该页面"产后恢复与坐月子常识"的关键词密度，然后与竞争对手对比，并作出相应的调整。

案例 2：网站收录量少的原因分析

【案例描述】

某搬家物流公司，网站网址是 http://www.shdzwlhygs.com/。

这是一个上线了三年多的网站，网站权重是 1，收录是 57，请分析该网站收录量低的原因并给出解决方案。

【案例分析】

对于一个三年多的网站，收录量 57，代表网站收录存在问题。通过分析可以发现影响该网站收录量的几个主要原因是：

1. 网站内容质量差

在网站中任意挑选一篇文章，复制文章中的语句在百度中搜索，发现大面积的飘红，如图 4.36 所示。其中不乏更早日期发布的内容，以此可以发现，网站文章原创度不高，文章质量比较差，而文章质量会直接影响网站的收录量。因此对于该网站的 SEO 人员来讲，需要提高文章的质量，尽量更新原创的内容。

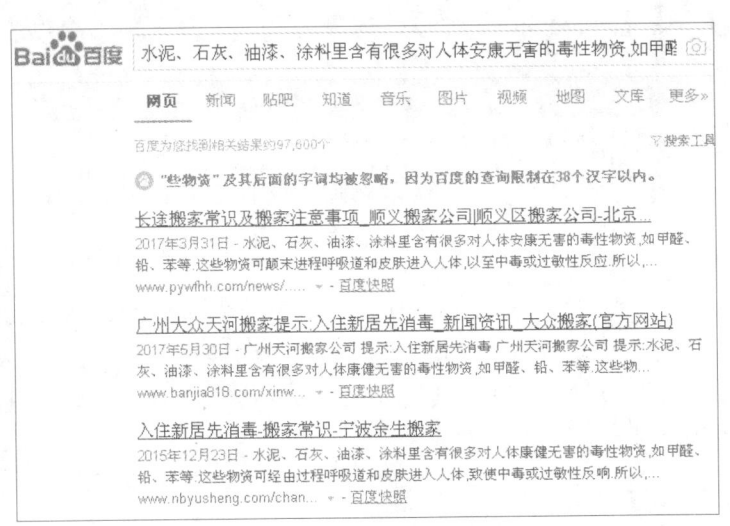

图 4.36　文章原创度查询

另外，文章页中关键词布局不合理。一般情况下，每个内容页优化一个长尾关键词，而文章页的标题、首段、尾段、文章小标题等位置可以出现关键词，以提升关键词密度。但是在该网站的文章页中大家可以发现，文章页关键词布局并不合理，有些文章页甚至没有关键词。

2. 更新频率低

通过长时间的观察发现，该网站的内容长时间没有更新，更新频率很低。网站内容更新频率低，搜索引擎蜘蛛的访问频率也会受影响。对于网站来讲，如果搜索引擎蜘蛛不访问，那么内容的抓取收录也会受影响，这也是导致网站收录低的一个原因。实际优化网站过程中，至少保证每个可更新内容的栏目有内容更新。当然要根据实际人员配置来安排更新量。

3. 网站可以更新内容的栏目比较少

该网站中，只有"搬家常识""行业新闻"两个栏目可以更新内容，数量比较少。像"长途搬家""办公室搬迁"等栏目，也可以设置成可以更新内容的栏目，以便增加网站的收录量。

4. 网站权重

该网站中域名未做 301 重定向，导致权重被分散。如 http://www.shdzwlhygs.com/、http://www.shdzwlhygs.com/index.htm、http://shdzwlhygs.com/都可以打开首页，因此可以将非目标页面做 301 重定向，跳转到目标页面，如其他页面都跳转到 http://www.shdzwlhygs.com/。

以上内容是对该网站收录问题的分析，在实际优化过程中，SEO 人员要学会系统地分析网站，能够根据企业实际的人员配备情况，制定合理的解决方案。

章节总结

本章主要介绍了以下内容：
- HTML 定义：HTML 是 Hyper Text Markup Language 的缩写，是超文本标记语言或超文本标签语言。
- HTML 结构：html 文档、head 部分、body 部分。
- 常用的 HTML 编辑工具：记事本、UltraEdit、DreamWeaver。
- HTML 基本标签：<title>标签、<meta>标签、<h#>标签、<p>标签、
标签、<strong>标签、<img>标签、<a>标签。
- 代码编辑标准及注意事项：不要忘记标签的闭合，标签要正确嵌套，涉及到属性的标签，其属性名要加引号。
- HTML 基本标签优化：<h#>标签、<strong>标签与<b>标签、<img>标签中 alt 属性、<a>标签中的 title 属性、<iframe>标签。
- JS、CSS 代码优化：JS 代码对 SEO 的影响比较大，因为搜索引擎对 JS 抓取有压力，而且影响网站的打开速度。因此在优化网站时，要尽量减少 JS 代码的数量和体积；CSS 代码可以精简网页的代码体积，提高网页的打开速度。
- 页面关键词布局方法：网站页面中的关键词可以布局在<title>标签、description 属性、keywords 属性、页面 body 中。
- 页面关键词密度优化：确定目标关键词密度的数值、增加或减少页面出现的关键词、检测自己网页的关键词密度。
- 如何创作原创文章：首先确定要优化的长尾关键词，然后根据长尾关键词拓展出文章的标题及内容。
- 伪原创文章创作：修改标题、修改内容。
- 网站内容更新规律：确保网站能够正常更新，保证一定的频率即可。
- 原创文章更新技巧：控制原创文章所占的比例、寻找"未被收录"的文章、找寻原创文章的撰写规律提高效率。
- 伪原创文章更新技巧：控制伪原创文章所占比例、掌握伪原创文章创作技巧。
- 网站收录的优化方法：可以通过设置合理的链接结构、尽可能多地增加原创文章、规律性地更新文章、增加网站地图等方式来提高网站收录。

作业

一、简答题
1. 简述 HTML 中 8 个基本标签的优化方法及注意事项。
2. 简述关键词 F 型布局的作用。
3. 按照 F 型布局的思路，简述网站首页可以在哪些位置布局关键词。

4．简述网站收录的优化方法。

二、实战题

网站背景：

中国在职研究生教育网，网站网址：http://www.zzhedu.com/。

域名年龄：12 年。

优化的关键词：在职研究生考试、在职研究生报考条件、在职学习。

根据上述网站背景，分析该网站站内优化存在的问题，并给出解决方案。

第 5 章

站外优化

【学习目标】
- 了解网站外部链接的类型
- 掌握外部链接的查询方法
- 掌握外部链接的发布机制
- 掌握外部链接的建设方法
- 掌握外部链接的发布技巧

【导读】

众所周知,网站优化分为站内优化和站外优化两部分。前面已经详细介绍了站内优化的部分,本章将深入讨论站外优化的内容。

站外优化是网站优化必不可少的因素之一,高质量的外部链接有利于提升关键词排名,而且可以为网站带来很好的流量。

在站外优化部分,主要介绍网站外部链接基础、外部链接建设的方法以及外部链接发布的技巧,帮助 SEO 人员快速掌握站外优化的技巧。

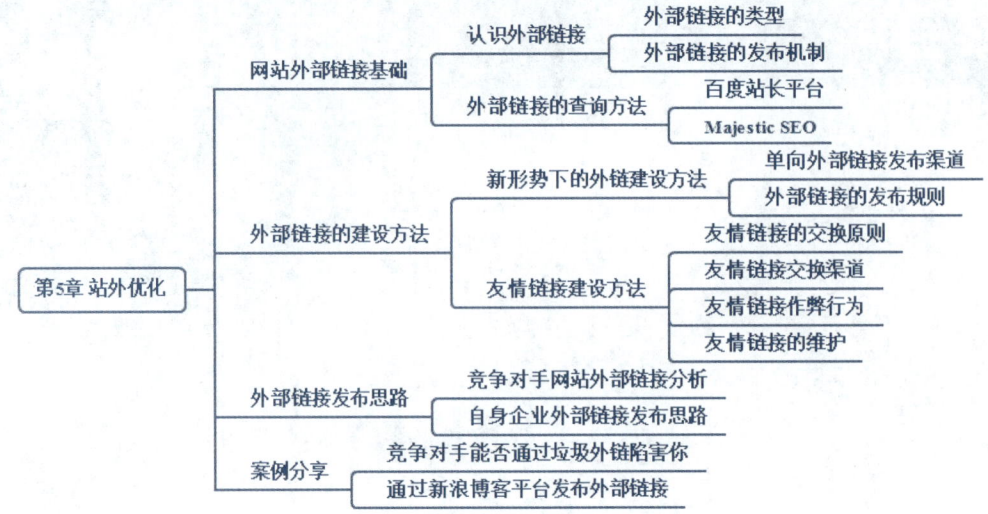

5.1 网站外部链接基础

互联网分享的本质特性就是链接，整个互联网已经被形象的比喻为互相交错的蜘蛛网，网站间的互相链接是非常重要的，也是互联网组成的重要元素。网站的链接包括内部链接和外部链接，内部链接 SEO 人员可以控制，而外部链接要复杂的多。

5.1.1 认识外部链接

外部链接是从其他网站导入自己网站的链接。导入链接对于网站优化来说是非常重要的一个因素。导入链接的质量（即导入链接所在页面的权重）直接决定了我们的网站在搜索引擎中的权重。

同时可以通过网站外部链接的锚文本关键词，来判断关键词与页面的相关性，进而提高页面关键词的排名。比如某网站的主题是"美容"，如果有很多美容相关的网站用"美容"作为锚文本链接到该网站，尤其是一些美容专业性质的网站有这样的锚文本链接到你的网站，搜索引擎就会提升对你网站的认可度。网站与关键词的相关性提高，进而提升页面关键词的排名。因此 SEO 人员应该重视外部链接的建设。

1. 外部链接的类型

外部链接包括单向外部链接和双向外部链接，双向外部链接又被称为友情链接。

（1）单向外部链接

A 网页有链接指向 B 网页，而 B 网页没有链接指向 A 网页，这样的链接称为单向链接。而当 A 网页和 B 网页属于不同网站时，这个链接就称为单向外部链接。

从单向外部链接的定义也可以看出，单向外部链接的特点是不导出链接。

单向外部链接的形式主要有三种：

1）锚文本链接

锚文本链接是把关键词做一个链接，指向别的网页。组成部分是目标关键词和对应页面的地址。图 5.1 所示是锚文本链接。点击"北京旅游景点"，可以跳转到网址 http://www.lotour.com/

对应的页面中。

图 5.1 锚文本链接

锚文本链接的一般写法是<a href="对应页面的地址">目标关键词</a>。

2）超链接

超链接组成部分是以链接地址作为目标关键词以及对应页面地址，图 5.2 所示是超链接。点击图中选框中的链接后，可以直接跳转到 http://www.lotour.com/对应的页面中。

图 5.2 超链接

超链接的一般写法是：<a href="对应页面的地址">对应页面地址</a>

3）纯文本链接

纯文本链接只有网址而没有超链接的链接文本。图 5.3 所示是一个纯文本链接，该链接不可以点击。

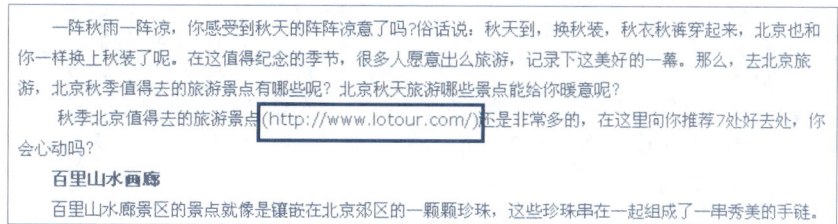

图 5.3 纯文本链接

（2）友情链接

友情链接是双向外部链接，也称为网站交换链接、互换链接，是具有一定资源互补优势的网站之间的简单合作形式。友情链接指的是两个网站之间互相在自己网站添加对方网站的链接，是网站推广的一种基本手段。

友情链接交换的作用主要体现在两个方面：快速提升网站权重。友情链接可以进行权重传递，从而提升网站自身权重，增加蜘蛛的访问频率。在对方网站中添加了自己网站的链接，当蜘蛛爬行对方网站时，可以通过友情链接爬行到自己的网站。

在网站中添加友情链接，常见的形式有两种：一种是锚文本的形式，这也是比较常见的一种形式；另一种是图片的形式。图 5.4 所示是锚文本形式的友情链接。由于搜索引擎抓取内容以文字为主，因此在交换友情链接时，尽量选择锚文本形式的友情链接。

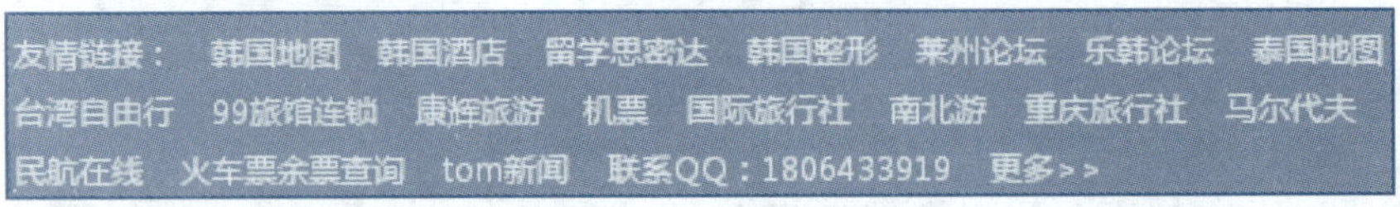

图 5.4　锚文本形式的友情链接

2．外部链接的发布机制

外部链接在决定页面权重及相关性方面起着至关重要的作用，那么外部链接应该如何发布呢？在发布外部链接时，对排名有影响的几个因素是外部链接的质量、外部链接的总数量、外部链接的域名总数量，这也就是外部链接的发布机制。

（1）外部链接的质量

页面的权重越高、导出链接越少，所能传递的权重就越高；另外，链接页面和被指向页面是否具有相关性是外部链接的另一个指标。无论用哪种工具查询，如果排在前面的链接都是论坛博客留言，说明这个竞争对手并不可怕，哪怕总链接数很高。

（2）外部链接的总数量

权重通过外部链接传递到网站中，网站外部链接的总数量越高所得到的权重就越高。

（3）外部链接的域名总数量

总域名数指的是外部链接来自于多少个独立域名。通常总域名数远远小于总链接数，因为有的外部链接是全站链接，大的网站叫上全站连接到你的网站，可以带来成千上万个外部链接，但只是来自于一个域名。网站外部链接域名数量越多，网站所得到的权重也就越高，对提升排名越有帮助。通过数据分析可知，总域名数与排名有更强的关系，其作用比总连接数更大。

SEO 人员在做外部链接时，如果看到竞争对手网站有几万、几十万的总链接数，不要过于担心。查看下对方网站的链接总域名数，很可能不超过几百或几千个，要追上竞争对手还是有希望的。

注意，虽然外部链接对网站权重和相关性提升都有促进作用，但前提是，首先需要确保链接所在的页面安全，没有被惩罚；其次要确保链接所在的页面权重较高；再次确保导出页面和被指向页面具有相关性。这是 SEO 人员在实际工作中需要注意的三点。

5.1.2　外部链接的查询方法

在实际工作中，SEO 人员要分析网站的外部链接，需要知道自己网站的外部链接详细数据，甚至是竞争对手网站的外部链接数据，这时就需要掌握外部链接的查询方法。目前使用工具查询外部链接是更常用、更靠谱的方法。

百度站长平台：最有效、权威的中文网站外链查询工具，详见 SEO 工具部分。

Majestic SEO：Majestic SEO 可以查询任何网站的外部链接基本数据，如总链接数、总外部链接数、带来链接的总域名数、选择的锚文本等。该工具查询外部链接的具体操作方法详见 SEO 工具部分。Majestic SEO 查询的外部链接不是现实搜索引擎收录的外链，而是 Majestic SEO 自己抓取、建立的数据库。

5.2 外部链接建设方法

对于 SEO 人员来讲，要为网站发布高质量的外部链接，需要掌握外部链接的建设方法。

5.2.1 新形势下单向外链建设方法

单向外部链接有 3 种形式：锚文本、超链接和纯文本，这 3 种不同类型的外部链接 SEO 效果有很大的差别，其中锚文本链接形式的 SEO 效果最好。

锚文本链接的优势主要表现在以下两个方面：

- 站在访客的角度，网民对于锚文本链接会有更加直观的认识，通过锚文本链接，网民可以大致了解链接指向页面的主题内容。
- 站在搜索引擎的角度，蜘蛛在抓取页面时会识别锚文本链接中的关键词，通过锚文本链接进入对应页面后，会将识别到的关键词与页面相对应，这一做法可以提升关键词与页面的相关性。

相对来说，超链接和纯文本链接形式的 SEO 效果要差一些。首先从样式上来讲，超链接和纯文本链接无法起到提升关键词与页面相关性的作用；其次纯文本链接无法被点击，蜘蛛在识别纯文本链接时无法爬行到对应页面，权重也就无法通过纯文本链接进行传递。因此，这 3 种类型中，锚文本链接的 SEO 效果是最好的，这也是 SEO 人员在发布外部链接时首选的一种类型。

1. 单向外部链接发布渠道

（1）网站目录提交

网站目录编辑在审核站长提交的网站时，按一定的分类方法把收录的网站放在适当的目录分类下。网站目录并不抓取网站上的页面，只是记录下网站的网址、标题、说明等。

网站目录提交方式的优点是，网站被高质量的目录网站收录，对 SEO 有重要意义，因为可以带来不错的外部链接。但是，高质量的网站目录，对网站质量要求很高，低质量的网站很难通过审核。

在目录提交网站之前，首先确保自己的网站有可能被网站目录收录，条件包括：内容原创为主、网站已经完成并正常运行、联系方式齐全等。

怎样找到能提交的网站目录呢？

最简单也是最有效的方法，就是在搜索引擎（如百度）中搜索与网站目录相关的关键词。可以搜索"网站目录"这个词，除此之外还有很多的词，包括目录提交、分类目录提交等。图 5.5 所示是在百度中搜索分类目录提交的搜索结果页。

当然也可以通过查看竞争对手都在哪些目录中被收录，来找到合适的网站目录。这可以通过查询竞争对手外部链接找到。

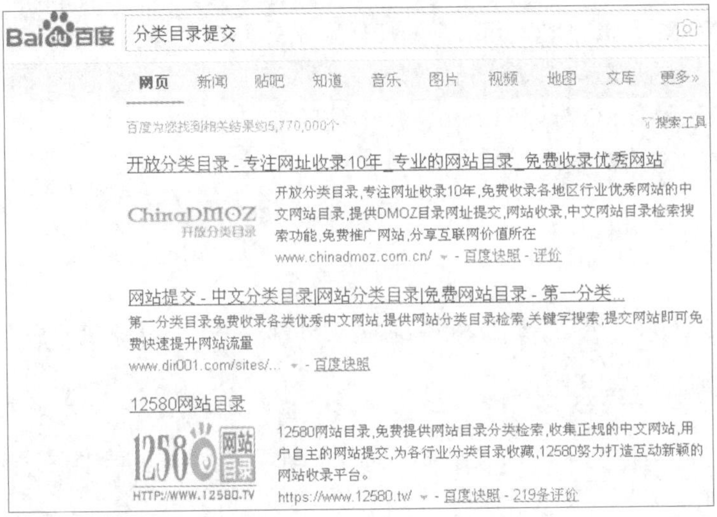

图5.5 在百度中搜索分类目录提交的搜索结果页

找到要提交的网站目录后，还要正确选择向哪一个分类提交网站。提交时一定要在与自己网站最相关的那个分类中提交。一般情况下将网站提交到最适合的小类别中被收录的机会更大。如果不确定应该在哪个分类中提交，可以搜索主要竞争对手是在哪个分类中收录的，就到哪个分类中提交。

在提交时还需要在搜索引擎中搜索一下要提交的分类页面，确保页面已经被搜索引擎收录，没有被搜索引擎收录的分类页面，提交进去也没有用。

找到最适合提交的类别后，通常页面上有一个提交网址的链接，在提交页面上填写好网址、标题、说明、关键词等信息，提交后需要等待审核。图5.6 所示是开放分类目录 ChinaDMOZ 中提交网站的界面。

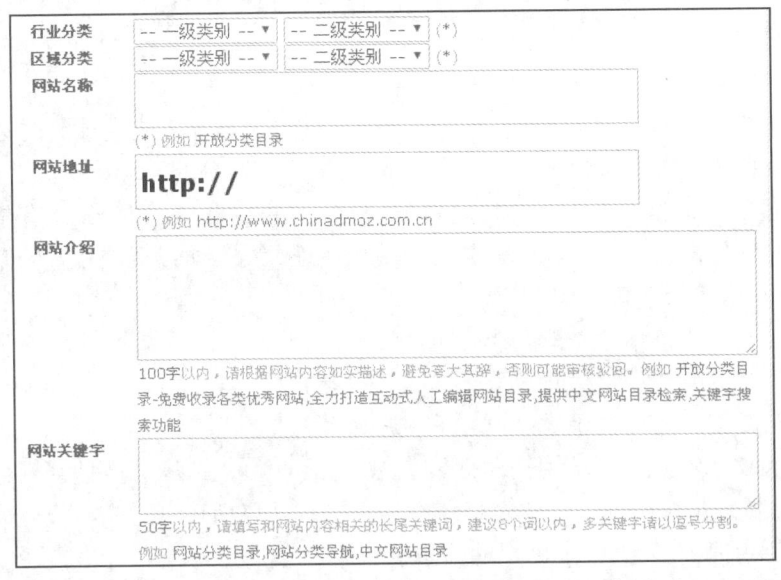

图5.6 开放分类目录 ChinaDMOZ 中提交网站的界面

现在很多中文网站目录要求提交网站做一个友情链接才会批准收录这个网站。这时候站长就应该自己做一个决定,是花更多时间寻找不需要做友情链接的网站目录,还是做友情链接。建议站长在提交要求做友情链接的目录时,只选择那些相关性高或质量比较高的目录,如果任何网站都提交、都做友情链接,那么,质量没有保证,而且数量太多。目前互联网上还是有非常多网站目录的,只要花时间,还是可以找到不需要友情链接的目录。比如一些行业网站目录、地方性网站目录等。

提交网站后一两个月如果没有收到对方回信,网站也没有在相应的类别中出现,可以再提交一次。如果还是没有消息,也不必太执着,放弃这个目录,去寻找其他目录就可以了。

(2)博客平台

在一些知名博客(如新浪博客)中建立账号,在软文中发布锚文本或者网址形式的外部链接。图5.7所示是新浪博客中发布的外部链接。

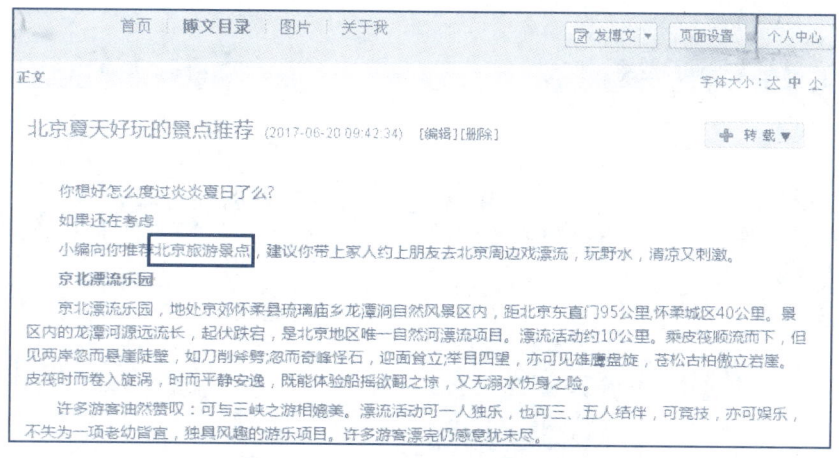

图5.7 新浪博客中发布的外部链接

在博客中发布外部链接的优点是可以设置三种形式的链接,而且发布步骤相对简单,高质量的博文还可以为网站带来流量。缺点是一些新建立的账号,内容收录比较慢,而且频繁的发布外部链接,有被封号的风险。

新建立的账号想要在博客中顺利地发布外部链接,建议前期先养账号,发布不带链接的文章或者转载。在博客收录稳定之后再适当发布锚文本外部链接。博客中禁止发布低质量内容,而且要保证持续更新。

(3)论坛社区

选择权重比较高、知名度比较高的平台(如天涯论坛等)发布外部链接。因为权重高的平台发布的内容容易被搜索引擎收录,见效相对较快。但是即便平台效果再好,也不能频繁发布外部链接,否则有被封号的风险。因此在论坛社区中发布外部链接,建议初期先养账号,降低外部链接的发布频率,建议保持在一周1~2次。

(4)百度文库

百度文库平台于2009年11月12日上线,也是百度旗下的产品,从排名来看,百度文库中内容的排名比较容易获得较好排名。由于监管日渐严格,对个人用户来说要在百度文库做文章难度还是比较大的。从2015年1月1日起,百度文库上线了"文库机构认证"为机构实现流量分发和自运营服务,图5.8所示为百度文库机构认证页面。

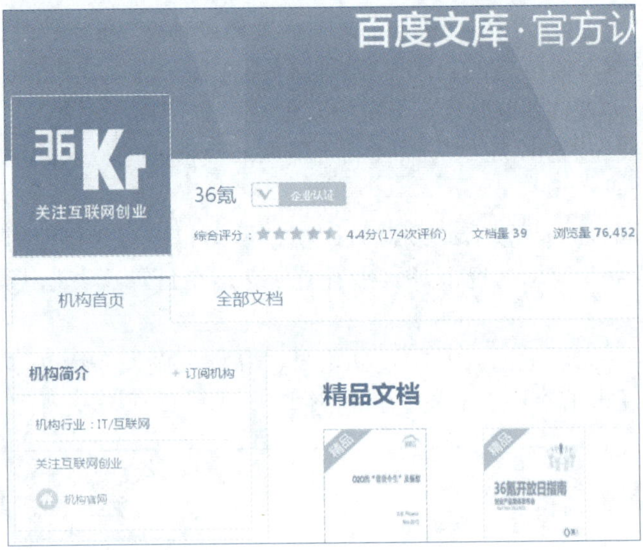

图 5.8 百度文库认证页面

文库机构认证注册地址：http://wenku.baidu.com/org/request。

百度文库所具备的优势是百度自家平台权重高，可以为网站发布外部链接。图 5.9 所示是 36 氪在百度文库中发布的文章。

图 5.9　36 氪在百度文库中发布的文章

申请百度文库，申请者需要提供的入驻资料：企业营业执照、运营者身份证信息、送审资料需要原创文档 10 篇。

（5）百家号

2016 年 9 月 28 日，百度百家已经正式对外开放注册。注册用户分为机构和个人两类。其中机构类注册全面开放。百家号具备的优势是百度自家平台权重高，可以带锚文本链接传递权重，锚文本链接的添加方法与博客平台外部链接发布方法一致。另外，文章页插入的百度联盟广告被点击后可以获得广告收入分成。

若要申请百家号，申请者需要提供的入驻资料：营业执照影印件、身份证信息等。如果个人在互联网上没有一定影响力，建议走企业注册路线。图 5.10 所示为百度百家号界面。

（6）其他自媒体平台

另外还有一些能注册但不能带锚文本的高阅读平台，可以为企业做软文营销，带纯文本链接。例如：

图 5.10 百度百家号界面

腾讯企鹅媒体平台：https://om.qq.com/userAuth/index。
一点资讯媒体平台：http://mp.yidianzixun.com/。
今日头条媒体平台：http://mp.toutiao.com/login/。

上述几种外部链接发布渠道适用性比较强。任何企业在发布外部链接时可以综合几种平台来使用，不同的是不同企业所选择的具体平台不一样。当然，发布外部链接的渠道还有很多，在实际工作中，SEO 人员可以根据自己的工作习惯总结更多的可用平台。

需要提醒 SEO 人员，目前在一些外链平台中发布外链，难度比较大，而且低质量的外部链接效果不大。所以在发布外链时要选择一些高质量的平台，保证内容的质量，并且降低每个平台上外部链接的发布频率。

2. 外部链接的发布规则

网站的外部链接发布需要符合搜索引擎的规则。作为 SEO 人员，时刻关注搜索引擎的最新动态是非常重要的，建议定期浏览百度站长平台及一些 SEO 论坛，掌握搜索引擎最新资讯。

在发布网站外部链接时，需遵循以下原则：

（1）网站相关

应该选择与自身网站行业相关的网站或相关的版块进行外部链接的发布。选择相关性强的网站进行外部链接发布，会增加关键词与自身网站的相关性，从而影响排名。

选择锚文本形式的外部链接，以目标关键词作为锚文本内容，效果是最好的。但是锚文本过度集中，容易造成过度优化，这通常是网站被惩罚的原因，所以锚文本内容的构成也必须自然而然。禁止仅针对一个关键词做锚文本进行外部链接的发布，需要保证外部链接锚文本的多样性。

（2）链接来源广泛

发布外部链接时，应保证链接来源广泛，禁止仅针对一个或几个平台进行外部链接发布。同时，尽量选择高权重的平台进行外部链接发布。这里的链接来源主要包括：

- 平台种类：既有博客链接，也有论坛链接，也有新闻网站、社会化媒体、商业网站等。
- 链接位置：既有出现在页脚、导航条的链接，也有正文中的链接。
- 各种权重的链接：正常的网站一定有高权重的链接，也有来自低权重、新页面的链接。如果一个网站的外部链接全部来自高权重页面，这样的网站很可疑。
- 域名种类多样：尽可能从不同域名获得链接，总域名数越多越好。

除了以上两个原则外，在发布外部链接时还需要注意的是，禁止在外部链接文章中重复罗列关键词，保证关键词在文章中自然出现；控制同一篇外部链接中的链接密度，一般情况下外部链接文章中的链接数量控制在 1~2 个为佳；保证外部链接持续稳定增长，避免出现外部链接骤增骤减的情况。外部链接建设最忌讳突击，花一个月的时间增加大量外部链接，看到效果后却不再持续增加。真正有效的外部链接，都是随时间平稳增加的，很少大起大落；为了避免外部链接频繁被删除，需定期查看之前发布的外部链接，总结一些稳定的外部链接平台。例如，连续发布一个月的外部链接，检查这一个月中所发布外部链接的收录情况，分析出哪些平台能够稳定收录，哪些平台的外部链接频繁被删除，哪些平台一直不收录等，然后将能够稳定收录的平台记录下来，后期加以利用。

在实际工作中，SEO 人员为网站发布外部链接后，需要检查所发布的外部链接是否有效。搜索引擎的工作原理强调，只有被收录的页面才可能有权重和排名，因此如果外部链接的发布页面没有被收录，则该条外部链接是无法起到权重传递作用的。可以将外部链接发布页面的 URL 复制到搜索引擎的搜索框中，若有对应页面的搜索结果，则表示该条外部链接已经被搜索引擎收录；反之，则没有被收录。

5.2.2 友情链接建设方法

友情链接是外部链接建设中最简单也是最常见的一种形式，能互相为对方网站带来一定的点击流量，也有助于提升搜索排名。

1. 友情链接交换原则

交换友情链接就是互相在自己的网站上添加对方网站的链接，友情链接对网站优化固然重要，但是并不是任何链接都可以交换，也不是友情链接越多越好。在交换友情链接前需要了解交换友情链接的几个原则。

（1）交换链接的网站之间具有相关性。

网站之间相关性越强，对于关键词排名的帮助越大。

（2）网站权重大于等于我方网站。

对方网站权重大于我方网站，则对方网站通过链接传递给我方网站的权重就越高。

（3）收录数量大于等于我方网站。

收录数量越大，一般情况下权重也就越大，传递给我方网站的权重相对就越高。

（4）友情链接要循序渐进地增加。

这样能够避免被搜索引擎认为存在作弊嫌疑而惩罚。

（5）友情链接总数量一般不超过 40 个。

友情链接数量过多会造成我方网站权重导出过多，不利于网站优化。当然交换友情链接时，对方网站的友情链接数量也不要过多，一般情况下，对方网站的友情链接不超过 35 个为好。

2. 友情链接的交换渠道

交换友情链接的目的是增加互联网的互动性，使自己的网站能够更快地融入互联网中，同时也可以提升自身网站的相关权重。另外，蜘蛛是靠链接爬行的，多交换友情链接，蜘蛛访问网站的概率就会大大增加。因此交换友情链接对网站优化有很大帮助。

通常情况下，友情链接交换是网站建设完成，并且上线一段时间以后开始进行的一个重要优化环节。

要为网站交换友情链接,首先要清楚有哪些交换友情链接的渠道,比较常用的方法有以下几种。

(1)友情链接交换平台

在百度搜索"链接交换平台",如图 5.11 所示,会有很多友情链接交换平台,可以从中寻找合适的链接。

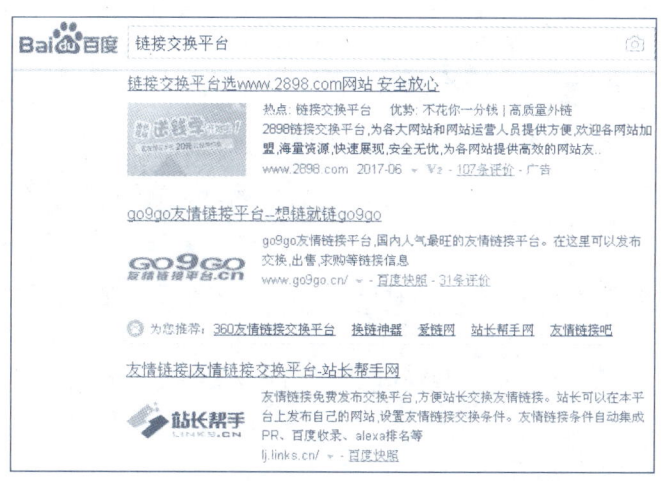

图 5.11　百度搜索"链接交换平台"

1)链接交换平台的优点

通过友情链接交换平台,能够快速查询到友情链接目标网站的全面信息,节省寻找友情链接的时间。

2)链接交换平台的使用方法

以"站长帮手网友情链接交换平台 www.links.cn/"为例,登录该平台寻找与自己网站数据相当的站点,如图 5.12 所示。通过站点联系方式与站长沟通,确认是否可以交换。也可以在链接交换平台中发布自己网站的信息,等待站长联系交换。

网站名称	链接页	Google PR	Alexa 全球排名	Baidu 收录	Google 收录	网站类别	QQ
品途旅游网	首页	3	243581	159000	23200	旅游票务	2355660696
重庆旅行社_重庆旅游公司_重庆旅行社报价排名_重庆旅游	首页	3	49832	923000	17900	旅游票务	1182484930
美国旅游网-洛杉矶旅游-美国旅游签证	首页	2	3053883	26500	136000	旅游票务	2494615486
耳游网	首页	4	15136870	33900	129000	旅游票务	2717615676
高铁网:高铁时刻表及票价查询_网上订票_高铁票预订-	首页	6	99512	62100	41600	旅游票务	97681293
出游客旅游网_旅游线路查询_旅游景点大全_旅游攻略	首页	3	28494	201000	488000	旅游票务	2316650389
旅游	首页	3	20931	20600	20100	旅游票务	2925987105
非常道旅游	首页	3	3750987	44900	57500	旅游票务	2587917379
环球旅行网	首页	4	5607780	153000	35200	旅游票务	925938988

图 5.12　寻找与自己网站数据相当的站点

(2)QQ 群交换

通过 QQ 查找相关行业友情链接交换群,图 5.13 所示是查找旅游行业友情链接交换群。申请加入群成员数量多且活跃度高的群,每天到群里发布友情链接交换信息或者查看群聊天记录,挑选合适的友情链接,并与发布者联系进行交换。同时也可以等待群里的其他站长联系交换。

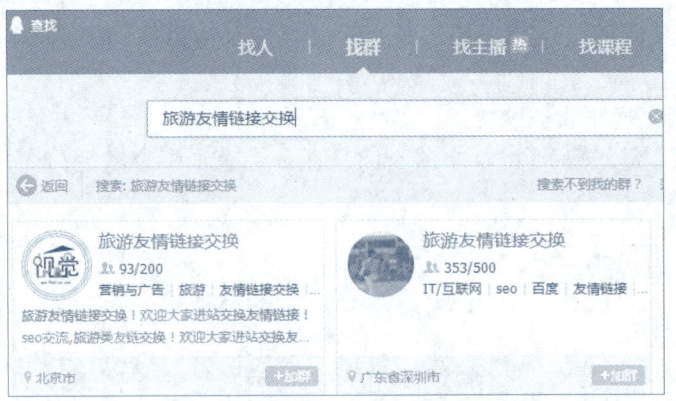

图 5.13　查找旅游行业友情链接交换群

1）QQ 群交换友情链接的优点
- 活跃度高、效率高。QQ 群的活跃度通常比较高，每天都有无数站长在 QQ 群中发布链接信息。
- 相关度高。在搜索友情链接交换群时，可以搜索特定行业的链接交换群，如"旅游友情链接交换"。

2）QQ 群交换友情链接的方法

浏览 QQ 群中其他站长发布的链接信息，选择数据合适的链接，并通过 QQ 与该站长进行沟通。

（3）百度搜索关键词

在百度中搜索关键词，在搜索结果中寻找合适的网站站长进行洽谈，此种方法相对来讲效率较低，但是由于搜索的结果是排名靠前的网站，因此网站质量普遍较高。图 5.14 是在百度搜索关键词寻找合适站点的界面。

图 5.14　在百度搜索关键词寻找合适站点的界面

上述是比较常用的交换友情链接的几种方法，熟练掌握几种交换方法，便于 SEO 人员快速为网站找到合适的友情链接。

对于 SEO 人员来讲，在优化网站时，交换合适的友情链接是工作重点之一，想要顺利交换友情链接，参考步骤为：查询所优化网站的权重、收录等数据，然后综合上述几种交换友情链接的方法，查询到与自己网站数据相符的站点进行交换。SEO 人员在寻找友情链接资源时，需要检查对方网站与我方网站是否相关、对方网站的权重、对方网站的收录数量、对方网站友情链接的数量等。除此之外，对方网站的内容质量、内容更新频率、是否存在友情链接作弊等也是需要参考的因素。

3. 友情链接的作弊行为

友情链接对于网站的权重提升及关键词排名提升有着重要作用，因此收到了很多站长的重视。但是，在优化网站过程中，有些 SEO 人员在交换友情链接时会采用一些作弊方法来使自己网站的数据得到提升。

比较常见的友情链接作弊行为有以下几种：

（1）JS 代码作弊

1）作弊原理：由于搜索引擎对 JS 代码识别能力较差，搜索引擎蜘蛛对 JS 代码中的链接基本上不爬取，因此使用 JS 代码标注的链接很可能起不到传递权重的作用，也就是无效的链接。

2）表现：JS 链接的点击和展示与正常的链接没有差异，完全可以进入到目标网站。

3）应对策略：判断要交换的友情链接是否采用了 JS 代码作弊的行为，可以检查该网站源代码中友情链接部分的代码，如果是 JS 调用，说明是友情链接作弊。如果没有代码基础，也很容易判断，只要在目标页面源代码中搜索查找自己网站的域名，如果没有查到自己网站的域名，那么对方一定是友情链接作弊。

另外，还有一种变种 JS 代码作弊，正常的友情链接标签的写法是锚文本的形式，而这种作弊方式则是通过 JS 里的 onclick 事件函数进行跳转，常见的形式是 onClick="location.href='链接地址'"。将鼠标悬停在友情链接的链接文字上，查看浏览器页面左下角的状态文字，如果检查发现友情链接的网址添加到'链接地址'处，则搜索引擎不能很好地识别该链接。

（2）iframe 框架作弊

1）作弊原理：搜索引擎是无法识别 iframe 框架中的内容的。利用这种作弊方式，对方网站的首页并不显示我方网站的友情链接，显示我方网站友情链接的实际上是一个嵌套了首页 iframe 框架的内页，这种页面因为没有实质的内容，基本上是不收录的，即便索性收录了也是没有权重的。

2）表现：链接点击正常，所在页面的代码也正常，与正常页面无异。

3）应对策略：在友情链接的页面查看网页源代码，查找我方网站的关键词或域名，一般是存在的。再查找源代码中是否有<iframe>标签，如果友情链接代码是在 iframe 嵌套的页面中，就是作弊。

（3）nofollow 属性作弊

1）作弊原理：添加 nofollow 属性的链接，权重不随着链接导出，这是属于友情链接典型作弊方法之一。

2）表现：一种是直接在 a 标签中添加 nofollow 属性，这种很容易查找。还有就是通过 id 调用或 JS 调用的方式将 nofollow 属性赋值给<a>标签，这种隐蔽性非常强，很不容易查找。

3）应对策略：可以通过站长工具的友情链接查询功能，识别此种作弊形式。也可以使用

firefox 浏览器的 nofollow 插件，打开对方友情链接页面，添加了 nofollow 属性的链接就可以展现出来了。

以上是 3 种比较常见的友情链接作弊行为，SEO 人员在为所优化的网站交换友情链接时，根据上述几种应对策略，检查对方网站是否存在以上几种友情链接作弊行为。如果发现对方网站存在友情链接作弊，就可以放弃该资源，寻找其他的可交换资源。

4. 友情链接维护

网站友情链接通常在 40 个左右，但并不表示将友情链接添加到 40 个之后就不再去管理了。交换了友情链接之后，要经常检查，检查对方网站是否能正常打开、网站数据是否正常等，以免影响自己的网站。一般情况下公司网站都会有友情链接统计表，便于日后友情链接的维护。

（1）建立一个友情链接统计表。将对方网站的信息填写在友情链接统计表中，如表 5-1 所示。在表格中填写如下几项数据：交换日期、网站地址、链接关键词、权重、收录量、站长联系方式等。

表 5-1 友情链接统计表

交换日期	网站地址	链接关键词	权重	收录量	站长联系方式

（2）每天检查友情链接。友情链接贵在友情，但是有很多站长不守信用，开始将链接加上去，过后可能删除。因此经常利用工具检查友情链接，查看对方是否将自己的网站链接删除掉。另外在检查友情链接时，也要查看对方网站的数据是否正常、权重是否降低、收录量是否大幅下降等，时刻关注友情链接，去掉一些不正常的链接。利用工具查询网站友情链接的界面如图 5.15 所示。

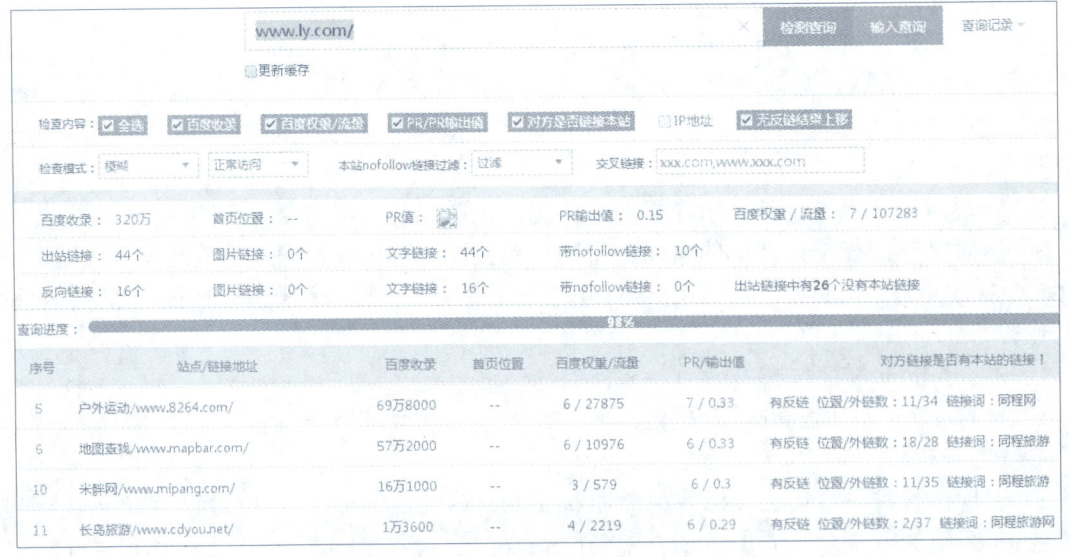

图 5.15 利用工具查询网站友情链接的界面

提醒大家，友情链接是站长每天都需要进行检查的一项内容，因此在成功交换一条友情链接后，务必要将该友情链接的信息记录在友情链接统计表中，以便日后进行定期检查。

5.3 外部链接发布思路

掌握了外部链接的建设方法，在实际工作过程中，要为网站做外链建设时，可以参照这样的思路。

1. 竞争对手网站外部链接分析

为网站建设外链，不能盲目地操作。先要分析竞争对手网站的外部链接情况，从中可以获取有效的外部链接发布平台以及竞争对手网站的优化情况，提高工作效率。

在分析竞争对手网站外部链接时，需要分析对方网站的外部链接数量、外部链接来源、所优化的关键词等。

如何查询竞争对手网站外链呢？为大家分享 3 种常用方法：

（1）用爱站网、站长工具等工具挖掘对方的友情链接

用站长工具的友情链接检测工具可以查询竞争对手网站的友情链接，分析这些友情链接资源，从中找到更多的相关行业平台，然后主动申请与这些平台互链。

例如某旅游网站，主要提供国内游、出境游、邮轮游、自助游、自驾游、入境游、京郊游、周边游、酒店预订、机票预订等服务，利用站长工具查询其中一个竞争对手网站的友情链接情况，如图 5.16 所示（图片仅供参考，以实际查询数据为准）。

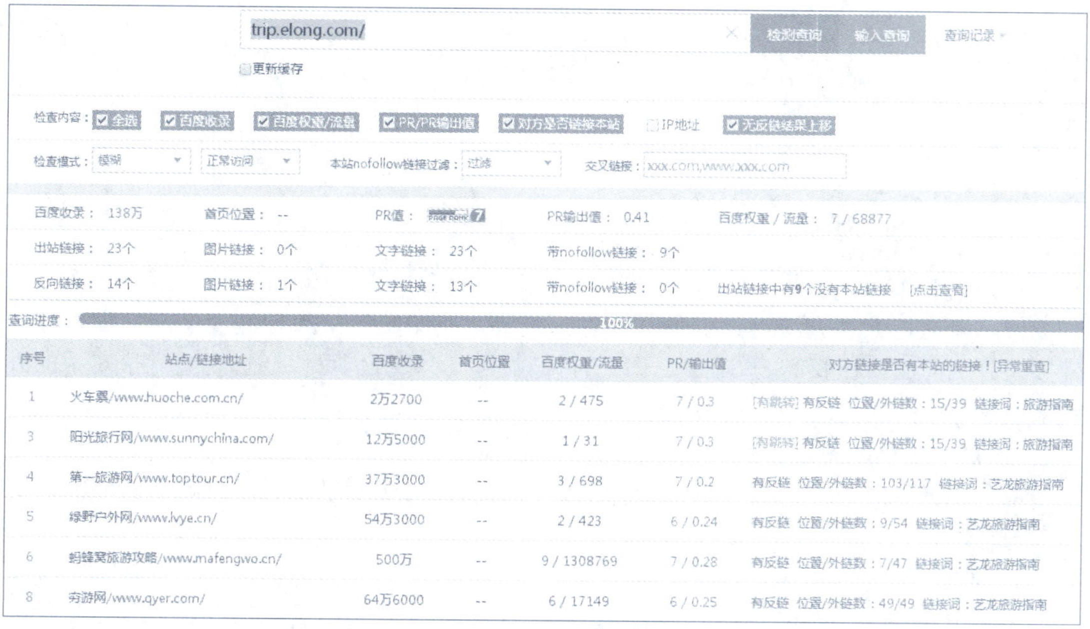

图 5.16　利用站长工具查询竞争对手网站的友情链接情况

查询完成之后，就可以分析这些友情链接网站，判断是否可以与之互链。另外也可以从这些友情链接网站的友情链接中找到更多的相关平台，主动申请与这些平台互链。

（2）Majestic SEO

利用 Majestic SEO 可以查询竞争对手网站的外部反向链接数量、引用域、外部链接所优化的关键词。图 5.17 为 Majestic SEO 查询外部反向链接数量（图片仅供参考，以实际查询数据为准），图 5.18 为 Majestic SEO 查询外部反向链接锚文本（图片仅供参考，以实际查询数据为准）。

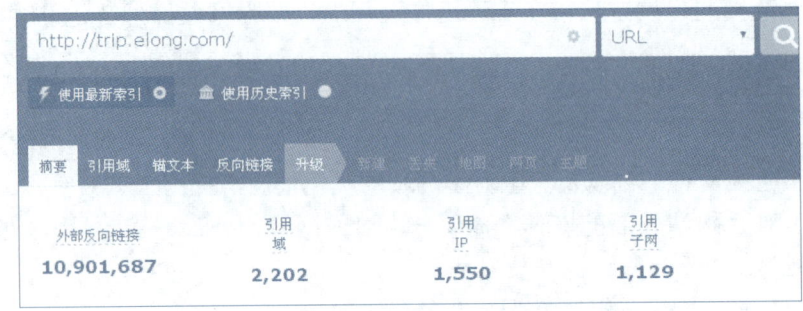

图 5.17　Majestic SEO 查询外部反向链接数量

#	锚文本	引用域		总计	已删除	NoFollow
				外部反向链接		
1	旅游	657		9,297,079	459,447	242,968
2	e龙旅行网-景点查询	520		557	30	5
3	艺龙旅游指南	474		915,830	17,402	17,160
4	trip.elong.com	101		537	38	4
5	http://trip.elong.com/	87		298	13	50
6	艺龙旅游	57		126,955	3,342	68
7	艺龙旅行网-旅游指南	55		84	5	1
8	旅行	52		14,924	1,639	435
9	艺龙旅行网	33		975	2	166

图 5.18　Majestic SEO 查询外部反向链接锚文本

我们可以通过上述方法观察竞争对手外部链接发布的数量，来预测我们网站需要发布外部链接的数量，从而让我们的 SEO 工作更有针对性，并且我们可以通过观察竞争对手的外部链接来寻找一些高质量的外部链接资源。

2．自身网站外部链接发布

知道了如何查询外部链接，以及竞争对手外部链接具体信息之后，接下来就要为自身所优化的网站建设外部链接。

（1）确定自身网站的优化目标

优化网站，每个阶段都有要达到的优化目标。因此首先要明确网站的优化目标是什么，这样才能制定更合理的规划。例如，某网站目前权重 3，日均 IP 700，要在 1 年的时间内将权重提升到 5，日均 IP 达到 5000，SEO 人员就需要明确要达到这样的目标，应该优化哪些关键词，每个关键词发布多少外部链接，每个月的计划是怎样的等等。

(2）确定自身网站外部链接数据

可以利用 Majestic SEO 工具查询自身网站外部链接数量，如图 5.19 所示。

外部反向链接	引用域	引用 IP	引用子网
3,071,742	7,450	5,866	3,909

图 5.19　自身网站外部链接数量

（3）确定所优化的关键词及关键词数量

根据竞争对手网站的外部链接数量及所优化的关键词，再结合自身网站的外部链接数量及优化目标，确定需要优化的关键词以及关键词数量。

每个网站优化的关键词有多个，首页的核心关键词、栏目页的目标关键词以及内容页的长尾关键词都可以去优化。将网站的优化目标划分到更小的时间节点，比如季度计划、月计划，甚至是周计划，确定要选择什么样的关键词去优化。

例如上述旅游网站，要在 1 年内将权重提升 2，并将日均 IP 从 700 提升到 5000，外部链接也需要追超竞争对手，那么每个月可以优化不少于 15 个搜索量在 300～500 的关键词（关键词优化难易度不同，若要短时间内看到优化效果，建议选择优化难度比较小的词）。若要将每个关键词优化到搜索结果页首页，那么每个关键词预估发布 500 条高质量的外部链接。当然，不同企业关键词优化难度不同，每个关键词所带来的流量也不同。因此在实际工作中，还需要根据企业具体情况来选择所要优化的关键词以及将关键词优化到首页需要发布的外部链接数量。

（4）整合有效的外部链接平台，发布外部链接

利用自己拥有的有效外部链接资源，以及从竞争对手网站分析得到的外部链接资源，发布外部链接。

比如该旅游网站的竞争对手外部链接主要来源有新闻网站、百科、社区网站、友情链接等，那么我们也可以结合这四个来源发布外部链接。

例如腾讯新闻网站，在腾讯旅游频道添加上自己网站的链接，当然利用这种方式添加外部链接，可能需要资源交换。图 5.20 所示是艺龙旅游网在腾讯网站中添加的外部链接。

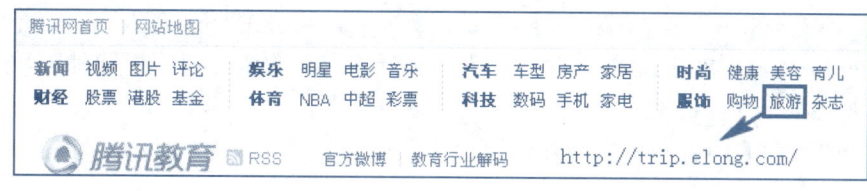

图 5.20　艺龙旅游网在腾讯网站中添加的外部链接

（5）每天整理所发布的外部链接的地址并查询是否收录

既然发布了外部链接就必须要对外部链接进行检查，看看哪些外部链接收录了，再看看哪些外部链接是没有收录的，长期去检测然后将收录好的外部链接平台记录下来。

在实际工作中，SEO 人员可以参考上述思路为网站发布外部链接。由于每个网站的优化目标以及优化实力不同，制定优化策略时也有所差异，因此需要 SEO 人员根据实际情况灵活调整。不同行业网站外部链接发布演示请参考本章视频。

5.4 案例分享

案例 1：竞争对手能否通过垃圾外部链接陷害你

【案例描述】

搜索排名竞争日趋激烈，有些不道德的站长无法把自己的网站优化好，开始想歪主意陷害竞争对手。

众所周知，搜索引擎认为垃圾链接、买卖链接是作弊，正常的外部链接要尽量做到内容相关、自然平稳增加。如果竞争对手刻意给你的网站制造一些不相关、快速增加、低质量的垃圾链接或者购买的链接，能否使你网站排名受到影响呢？

【案例分析】

实际上，在某些特殊情况下这种陷害方法是可以成功的，特别是近年随着百度石榴算法、谷歌企鹅算法的上线，搜索引擎打击垃圾链接力度加大，同时意味着利用垃圾链接陷害竞争对手的可能性更大，这种方法被称为"负面 SEO"。

可能的负面 SEO 方法包括：

- 给竞争对手网站购买大量全站链接，比如买卖链接最常见的页脚全站链接，使竞争对手网站突然增加成千上万的外部链接。
- 制造大量垃圾链接，如群发博客评论、论坛发帖等。
- 给竞争对手网站制造大量桥页，页面充满关键词，机器生成内容，还可以用上各种作弊方法，如隐藏链接、隐藏文字等，然后链接向竞争对手网站。

按理说，竞争对手在网站之外制造垃圾内容和垃圾链接，不应该影响你的排名，你无法控制自己网站之外的内容，也无法阻止竞争对手陷害。但事实上，在特殊情况下，还是可以破坏网站排名的。

要防止这种陷害，最好的方法是提高自己网站的权重。负面 SEO 案例通常是发生在新站小站上，在网站自身没有比较强的外部链接情况下才会出现。因此精心优化自己的网站，有大量高质量的外部链接，竞争对手就无法陷害。

一般来说 SEO 人员不必为负面 SEO 担心。当你的网站没有权重、没有排名时，没人会陷害你；当你的网站有权重、有排名时，陷害是很难的。如果真的怀疑有人陷害，充分利用百度站长平台的外链查询功能，列出尽可能多的外链，查看来源页面，使用拒绝外链功能屏蔽所有低质量的垃圾链接。

案例 2：通过新浪博客平台发布外部链接

【案例描述】

各大门户网站的博客一直被 SEO 人员作为发布外部链接的重要平台，博客因其操作简单、外部链接形式多样、无需审核等特点受到了众多网站推广人员的青睐。因此，学会在博客中发布外部链接是 SEO 人员必须要掌握的技能。

【案例分析】

在博客的外部链接形式中，对网站帮助最大的非锚文本链接莫属了。锚文本链接对于网站来讲既可以传递权重，又可以提升关键词与页面的相关性，一举两得。具体的操作方法是：

第一步：准备好所需的文章，可以是自己网站上已经被收录的文章，也可以是伪原创的文章。

第二步：登录新浪博客，为自己的新浪博客账号设置名称、博客地址。

第三步：在设置好的新浪博客界面中，点击"发博文"，将准备好的文章，对应标题和内容复制到新浪博客后台，如图 5.21 所示。

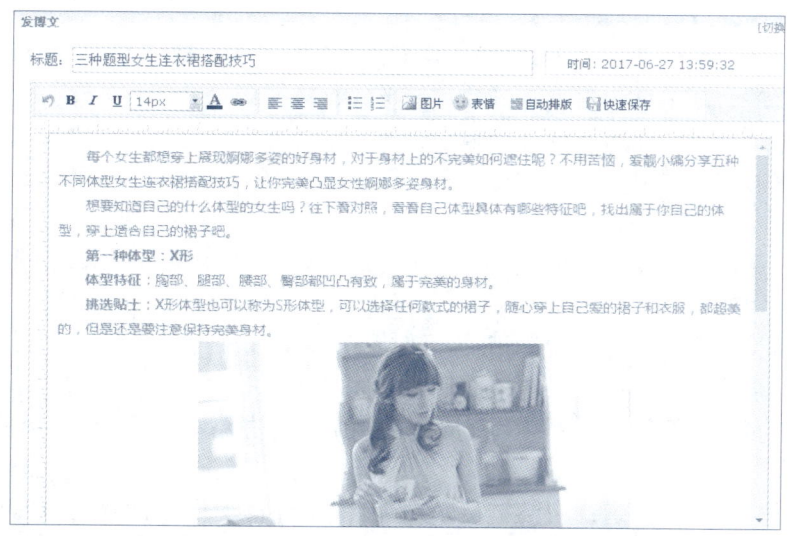

图 5.21　新浪博客"发博文"界面

第四步：在文章中关键词位置，添加锚文本链接，如图 5.22 所示。

第五步：为博文选择合适的标签，点击发博文即可。博文发布完成之后的界面如图 5.23 所示。

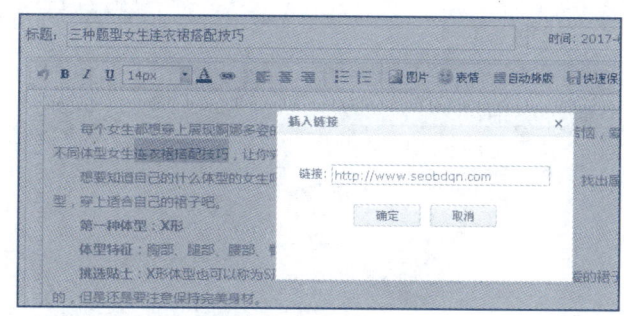

图 5.22　添加锚文本链接

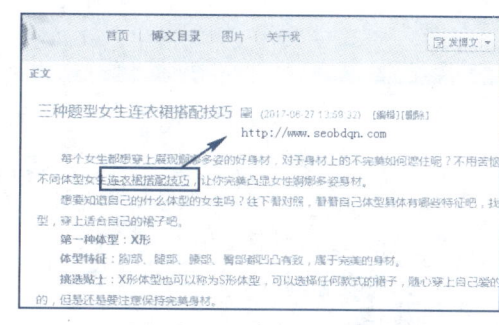

图 5.23　博文发布完成

采用这种形式进行外部链接发布，待博客文章被搜索引擎收录后，该外部链接既可以为网站传递权重，又可以为关键词的排名起到促进作用。

虽然博客发布外部链接效果比较好，但是 SEO 人员一定要注意前期的养号。具体来说，在注册账号后应规律更新一些原创内容，比如每天保证更新 10 篇左右的文章，文章中不要出现任何网站的链接。当博客中文章被百度收录后，再开始小规模地进行外部链接的发布，不要一开始就大规模发布锚文本链接，在保证原有更新量的基础上，隔一天在其中挑选 1~2 篇文章带上外部链接，同时要保证更新内容的原创性及可读性。

章节总结

本章主要介绍了以下内容：
- 外部链接的类型：单向外部链接和友情链接。
- 单向外部链接的形式：锚文本链接、超链接、纯文本链接。
- 外部链接的发布机制：外部链接的质量、外部链接的总数量、外部链接的域名总数量。
- 外部链接的常用查询工具：百度站长平台、Majestic SEO。
- 判断网站发布的外部链接是否起作用的方法：将外部链接发布页面的 URL 复制到搜索引擎的搜索框中，若有对应页面的搜索结果，则表示该条外部链接已经被搜索引擎收录。
- 单向外部链接的发布渠道：网站目录提交、博客平台、论坛社区、百度文库、百家号、其他自媒体平台。
- 外部链接的发布规则：网站相关、链接来源广泛。
- 友情链接交换规则：交换链接的网站之间具有相关性、网站权重大于等于我方网站、收录数量大于等于我方网站、友情链接要循序渐进地增加、友情链接总数量一般不超过 40 个。
- 友情链接的交换渠道：友情链接交换平台、QQ 群交换、百度搜索关键词。
- 友情链接的作弊行为：JS 代码作弊、iframe 框架作弊、nofollow 属性作弊。
- 友情链接的维护：建议一个友情链接统计表、每天检查友情链接。
- 外部链接发布思路：竞争对手网站外部链接分析、自身网站外部链接发布。

作业

一、简答题

1. 简述友情链接的交换渠道，并分别说明各渠道的特点。
2. 简述外部链接的发布机制。
3. 简述单向外部链接的发布原则。
4. 简述友情链接的作用。

二、实战题

网站背景：

某婚纱摄影网站，网址：http://www.cloudphotoes.com/。

网站权重是 1，域名年龄：7 年，日均 IP：250。

现要求在 1 年时间内将该网站权重提升至 3，日均 IP 提升至 2000，请制定外部链接发布规划。

第 6 章

数据分析

【学习目标】

- 了解网站数据分析的目的
- 掌握网站数据分析工具的使用
- 掌握网站诊断的方法
- 学会撰写网站诊断报告
- 掌握网站被惩罚后的处理方法
- 掌握网站流量异常的诊断和解决方法
- 掌握网站降权后的解决方法
- 学会网站改版后的处理方法
- 掌握网站收录异常的解决方法
- 了解网站排名下降的原因

【导读】

在网站优化过程中,进行各项数据分析是必不可少的一项工作。通过分析网站数据,可以发现网站现存的问题,并针对这些问题对网站进行优化调整。作为一名合格的 SEO 人员,网站数据分析是一种必须掌握的技能。

本章会介绍几种常用的数据分析工具及其使用方法,帮助 SEO 人员通过工具分析网站相应数据。另外,还会重点介绍网站诊断的内容,讲解如何进行网站诊断,怎样撰写网站诊断报告,以及网站优化中常见的几个问题。

6.1 网站数据分析

先看一个有趣的案例：淘宝消费数据显示，全国网购美女们的 BRA 平均水平达到了"B"；80%选择了"3/4 杯"。如果站长朋友们以后也开网店销售 BRA，进货时考虑要"B"和"3/4 杯"的 BRA 要占很大比例了。通过这个案例，我们应该明白，数据分析的主要意义在于数据分析之后产生的有意义的信息，因为这样的信息才能有助于我们做出判断、选择。

6.1.1 认识网站数据分析

网站数据分析是通过观察、调查、实验、测量等操作，通过数据的显示形式把网站各方面情况反映出来，使运营者更加了解网站的运营情况，便于调整网站的运营策略。

进行网站数据分析，可以帮助 SEO 人员了解网站的优化效果、了解用户访问信息等，为后期调整优化方案作出指导。网站数据分析的作用具体表现在：

（1）网站数据分析可以帮助 SEO 人员了解网站目前的基本状况和发展趋势。分析一个网站的流量多少、注册用户数多少、每日独立 IP 有多少，就可以基本上勾画出一个网站的大概情况。流量高的网站说明受用户的欢迎。网站流量的变化直接反映网站发展趋势，处于上升期、平稳期还是衰退期。通过网站流量的历史趋势可以感知网站的前景。有些网站虽然在某一段时间内流量很高，但是并不代表这个网站具有长期的潜力，因为可能通过某些事件炒作或者恶意的软件操作等，把网站流量做了上去。如果没有能够及时吸引住用户，网站流量又将下跌，这样的流量不是网站真实水平的表现。网站数据分析必须看长期的趋势。

（2）网站数据分析可以分析网站的用户黏度。有些网站流量不错，例如类似音乐下载类的网站，通过搜索引擎的优化和好的策划推广，吸引了很多用户访问。但是通过网站数据分析发现，用户停留的时间非常短，重复访问用户不多，用户平均浏览的页面也少，这可以说明网站用户黏度不够，虽然有流量，但是没有忠实用户，用户随时可能流失。这样的网站，必须采取有效的运营措施，以维持长期发展的后劲。

（3）网站数据分析还可以挖掘网站重要内容的分布，对网站内容管理和网站的产品策划提供指导。通过网站数据分析，可以挖掘出整个网站哪个频道最有人气，哪个栏目最受欢迎。通过对网站各个页面进行具体数据分析，可以挖掘出用户的需求，发现用户最关心什么内容，这对于评估网站内容的价值有重要的参考作用，也可对网站产品下一步应如何优化提供直接的参考。

做网站数据分析时，经常分析的数据包括：

（1）访客分析

包括网站的用户从哪里来、哪个页面最受欢迎、用户从哪个页面进入到网站、用户从哪个页面离开等。

（2）优化分析

包括网站的收录、外部链接、网站流量、跳出率、日志分析、网站打开速度等。

（3）行业数据

做整站优化，必须要分析行业 SEO 数据，可以对优化工作起到很重要的指导作用。例如某 SEO 行业网站优化人员在进行数据分析时，通过流量统计工具发现网站的跳出率达到 80%，认为跳出率过高。而通过对行业进行分析发现，SEO 行业跳出率达到 80%不算太高。

（4）竞争对手网站数据分析

知己知彼，百战不殆。竞争对手网站数据的分析方法及流程与分析自己网站是一样的，除了网站日志数据和网站流量统计数据外。

可以利用网站数据分析工具对这些数据进行分析。

6.1.2　网站数据分析工具

在对网站进行数据分析时，常见的统计工具有很多，如百度统计工具、百度站长平台、CNZZ、51LA 网站统计等。这类统计工具的原理是依靠在页面中植入一段 JS 页面标记代码来实现数据统计功能。JS 页面标记是当用户访问网页时，会执行 JS 代码，并向服务器发送完整的访问数据。在这些统计工具中，我们重点介绍百度统计工具和百度站长平台。

进行网站数据分析时，除了网站统计工具外，还会用到 Majestic SEO 以及关键词排名批量查询工具。Majestic SEO 是深度挖掘网站外部链接数据的工具，该工具利用的是独立索引数据库。关键词排名批量查询工具，用于查询网站关键词排名，不仅在研究竞争对手时会用到，自己网站优化前后的关键词排名查询也会用到，用于监测优化效果，修改优化策略。

1. 百度统计工具

百度统计是一款功能强大的数据统计工具，可以帮助站长深入了解网站数据情况，并根据网站数据给出相应优化建议。

百度统计能够告诉你访客是如何找到并浏览网站的，以及如何改善访客在网站上的使用体验，帮助 SEO 人员让更多的访客成为客户，不断提升网站的投资回报率。

利用百度统计工具进行数据分析时，用到的功能主要有流量分析、来源分析、访问分析、转化分析、访客分析。

（1）流量分析

流量分析中包括网站的实时访客、趋势分析、跨屏分析，例如通过趋势分析，SEO 人员可以洞悉网站的流量趋势，判断网站优化效果。图 6.1 所示是流量分析中近 30 天的趋势分析图。

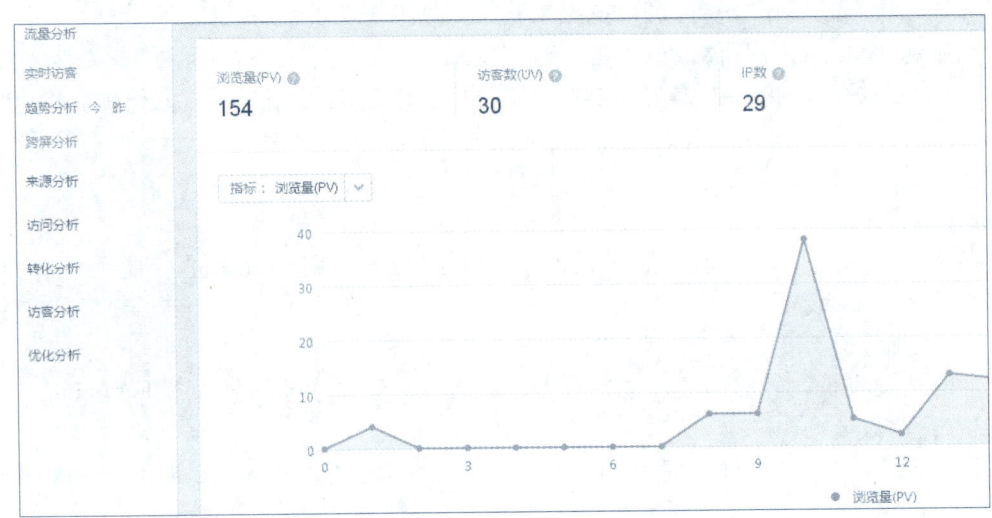

图 6.1　流量分析中近 30 天的趋势分析图

图 6.1 中，上方显示流量概况，下方趋势图显示指标趋势（通过左上角的指标选择），通过时间标签可以快速切换不同的时间段，时间周期可以为时、日、周、月。

在流量趋势分析中，可以看出网站哪天浏览次数比较低，哪天浏览次数比较高，找出特殊的时间点，分析原因。例如某旅游网站，5 月 10 日流量突然增加，查看当天网站的优化情况发现，是因为该网站当天上线了一个优惠活动吸引了大量的用户。这就说明用户对这类内容感兴趣，后期优化过程中可以借鉴参考。

（2）来源分析

了解各种来源类型给网站带来的流量情况，包括全部来源、搜索引擎、搜索词、外部链接等，可以清晰的掌握网站的来源路径。例如某旅游网站，建站初期仅仅做了站内优化，因此在流量来源中只有直接访问和从搜索引擎获得的流量，没有外部链接带来的流量，图 6.2 所示是网站流量全部来源分析图。假如 SEO 人员想要查看网站从各个渠道获取了多少流量，就可以在来源分析中获取数据。

图 6.2 中查询的是浏览量，除此之外，可以查询的指标还有访问次数、访客数、新访客数、IP 数、转化次数、转化收益。在优化网站时，可以按需求选取合适的数据进行分析。

"搜索词"给出用户搜索关键词的数据表，并且在表中提供了不同搜索词的百度指数、相关热度关键词以及搜索趋势的链接，如图 6.3 所示，方便 SEO 人员掌握用户都是通过哪些搜索词到达网站的，并根据关键词的百度指数、相关热度关键词及搜索趋势，判断这些词是否适合作为网站的目标关键词去优化，提供网站优化的依据。

（3）访问分析

查看访客对网站内各个页面的访问情况。包括受访页面、入口页面、受访域名、页面点击图、页面上下游等。

1）在"受访页面"中，可以看到用户所访问网站页面的 URL，了解用户最关心网站的哪些页面或者哪些内容。例如某留学行业网站，通过"受访页面"分析发现用户点击最多的是留学费用方面的内容，因此 SEO 人员在优化网站时，就可以侧重于更新留学费用方面的内容，并将该类内容在网站重点位置推荐。图 6.4 所示是网站的受访页面。

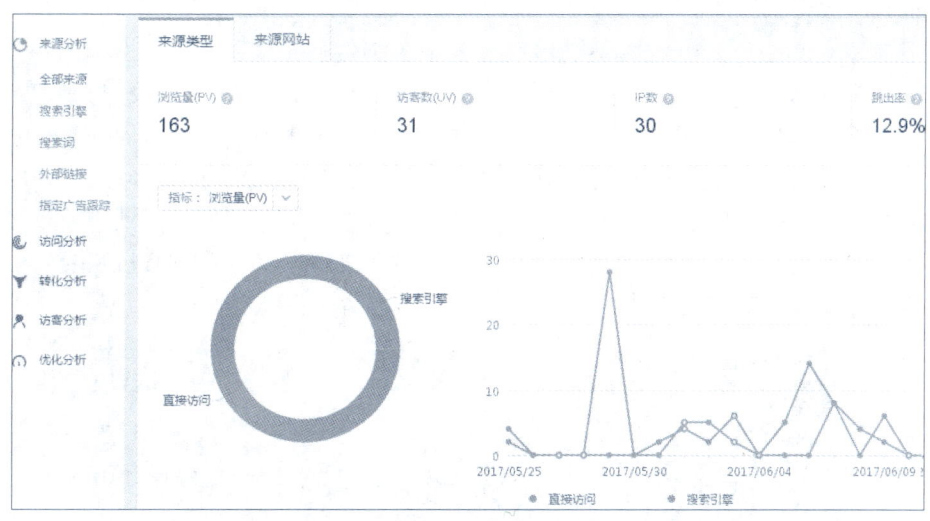

图 6.2　网站流量全部来源分析图

搜索词		网站基础指标			流量质量指标	
		浏览量(PV) ↓	访客数(UV)	IP数	跳出率	平均访问时长
1	服装批发	查看百度指数	1	1	0%	00:03:51
2	女装批发	查看搜索来路URL	2	2	0%	00:00:22
3	Copyright 2002-2011	查看历史趋势	10	2	20%	00:00:46
4	Copyright 2016-2018 版权所有 I 0...	查看相关热门搜索词	8	1	30%	00:01:32

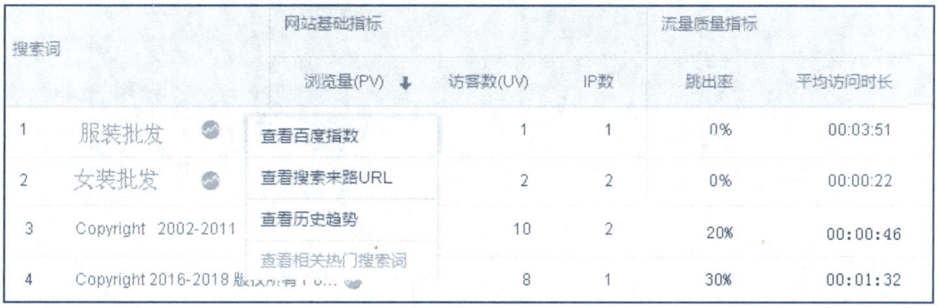

图 6.3　搜索词数据

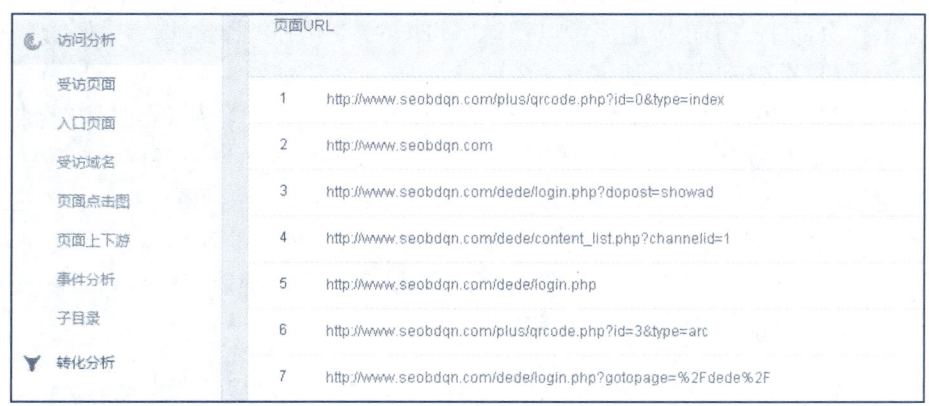

图 6.4　网站的受访页面

2）“入口页面”，所谓入口页，又称着陆页（Landing page），是从外部（访客点击站外广告、搜索结果页链接或者其他网站上的链接）访问到网站的第一个入口，即每次访问的第一个受访页面。

通过入口页面，SEO 人员可以知道一些新访客是从哪些页面进入我们网站的，比如是搜索结果页面链接或者站外广告，可以跟踪优化效果以及推广转化效果。

3）受访域名：当一个网站有多个二级域名使用一个统计，甚至不同域名使用一个统计时，受访域名可以区分不同域名下的数据。如果只在一个域名下放了统计代码，该数据可以忽略。

4）"页面点击图"是网页点击量的可视化工具，可以直接显示访问者在网页中的点击行为。图 6.5 是某论坛网站的页面点击图，从图中可以看出用户登录、用户注册以及头条内容被用户点击的次数比较多。用户登录、用户注册是用户登录该网站的条件，因此点击次数比较多。头条位置点击次数多，与内容及位置都有一定的关系，SEO 人员可以通过调整头条内容来判断影响此处点击次数多的原因，进而知道用户对哪些内容更感兴趣。

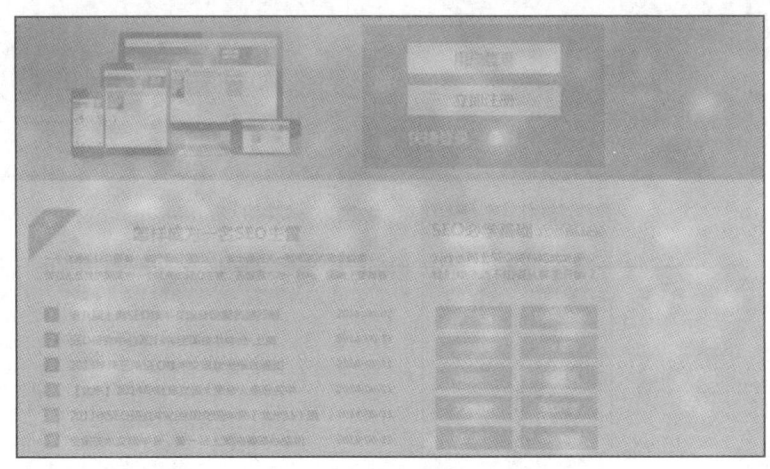

图 6.5　网站页面点击图

SEO 人员可以根据页面点击图来判断页面中哪些内容布局的不合理、不受用户欢迎，将其替换成用户感兴趣的内容。

5）"页面上下游"，提供了指定页面的上下游访问数据。通过该功能，优化人员可以知道：哪些页面给指定页面带去了较多的流量以及这些页面的具体流量情况、指定页面给哪些页面带去了较多的流量以及这些页面的具体流量情况。

通过这些信息，SEO 人员可以了解指定页面的访客行为规律，从而了解访客的关注点及访问习惯；另外，如果优化人员在指定页面设定了目标，还可以通过这些目标的转化情况去衡量访客在指定页面中行为路径的合理性。最终根据获取的这些信息，就可以有根据地改善指定页面与其他页面之间的层次关系，从而让访客在网站上获得更好的使用体验。

通过百度统计中的"页面分析"，SEO 人员可以全面地了解访客的喜好，以及网站页面的优化情况，进而对后期页面优化做出指导。

（4）转化分析

转化分析可以帮助 SEO 人员了解网站在每一天的转化次数、转化率，也能够看到对应的转化路径。转化路径提供了访客在目标页面的各个步骤上的访问行为数据。通过该功能，我们可以了解到：

- 进入网站的访客中有多少可能成为客户。

- 在进入某个转化目标后，通常在哪些步骤访客放弃了访问。
- 目标或路径页面是否足够吸引访客（根据平均停留时间分析）。

通过以上信息，SEO 人员可以有针对性地改善目标页面的质量，以获取更高的访客转化率。

（5）访客分析

通过该功能，可以知道访客来自哪里、使用什么浏览器访问了你的网站，以及新老访客比例，还能知道访客属于哪个年龄段及访客的忠诚度。

1）地域分布

地域分布提供了各个地域给网站带来的流量数据，这些数据可以帮助 SEO 人员合理布局推广内容。如图 6.6 所示，某网站的访客大多来自北京、广东、河南、湖南、上海等地，那么在发布内容时，可以侧重于发布这些城市的信息，以获取更多用户的关注。

地域	网站基础指标
	浏览量(PV) ↓
+ 1 北京	64
+ 2 广东	38
+ 3 河南	16
+ 4 湖南	15
+ 5 上海	10
+ 6 浙江	8
+ 7 甘肃	6
+ 8 广西	2
+ 9 江苏	1
当前汇总	160

图 6.6 地域分布图

2）系统环境

系统环境提供了访客在浏览网站时使用的各种系统环境及相应的流量数据。系统环境包括浏览器、操作系统、屏幕分辨率、屏幕颜色、Flash 版本、是否支持 Java、语言环境、是否支持 Cookie、网络服务提供商等。通过该功能可以了解到：

- 访客在浏览网站时经常使用的是什么系统环境。
- 使用什么系统环境的访客在网站上停留的时间更长或者访问的页面更多。
- 哪种系统环境是网站目前还没有涉及到的。

获得这些信息后，SEO 人员可以更多地从技术功能方面去优化网站，从而进一步提升网站的吸引力及易用性，为网站带来更高的访客转化率。图 6.7 所示是某旅游网站访客的屏幕分辨率数据，优化人员可以参考该数据来调整网站页面的显示情况。

3）新老访客

老访客是对网站有相对较高的黏度，是为网站带来价值的忠诚用户；新访客则是推动网站运营和业务发展的动力。网站的健康发展模式是老访客不断回访，新访客不断增加。所以要分析老访客来确定网站的现有流量基础是否稳固，分析新访客来衡量网站的当前发展趋势是否良好。

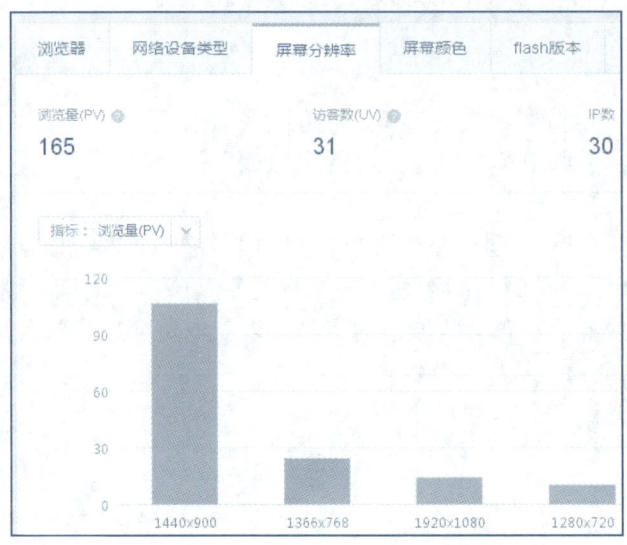

图 6.7　某旅游网站访客的屏幕分辨率数据

网站运营健康的情况下，老访客数量一般是稳定增长的，所以对老访客的分析要针对老访客数量的同比比较，一方面是由于季节等周期性因素的影响，同比的变化趋势更客观，更有说服力；另一方面，某些时段上的推广活动会吸引大批新访客来到网站稀释老访客所占总访客数的比例，所以要看绝对数量。如果老访客比较稳定，那么就可以根据新访客比例变化趋势分析某段时间的推广效果。图 6.8 所示是网站新老访客比例图。从图中可以看出，该网站对新访客的吸引力还是比较大的，但是老访客占比比较少，需要进一步分析老访客的喜好，调整内容结构，留住更多的老访客。

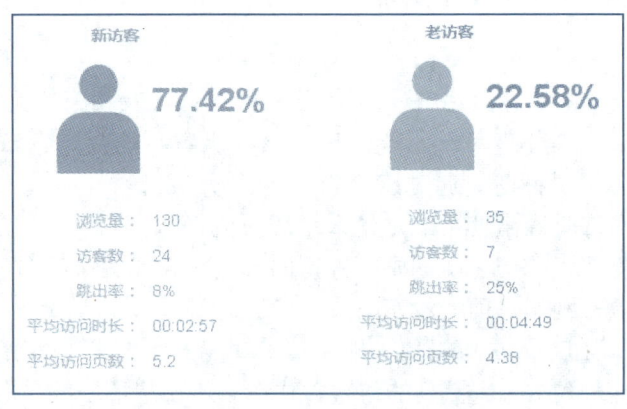

图 6.8　网站新老访客比例图

4）访客属性

访客人群属性中还会有访客职业、年龄、兴趣爱好等属性，SEO 人员可以根据这些数据判断出用户感兴趣的内容，更新到网站，吸引用户浏览。

5）忠诚度

访客忠诚度反映了访客对网站的感兴趣或者喜欢程度。访客对网站的忠诚度可以根据访问页数、访问深度、访问时长、访问频次等因素来判断，如图6.9所示。忠诚度越高，访客对网站内容越有兴趣，在网站中访问的页面数越多、访问深度越深、在网站中的停留时间也越长。

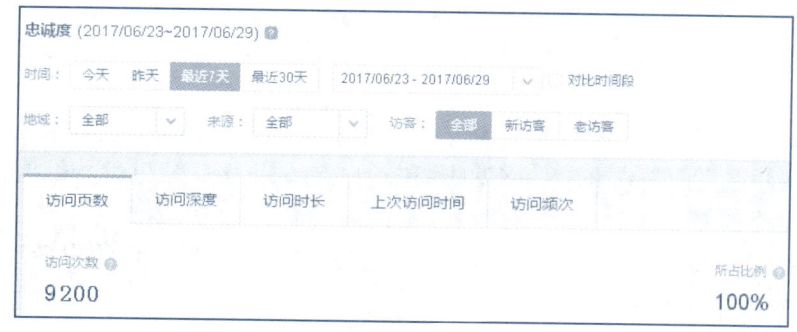

图6.9 访客忠诚度界面

通常访客忠诚度可能受以下因素的影响：
- 网站内容：丰富的网站内容和内容展现形式通常能够激发访客的兴趣并且提升访客对网站的信任度，如果网站内容单一，则无法吸引访客继续关注。
- 网站结构：每个访客进入网站后都有自己所关注的内容，如果网站缺乏清晰的导航，访客通常会因为不能迅速找到需要的内容而离开。
- 推广介绍信息与实际网站内容的一致性：很多访客通常是看到推介信息而进入网站，如果访客进入网站后实际看到的信息与预期不符，通常会马上放弃对网站的继续访问。

例如某旅游行业网站页面访问深度如图6.10所示，从图中可以看出访问深度占比最大的是2页，数据不是很好，这也反映出用户的忠诚度有待提高。作为该网站的SEO人员，想要提高页面访问深度，提高用户忠诚度，可以从页面内容质量、网站结构、网站内部链接等方面进行优化。

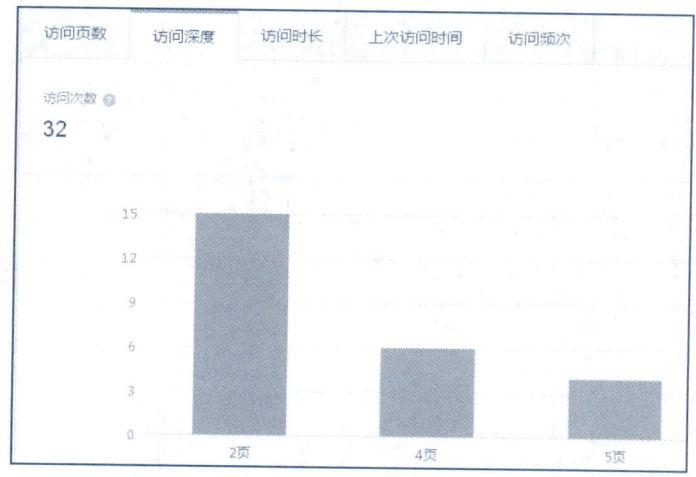

图6.10 某旅游行业网站页面访问深度

在实际优化网站过程中，如果发现访客忠诚度低，可以根据相应的数据，针对性地做出调整。

以上是百度统计工具中比较重要的功能，也是在进行数据分析时需要重点分析的几项数据。SEO 人员可以根据这几项数据分析网站的优化情况，制定合理的优化方案。

2．百度站长平台

利用百度站长平台进行数据分析时，常用的功能包括索引量、流量与关键词、链接分析。

（1）索引量

此工具是为了体现网站有多少数量级的待选内容，而此内容并不是直接被抓取，而是候选的内容，这些候选页面是未来增加网站收录必须要有的页面。索引量能影响到网站收录率，是一个非常重要的 SEO 因素。

百度索引数据最快每天更新一次，最迟一周更新一次，不同站点的更新日期可能不同。图 6.11 所示是网站索引量曲线图。

图 6.11　网站索引量曲线图

通常为了准确判断网站收录情况，可以进行索引量的查询。如果网站索引量稳步增长，说明网站是健康的。如果索引量明显下滑，说明网站存在问题需要优化。一般情况下，网站索引量明显下滑，可以通过提高网站文章质量、规律更新内容、增加网站入口等几个方面进行优化。

从 SEO 角度来说，索引量是第一步，蜘蛛抓取网站，建立索引页面；收录是第二步，蜘蛛根据页面内容和权重等因素放出网站的快照页面，从而可以参与关键词的排名；第三步就是关键词排名优化，争取获取更多的 SEO 流量。

通常认为索引量是收录网页的预备库，收录量是收录网页的确定结果，不过索引量不一定就大于收录数量，两者之间的关系主要有两种情况：

- 索引量多于收录量

一般来说索引量大于收录量，特别是对于新站来说，刚开始面临一个审核周期，索引数据不断增加，而收录量很难增长，这需要一些时间。但是当索引量高于收录量很多的时候，就要注意了，可能是文章质量的问题，这时应该增加原创文章的更新，尽量减少转载，特别是一些低质量内容的转载。

- 索引量少于收录量

也有不少情况是索引量少于收录量，例如某旅游网站，索引数据 4000 左右，收录快到 5000 了。这种情况可能是数据的不准确造成的，也有可能就是索引的页面放出情况良好，对应了多个快照页面，造成收录高于索引。要注意的是这两个数据应该相差不会太多，相差太大的话一般都是网站出现了问题。

索引量和收录数据能够在一定程度上反映出蜘蛛对网站喜好和信任程度，单纯的看这两个数据是不够的，还要结合网站的页面数量，以及网页的收录时间等，通过综合的数据表现，发现网站潜在的问题。

索引量的多少一般由网站页面数量决定，要想索引量不断增加，就需要创造高质量的页面内容、规律更新、增加搜索引擎蜘蛛入口，不断吸引蜘蛛爬取，索引量数据出现了大的波动，蜘蛛抓取的次数和频率也会有相应的变化，这种变化是关联的，收录也会随着索引的增加而增长，两者的数据可能不一致，但是这种变化趋势应该一致，这种数据趋势可以体现出网站目前的状态，对后续的 SEO 工作有很大的指导作用。例如索引量下降，网站方面存在的原因可能有网址 URL 未规范统一、站点受青睐度下降、网站对蜘蛛不友好等。SEO 人员需要针对网站具体情况来分析原因。

（2）流量与关键词

通过百度站长平台的"流量与关键词"工具，可以知道网站的关键词排名和点击量总数、展现量总数以及点击率的高低。在进行数据分析时，该功能可以给我们带来的有用信息包括：

- 预估流量

在做网站之前，我们都想要知道某些词或者一类词能给网站带来多少流量。也就是说，预估流量多少。利用百度站长平台的"流量与关键词"工具，就可以清楚地知道网站优化到何种程度，带来的预估流量是多少。例如一个关键词百度指数给出的整体指数 380，PC 端指数 200，移动端指数 180。根据"流量与关键词"工具找出在某一位置的关键词，查看点击率，求出平均值，就可以得出这个词在某一位置所带来的流量。这样我们在做网站优化之前，就可以知道所优化的词能给网站带来多少流量了。

- 根据展现量做出网站调整

展现量指的是搜索用户在百度搜索引擎查询某关键词时，看到目标网站的次数。虽然用户没有点击我们的目标网站，但是目标网站依然在用户面前进行展示了。

通过分析就可以知道，用户在搜索哪些关键词时，我们的网站展现了。通过归纳和分类，就可以归纳出多种关键词。通过这种方式获取的关键词，用户的需求更明确，营销效果更好一些。

根据这些关键词，进行主动的查询就可以知道用户为什么没有点击我们的网站，是网站关键词排名比较靠后，还是优化过程中忽略了什么？例如百度现在搜索中采用图文形式进行展现，是网站页面没有出现图文形式，还是描述等对于用户来说没有吸引力。SEO 人员在分析过程中就应该可以得出一些结论，可以把这些词进行一些特殊的优化，来提升关键词排名，提升网站流量。

- 对着陆页的分析

对具有点击量和点击率的页面进行分析，查看为什么出现点击率但是没有吸引到用户。

特别是对于一些企业网站来说，在着陆页进行优化和内容填充，用户对此不满意就可能跳出。这时就要对着陆页进行重点检查，分析网站着陆页为什么没有留住用户，是内容问题，还是其他问题。

（3）链接分析

1）外链分析

分析外链数据的主要目的是找出垃圾外链，主动去封堵垃圾外链可能对网站造成的恶劣影响。

从图 6.12 可以发现，这是一个明显不正常的趋势图，这时 SEO 人员可以下载外链数据，来进行初步分析，确定问题点，如图 6.13 所示。

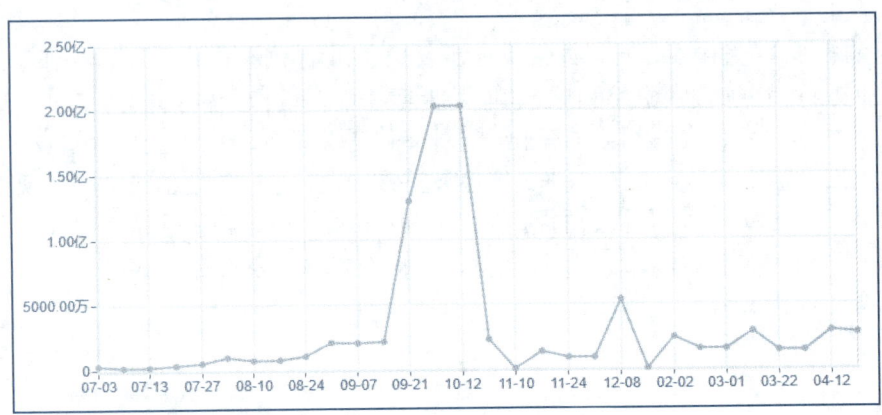

图 6.12　外链分析趋势图

	A	B	C
1	链接到您网站的url	被链接的网页url	锚文本
2	blog.sina.com.cn/s/blog_7d7a50790100u04b.html	www.zx123.cn/	装修公司
3	blog.sina.com.cn/s/blog_7d7a50790100u059.html	www.zx123.cn/	装修公司
4	blog.sina.com.cn/s/blog_a5b66310010163zb.html	www.zx123.cn/	装修123
5	bl›g.sina.com.cn/s/blog_aacb7e9c01011byu.html	www.zx123.cn/	装修公司
6	shanxi.jiaju.sina.com.cn/news/20141013/666012.shtml	www.zx123.cn/	zx123.cn/
7	vic.sina.com.cn/news/27/2011/1129/42213.html	www.zx123.cn/	www.zx123.cn/
8	www.gxy995.com/q/5Yac5p2R5a6i5Y6F6KOF5L!u5pWI5p6c5Zu!/	www.zx123.cn/	zx123.cn/
9	www.gxy995.com/q/6KOF6aWw6KOF5L!u572R/	www.zx123.cn/	最专业装修网_中国装修一站式服务平台_装修123网
10	www.gxy995.com/q/6KOF6aWw6KOF5L!u572R56uZ/	www.zx123.cn/	最专业装修网_中国装修一站式服务平台_装修123网
11	www.gxy995.com/q/MTE15bmz57Gz5oi@5a2Q6KOF5L!u/	www.zx123.cn/	zx123.cn/
12	www.lkjpg.com/thread-9753-1-1.html	www.zx123.cn/2008/1210/10958.html	www.zx123.cn/2008/1210/10958.html
13	bbs.gddahon.cn/viewthread.php?tid=22263	www.zx123.cn/2008/1210/12341.html	www.zx123.cn/2008/1210/12341.html
14	0556wjw.com/forum.php?mod=viewthread&tid=313571&page=27	www.zx123.cn/2008/1210/12485.html	www.zx123.cn/2008/1210/12485.html
15	www.dbhuwai.com/bbs/forum.php?mod=viewthread&tid=13999&page=1	www.zx123.cn/2008/1210/12688.html	www.zx123.cn/2008/1210/12688.html
16	www.lkjpg.com/thread-7561-1-1.html	www.zx123.cn/2008/1210/13181.html	www.zx123.cn/2008/1210/13181.html
17	www.dbhuwai.com/bbs/forum.php?mod=viewthread&tid=11089	www.zx123.cn/2008/1210/14367.html	www.zx123.cn/2008/1210/14367.html
18	www.soso2009.com/thread-30798-1-1.html	www.zx123.cn/2008/1210/16370.html	www.zx123.cn/2008/1210/16370.html

图 6.13　外链数据表

针对网站优化的情况来说，外链数据分为两类，正常外链与垃圾外链。而垃圾外链又分为两种：站内搜索结果页面（垃圾搜索词）以及被黑客入侵植入的黑链。我们进行数据处理的目的有两个：识别出哪些是正常外链，哪些是垃圾外链，并根据垃圾外链的相关数据，进行一些处理，保护好网站；并且要让被垃圾链接指向的页面，不被搜索引擎抓取以及被收录/索引。

因此在外链数据表中，SEO 人员需要对黑链进行筛选。筛选出这些垃圾链接，目的就是要把这些垃圾外链的域名记录下来，避免这些垃圾域名被黑客重复利用，拿去制作新的垃圾链接，从而在第一时间拒绝掉这些垃圾外链，使百度蜘蛛从垃圾外链访问我们网站上的内容时，无法获取到任何信息。

（2）死链分析

死链一般有如下几种：内部死链、外部死链。死链分析趋势图如图 6.14 所示。

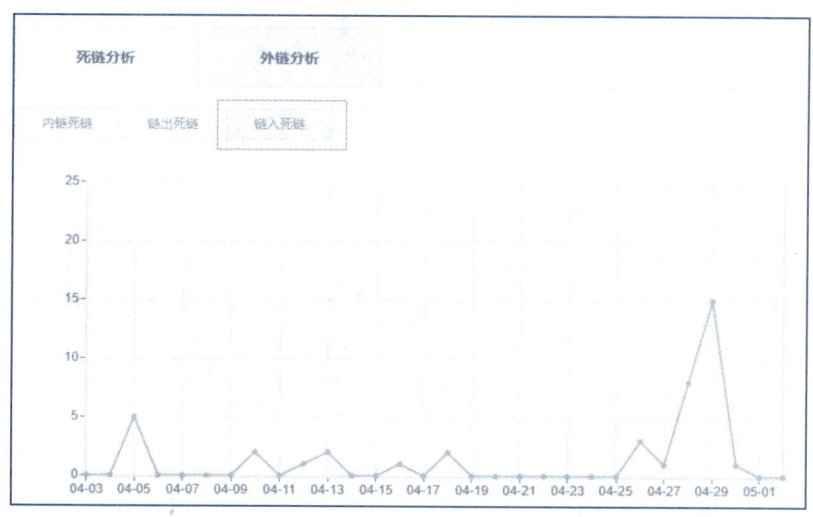

图 6.14　死链分析趋势图

内部死链，是自身网站上出现的，由于种种原因使得百度蜘蛛抓取链接时，无法获取到内容而被识别的死链。大部分情况下，这种死链站长是可以通过一些方式避免的，因此是可控的。同时，由于链向死链的页面，是自身网站上的页面，并且链出了死链的页面，对搜索引擎非常不友好，因此要及时处理。

死链问题，不需要每天都去下载表格进行分析，只需要每天大致看一下数据，是否有突然出现的死链，找到原因并处理（一般大范围出现，比较容易被察觉到，也是需要紧急处理的）；另外，我们需要定期进行一次较为彻底的死链数据分析，看看是否有平时没有关注到的死链问题。

外部死链，其实可以不必过于关注，会受到死链影响的不是我们网站，而是导出了死链的网站。

3．Majestic SEO

Majestic SEO 是一款深度挖掘网站外部链接数据的工具，虽然详细数据需要付费，不过价格不高，很多情况下物超所值。

在利用 Majestic SEO 工具进行数据分析时，主要用来分析网站的外部链接。数据分析的方法是：

（1）链接增长历史（Backlinks History）

用图表的方式非常直观地显示出网站外部链接的增长（或下降）趋势。一个好的网站，通常外部链接随时间逐渐积累，越来越多，较少跳跃式增长，链接减少就更少见了。

SEO 人员可以通过链接增长历史，分析自己网站链接建设效果如何、链接数量剧烈变化与排名大幅波动是否有时间关系等。

（2）链接锚文字（Anchor）

使用每种锚文字的外部链接总数（External backlinks），使用每种锚文字的域名总数（Referring domains）等。

SEO 人员可以点击这些锚文字，进一步查看使用某个特定锚文字的链接都有哪些，这些关键词是否是网站重点优化的关键词。根据这一数据也可以分析关键词排名下降是否与外部链接有关系。例如某网站关键词 A 的排名从原来的首页第 10 名，下降到了第三页，经过分析，发现是由于该关键词对应的外部链接数量大量被删除导致的。

4. 关键词排名批量查询工具

批量查询某个网站的关键词排名是 SEO 人员必做的功课，不仅在研究竞争对手时要用到，自己网站优化前后都要定期查询，以检测优化效果、修改优化策略。因此 SEO 人员在进行数据分析时，需要掌握网站重点优化的关键词的排名。

要查询某一个关键词的排名比较简单，但是要查询多个关键词的排名，就需要借助工具来操作。目前互联网中提供关键词批量查询工具有很多，例如奏鸣网关键词排名批量查询工具，即可实现这一功能。图 6.15 所示是奏鸣网关键词排名批量查询界面。

利用该工具批量查询的关键词排名明细如图 6.16 所示。

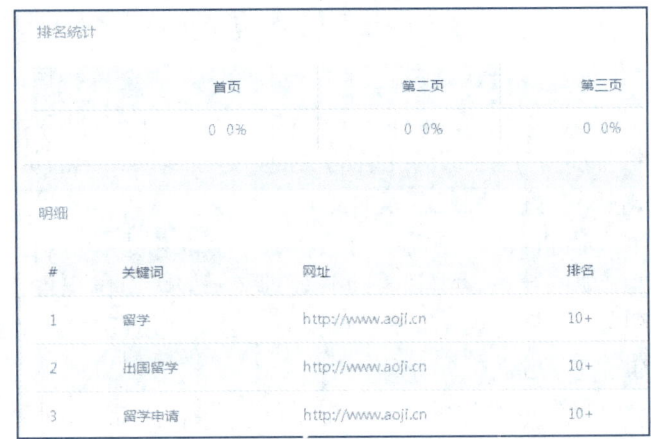

图 6.15 奏鸣网关键词排名批量查询界面　　图 6.16 关键词排名明细

SEO 人员可以根据优化前后的关键词排名情况来判断优化效果，以及后期的优化方向。另外建议 SEO 人员在日常优化网站过程中，每天统计关键词的排名情况，随时关注优化效果。

6.1.3 服务器日志分析

在进行网站数据分析时，对网站服务器日志文件进行分析是非常重要的一个环节。网站服务器日志完整地记录了搜索引擎蜘蛛在网站的爬行情况和页面访问状态。当网站出现流量、收录等数据异常时，通过网站日志分析可以快速查找出问题所在。

1. 认识服务器日志

服务器日志是记录 Web 服务器接收客户端处理请求，以及运营时错误等各种原始信息的以 .log 结尾的文件。服务器日志最大的意义是记录网站运营中空间的运营情况、被访问请求的记录。通过服务器日志可以清楚知道用户在什么 IP、什么时间、用什么操作系统、什么浏览器、显示器是什么分辨率的情况下访问了你网站的哪个页面，是否成功访问。

服务器日志是服务器自动生成的,以日期命名,而且可以用记事本直接打开查看。

不同服务器日志存放的位置不一样,如 Windows 系统和 Linux 系统的服务器日志文件存放的位置就不同。例如 Linux 系统的服务器日志文件存放在 logs 文件夹中。

2. 读取服务器日志

要对服务器日志文件进行分析,首先要会读取服务器日志文件。目前常见的服务器日志主要有两类,一类是 Apache 日志,另一类是 IIS 日志。作为一名合格的 SEO 人员,需要能够读懂两种服务器日志。

(1) 读懂 Apache 日志

服务器日志可以用 Windows 自带写字板软件打开,也可以用记事本打开,分条读取。图 6.17 所示为 Apache 日志内容。

```
61.139.126.228 - - [21/Jun/2017:02:16:08 +0800] "HEAD / HTTP/1.1" 301 215 "http://www.seobdqn.com"
61.139.126.228 - - [21/Jun/2017:02:16:11 +0800] "HEAD /index.html HTTP/1.1" 200 277 "http://www.se
61.139.126.228 - - [21/Jun/2017:02:16:11 +0800] "HEAD /index.php?m=member&c=index&a=register&sitei
61.139.126.228 - - [21/Jun/2017:02:16:11 +0800] "HEAD /index.html HTTP/1.1" 200 277 "http://www.se
118.123.16.21 - - [21/Jun/2017:03:42:55 +0800] "HEAD / HTTP/1.1" 301 215 "-" "curl/7.29.0"
118.123.7.87 - - [21/Jun/2017:04:24:14 +0800] "GET /robots.txt HTTP/1.1" 301 519 "-" "Mozilla/5.0
118.123.7.87 - - [21/Jun/2017:04:24:14 +0800] "GET /robots.txt HTTP/1.1" 200 780 "-" "Mozilla/5.0
118.123.7.61 - - [21/Jun/2017:05:05:41 +0800] "GET /robots.txt HTTP/1.1" 200 780 "-" "Mozilla/5.0
118.123.7.61 - - [21/Jun/2017:05:07:48 +0800] "GET / HTTP/1.1" 301 499 "-" "Mozilla/5.0 (Macintosh
```

图 6.17 Apache 日志内容

Apache 日志的读取重点主要包括访问时间、被访问的文件地址、搜索引擎蜘蛛或者用户浏览器、访问者的 IP、访问状态码。例如如下日志内容:

118.123.7.77 - - [21/Jun/2017:11:12:54 +0800] "GET /m/index.html HTTP/1.1" 200 6545 "http://www.seobdqn.com/index.html""Mozilla/5.0 (Linux; Android 6.0.1; Nexus 5X Build/MMB29P) AppleWebKit/537.36 (KHTML, like Gecko) Chrome/41.0.2272.96 Mobile Safari/537.36 (compatible; Googlebot/2.1; +http://www.google.com/bot.html)"

该日志内容对应的信息是 2017 年 6 月 21 日,IP 为 118.123.7.77 的用户通过 Chrome 浏览器成功浏览了 /m/index.html 页面。

(2) 读懂 IIS 日志

在 IIS 日志中,包含一个目录,#Fields: date time cs-method cs-uri-stem cs-username c-ip cs-version cs(User-Agent) cs(Referer) sc-status sc-substatus sc-bytes。

在该目录中,每项数据的含义如下:

1) date:记录访问日期。

2) time:访问时间。

3) cs-method:访问方法。常见的访问方法有两种:一种是 GET,就是平常打开一个 URL 访问的动作;另一种是 POST,即提交表单时的动作。

4) cs-uri-stem:访问哪一个文件资源。

5) cs-username:访问者名称。

6) c-ip:客户端 IP。

7) cs-version:客户端协议版本。常见的客户端协议版本有两种,HTTP/1.0 和 HTTP/1.1。

8) cs(User-Agent):用户代理。通过用户代理信息,可以分辨是用户还是搜索引擎的蜘蛛。

9）cs(Referer)：引用页网址。

10）sc-status：状态码。

常见的 http 状态码信息包括以下几种：

- 200：成功。
- 301：永久重定向。
- 403：没有权限。
- 404：找不到该页面。
- 500：内部服务器错误。
- 503：服务器超时。

11）sc-substatus：协议子状态。

12）sc-bytes：服务端传送到客户端的字节大小。

清楚了 IIS 日志目录中每一项的含义，即可读懂 IIS 日志内容。例如一条 IIS 日志内容如下：2017-03-24 16:20:53 GET /plus/guestbook.php - 220.181.108.173 HTTP/1.1 Mozilla/5.0+(compatible;+Baiduspider/2.0;++http://www.baidu.com/search/spider.html) - 200 0 7351

该日志内容对应的信息是 2017 年 3 月 24 日，IP 为 220.181.108.173 的百度蜘蛛爬行 /plus/guestbook.php 成功。

作为一名合格的 SEO 人员，需要掌握不同服务器日志的读取。在进行数据分析时，能够在服务器日志文件中获取到需要的数据。

在实际工作中，并不需要 SEO 人员逐条去读取网站的服务器日志文件，有专门的服务器日志分析工具帮助 SEO 人员将日志文件整理成可读性的数据，图文并茂地展示分析结果。

3. 利用服务器日志文件进行数据分析的方法

目前互联网中流行的免费服务器日志分析工具有很多，有些工具因为某些方面别具特色很受站长的认可。

光年 SEO 日志分析系统 v2.0 是一款专门为 SEO 设计的日志分析工具。可以分析无限大的日志，而且能分析多种格式的日志文件，分析结果形成.htm 格式的网页。图 6.18 所示为光年日志分析的结果。

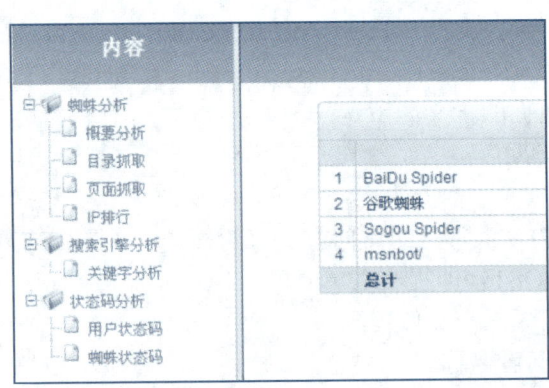

图 6.18　光年日志分析结果

利用光年日志分析系统对服务器日志文件进行分析，可以直观地查看网站的访问情况。在日志分析过程中，经常遇到的问题及解决方法为：

（1）通过分析日志文件发现网站的访问次数少

在概要分析中可以查看访问网站的搜索引擎蜘蛛的名称，以及蜘蛛的访问次数、总停留时间、总抓取量数据，如图 6.19 所示。在概要分析中，异常情况是网站的访问次数少。

	蜘蛛名	访问次数	总停留时间(小时)	总抓取量	占比 %
1	BaiDu Spider	67	2.175	202	58.721
2	谷歌蜘蛛	53	7.916	135	39.244
3	Sogou Spider	1	0.009	5	1.453
4	msnbot/	1	0.003	2	0.581
	总计	122	10.104	344	100.000

图 6.19　概要分析

解决方法：当发现网站访问次数少时，SEO 人员可以检查网站的外部链接及网站更新规律，判断是否存在问题，并进行调整。

（2）网站抓取量少

在目录抓取中，可以查看搜索引擎蜘蛛抓取了网站的哪些目录文件，如图 6.20 所示。例如"xuexifangfa"这个文件夹下有很多文章更新，但是搜索引擎只来了一次，说明文件夹的抓取量很低。

	蜘蛛名	目录	爬取量
1	BaiDu Spider	/plus/	153
2		/article/	35
3		/bjszdzx/	3
4		/bjszdzx/2012/	3
5		/tiyanxueguan/	1
6		/tiyanxueguan/2013/	1
7		/xuexifangfa/	1
8		/xuexifangfa/2013/	1
9		/xuexiceping/	1
10		/xuexiceping/2012/	1

图 6.20　目录抓取

解决方法：当发现网站抓取量比较少时，可以从网站文章质量、更新频率、网站内部链接等方面进行分析，判断是否优化到位。

（3）页面未被抓取或被抓取的页面数较少

通过页面抓取，可以查看网站被搜索引擎蜘蛛抓取了哪些页面、每个页面的总抓取量、被哪个搜索引擎蜘蛛抓取的，以及每个蜘蛛的抓取量，如图 6.21 所示。通过页面抓取分析，也能够看到网站的哪些页面抓取量比较少。

解决方法：对于这一问题，SEO 人员可以从网站文章质量、网站内部链接等方面进行优化。

（4）网站隐私文件被抓取

在页面分析中，通过搜索引擎蜘蛛抓取的页面，也能够判断搜索引擎蜘蛛是否抓取了网站的隐私文件。当网站的隐私文件被抓取时，是需要及时处理的。

	页面	总抓取量	蜘蛛	蜘蛛抓取量
1	/ plus/ guestbook.php	255	BaiDu Spider	153
			谷歌蜘蛛	102
2	/ robots.txt	10	谷歌蜘蛛	4
			BaiDu Spider	3
			Sogou Spider	2
			msnbot/	1
3	/ index.html	5	Sogou Spider	3
			msnbot/	1
			BaiDu Spider	1
4	/ article/ index.html	3	BaiDu Spider	3
5	/ article/ 2000.html	1	BaiDu Spider	1

图 6.21　页面抓取

解决方法：采用 robots.txt 或者 robots meta 等限制隐私文件的抓取。

（5）修正返回错误的页面

在用户状态码分析中可以分析网站返回码是否正确，如图 6.22 所示。

	状态	URL	访问量	占比%
1	404		1538	45.063
1		/ TINGLI/ QIMO.MP3 HTTP:/ / MP3.BAIDU.COM/ M?Z=0&CL=3&CT=134217728&SN=&LM=0&CM=1&SC=1&BU=&RN=30&TN=BAIDUMP3&WORD=英语听力&PN=30	156	10.143
2		/ INSTALL/ INDEX.PHP HTTP:/ / WWW.BAIDU.COM	39	2.536
3		/ TEMPLETS/ JS/ J.JS HTTP:/ / WWW.SUREGOOD.CN/ INDEX.HTML	35	2.276
4		/ TEMPLETS/ JS/ J.JS HTTP:/ / WWW.SUREGOOD.CN/	20	1.300
5		/ PLUS/ MEMBER/ INDEX_DO.PHP HTTP:/ / WWW.SUREGOOD.CN/ PLUS/ MEMBER/	8	0.520

图 6.22　用户状态码分析

解决方法：如有返回 404 则需要检查对应文件是丢失还是特意删除，丢失需要补上，特意删除的则删除相应链接。

服务器日志文件是进行网站数据分析的一个重要文件，SEO 人员应掌握服务器日志分析工具的使用，能够熟练分析服务器日志文件，对网站进行全面的数据分析。

6.2　网站诊断及常见问题答疑

SEO 人员在对已有网站进行优化推广前，先要对网站当前的整体情况进行诊断，就像医生给患者看病，先要进行“望、闻、问、切”，才能知道患者的情况。同样，SEO 人员也需要先对网站进行诊断，然后根据诊断的问题，给出合理的解决方案。

6.2.1　网站诊断

网站诊断是网站优化推广的基础，是针对要优化的网站，从搜索引擎优化的角度分析存在什么问题，以及应该如何改进、如何让网站更符合搜索引擎的优化原则、如何利用外部链接优化网站关键词排名。

对网站进行诊断是为了更好地对网站进行优化调整、提升关键词排名。具体来看，网站诊断的作用包括提高新站收录速度、增加网站的收录量、提升关键词排名、解决网站被处罚的问题等。

但是在诊断网站时，应尽量在减少网站改动的前提下，解决网站所面临的主要问题，执行网站重大改动时，全面考虑好之后一次性改动，并在百度站长平台中提交网站改版。

如何进行网站诊断呢？

对网站进行诊断，主要包括域名的诊断、网页标题和描述的诊断、网页代码的诊断、URL层级与页面链接的诊断、网站内容的诊断、网站友情链接的诊断。

1. 域名的诊断

域名的诊断通常包括域名是否被惩罚、域名是否做了301重定向、域名是否符合优化标准等内容。

（1）域名是否被惩罚

比较简单的方法，是使用"site:域名"指令查询网站收录情况，如果网站收录为0，或者只有很少的页面，但是外部链接很多，则此域名已经被K。

解决方案：域名被惩罚，首先要分析原因，然后制定网站优化策略，以便让权重恢复。

（2）域名是否做了301重定向

网站做了301重定向，可以确保网站首页权重不分散。

例如，当myweb.com、www.myweb.com都可以打开网站首页时，建议设置myweb.com指向www.myweb.com或者www.myweb.com指向myweb.com，判断标准可以根据收录量来定，收录少的指向收录多的。

解决方案：如果网站域名未做301重定向，可以找出需要重定向的域名，做301重定向，指向目标域名。

（3）域名是否符合优化标准

符合域名优化标准的情况包括相关性、容易记忆、包含目标关键词的拼音、首字母、英文等。域名不符合优化标准的情况，如不容易记忆且没有相关性。

解决方案：如果有更适合的域名，考虑长远发展，建议找正规代理商购买更换，同时还要评估因此带来的损失，更换域名需谨慎。

2. 网页标题的诊断

在网页标题中植入页面目标关键词，可以提升关键词与页面的相关性。因此网页标题的诊断标准包括标题字数是否在规定范围内（80个字符左右）、标题内是否含有关键词。

解决方案：诊断出网页标题不规范时，需要修改页面<title>的内容，使之融入页面目标关键词，并控制其长度在80个字符内。

3. 网页描述的诊断

（1）诊断标准：网页描述的诊断标准包括与页面标题相符合、含有目标关键词及相关关键词、长度控制在200个字符之内。

（2）解决方案：以目标关键词为中心，形成一段描述性的语言。描述中合理出现关键词，并且将关键词出现的次数控制在3次以内。

4. 网页代码的诊断

（1）诊断标准

1）网站代码中凸显页面要优化的目标关键词。

2）减少 Flash 和 JS 代码的应用。

（2）解决方法

1）对目标关键词使用<h1>或<h2>或<strong>标签进行强调，并要控制关键词密度在 2%～8%范围内。

2）Flash 和 JS 代码能删减的就删减掉，不能删减的可以找前端技术换成 CSS 动画。

5. URL 层级的诊断

（1）诊断标准

1）URL 层级越少越好，建议不要超过 3 层。

2）URL 路径尽量保留关键词的拼音、缩写、英文。

（2）解决方案

修改路径或者请技术人员用 URL 重写实现扁平化，在修改过程中路径加入关键词的拼音、缩写、英文。

6. 页面链接的诊断

（1）优化标准

页面链接要做到通过每个页面都可以到达网站内其他页面。

1）首页链接：指向栏目页，指向网站内重要内容页。

2）栏目页链接：指向首页，指向其他栏目页，指向栏目下内容页。

3）内容页链接：指向首页，指向上级栏目页，指向栏目内相邻和重要内容页，指向其他栏目重要内容页。

（2）解决方案

按照优化标准添加页面内应有的重要链接，使网站内部链接更加通畅，以方便用户浏览和搜索引擎蜘蛛抓取。

7. 网站内容诊断

（1）诊断标准

1）内容要求规律性更新。

2）要有原创内容，不能全部采集网络上已收录的文章。

（2）解决方案

形成规律性更新，添加原创性内容，建议前期增加原创性内容所占的比例，稳定收录后，可以适当降低原创性内容所占的比例，增加伪原创内容的比例。

8. 网站友情链接诊断

（1）诊断标准

1）排除作弊友情链接。

2）排除不相关且权重低的友情链接。

3）排除被搜索引擎处罚的友情链接。

4）友情链接数量建议控制在 40 个以内。

5）友情链接建议使用目标关键词做锚文本链接。

（2）解决方案

增加友情链接栏目，删除作弊、被处罚、权重低且不相关的友情链接，建议控制链接数量在 40 个以内。

实际上网站诊断的思路有很多，每个人都有自己的一套诊断方法。对于 SEO 人员来讲，只要能够将网站存在的问题诊断出来，就是一套成功的诊断方法。

6.2.2 常见问题答疑

在网站优化过程中，对于一些经常出现的问题，SEO 人员需要掌握具体的解决方法。网站优化常见的问题包括：收录异常、网站流量异常、网站降权、网站改版、网站关键词排名下降。

1. 网站收录下降

搜索引擎蜘蛛爬行到网站，对网站内容进行抓取，因此网站的收录与搜索引擎蜘蛛的爬行有直接关系。当网站收录下降时，可以从以下几个因素去考虑：

（1）百度更新调整

百度隔三差五都会调整一次，而百度算法的调整会影响网站已经收录的内容。通常来讲，百度更新导致的网站收录下降很正常，只要网站的排名没有影响，没有下降，那么就属于正常状况，不用理睬，每天坚持更新与优化就可以了。

（2）文章质量差

搜索引擎倾向于原创内容，网站大量采集重复性内容没有任何意义，百度收录大增再大减也是正常现象，因为百度发现那些重复的内容就会将之从数据库内清除。搜索引擎对于网站内容的重视程度依次为原创文章>伪原创文章>复制粘贴文章>违禁内容（黄赌毒、违法内容）。

解决方法：优化网站过程中，坚持原创，即便是更新伪原创内容，质量也要高。

（3）网站更新不规律

搜索引擎蜘蛛会根据网站的更新规律来判断爬行网站的频率，因此网站不规律更新，搜索引擎蜘蛛也不会规律的来抓取网站内容，导致网站收录下降。

解决方法：SEO 人员在优化网站时，要检查网站是否在规律地更新内容。如果网站更新不规律，要为网站制定合适的更新频率，例如每周一至周五每天更新 5 篇文章。规律地更新文章，可以保证蜘蛛规律地来访网站进行抓取。同时保持稳定的更新，可以提升搜索引擎蜘蛛对网站的友好程度。

（4）站内链接结构不合理

搜索引擎蜘蛛在网站中是依靠链接进行爬行的，如果网站站内链接设置不合理，蜘蛛无法顺畅的爬行网站抓取内容，就会影响网站收录。

解决方法：按照站内链接设置原则设置网站站内链接，确保从一个页面可以到达网站任意页面。同时 URL 路径保证在 3 层以内。

（5）网站标题修改频繁

网站 title 频繁修改也会导致网站收录减少。频繁修改网站 title 会让百度认为你的网站不成熟，不仅会导致收录减少甚至会影响关键词排名。

解决方法：不要频繁修改网站 title，如果不得不更换网站 title，就等网站收录稳定，百度快照天天更新时再换，这样网站受到惩罚也会小很多，不然百度降权和缩减收录是必然的了。

（6）网站频繁改版

先来看一个案例：小 K 在新站上线时用一个月的时间频繁修改网站版面，当时对网站源码不熟悉，一是想凭借修改网站熟悉网站各个部分，二是想去掉网站本身多余的内容，让网站页面更小更实用。在一个月的频繁修改中，小 K 摸清了网站的结构，但是网站收录也降到了 0。这是由于网站频繁改版导致网站被降权的情况。

解决方法：实际优化网站过程中，如果由于网站发展需要进行改版，就将网站各个方面存在的问题一次性解决，然后上线改版后的网站。如果频繁修改网站，不只是收录下降，网站甚至被降权。

（7）网站受友情链接牵连

友情链接网站作弊被百度降权 K 站，搜索引擎会将我们网站视为同犯，这是搜索引擎引入的连坐机制，这两种情况都能导致网站收录大减。

解决方法：坚持每天及时检查自己网站的友情链接，遇到异常的友情链接先询问其站长，确认有问题就告知对方撤去友情链接。

2. 流量异常下降

流量异常下降有个很简单的定义：来自搜索引擎流量跌幅 50%以上，且连续 5 天持续下滑。所以，当网站偶尔出现小的波动时，不算是流量异常下降。SEO 人员需要多观察几天了解清楚是否为异常下降。

当网站出现流量异常下降时，可以从以下几个方面进行处理：

（1）查看 CDN 是否能正常访问

CDN 是内容分发网络，CDN 不可访问，毫无疑问会造成流量的异常。这时可以利用百度云观测来监测网站的异常行为。一旦监测出网站出现可能影响搜索收录或流量的问题时，会在第一时间为你推送报警通告及解决方案。包括安全性（是否存在安全漏洞、是否存在钓鱼、假冒、被人挂了黑链等问题）、可用性（网站是否正常访问，包括域名解析、连接异常、网站返回错误等异常）、访问速度这几个方面。

（2）检查 robots.txt 文件是否异常

确认网站 robots.txt 文件是否最近有改动、robots.txt 语法是否有错误、是否造成了搜索引擎被屏蔽，导致流量暴跌。

例如某网站之前没有设置 robots.txt 文件，近期为网站添加上了 robots.txt 文件，并屏蔽了几个栏目的抓取，其 robots.txt 文件写为：

User-agent: *

Disallow:/a/

Disallow:/b/

假如"a""b"两个栏目正常情况下能够为网站带来流量，由于某些原因屏蔽了蜘蛛抓取后，会导致网站流量下降。

遇到这种情况时，需要 SEO 人员检查网站的 robots.txt 文件，确认是误操作、是栏目屏蔽错误，还是语法错误，并进行修改。

（3）检测网站的安全问题

网站的安全问题可以归纳为以下几点：

1）检查网站域名是否被泛解析（在域名前添加任何子域名，均可访问到所指向的 Web 地址），域名被泛解析可能导致网站被惩罚，从而导致流量下降。

当发现网站域名被恶意泛解析时，可以采用的处理方法为：

域名被泛解析，当然是被人黑了域名管理平台才能进行泛解析的，因此登录平台查看，修改域名管理平台的账号和密码。

密码修改完成后，接下来就是要处理掉这些已经被百度收录的恶意泛解析页面了。将被恶意设置的 IP 地址换成自己服务器的 IP，如图 6.23 所示，然后批量把恶意泛域名解析的页面重定向到 404。如果不是来自正常解析的域名，就全部返回 404 错误状态码，这样就有效地告诉了搜索引擎蜘蛛，该页面是不存在的，不需要再抓取了。

主机名	解析类型	线路	对应值	TTL
www	CNAME	默认	jiaoxue.gotoip55.com	900

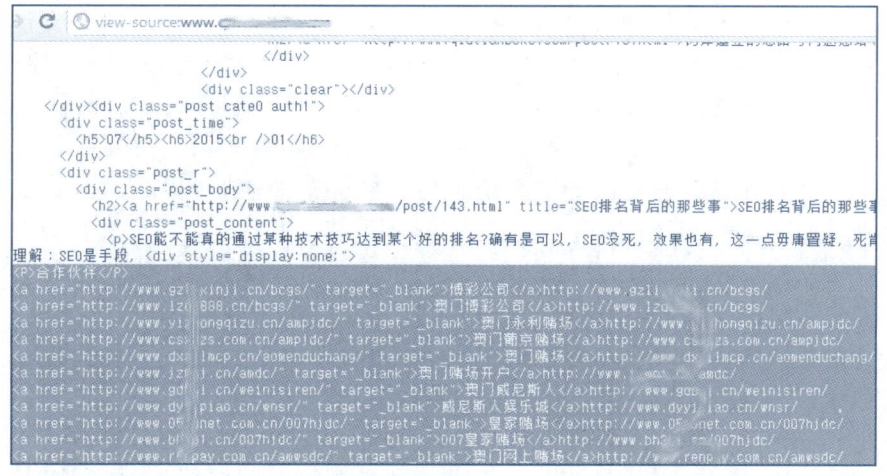

图 6.23 将被恶意设置的 IP 地址换成自己服务器的 IP

2）检查网页是否被挂马，如果网页被挂马，会危及用户的信息。图 6.24 所示是网站被挂上了黑链。

图 6.24 网站被挂上了黑链

通常遇到这样的情况，大多数黑客是通过后台、FTP 更改的代码，所以最好的处理方法是删除这些黑链接，并且更改后台和 FTP 账号密码。

3）如果站点是 UGC 站点，还要检查站内是否短时间内产生了大量的垃圾群发页面，这同样是百度严重打击的对象。对于这种情况，通常是先把这些页面删掉做 404，然后再去百度站长平台提交死链，等待百度删除。

3. 网站改版

这里所说的网站改版指的是网站内容主题没有变化，页面设计或网站架构做出比较大的改变。如果网站主题内容发生重大改变，把域名从一个行业换成另一个行业的内容，从 SEO 角度来说，这不是网站改版，而是网站自杀。这种情况下，不如把老网站保留，重新做一个新网站。

进行网站改版，需要明确一点，网站结构改版，不到万不得已最好不要修改。但是在很多情况下，由于种种原因，例如需要改进用户体验或公司老板更换等，都可能不得不改版网站。

进行网站改版，最好遵循以下原则：

（1）确认改变设计还是改变 CMS 系统

进行网站改版时，首先要确定网站只需要页面设计的改变，还是需要改用新的 CMS 系统。如果只是页面设计方面的改变，CMS 系统未变，通常页面内容和网站结构都不会有大的变化。只需更换或修改模板，页面 HTML 代码几乎没有什么变化，页面视觉展现却可以完全不一样。这种情况对 SEO 影响不大，可以放心进行。

如果需要新的 CMS 系统，就需要小心执行。这种情况下，能不换尽量不换。如果必须要换，尽量做到网站 URL 命名系统不要更改。如果旧的 CMS 系统目录及文件名命名是有规则的，使用 URL 重写模板，可以更换 CMS 系统后还保持原来的 URL 结构。

（2）不要更改 URL

URL 尽量不要更改，因为对于搜索引擎来说，新的 URL 就是新的页面，整站 URL 改变，几乎意味着这是一个新的网站，搜索引擎需要重新收录所有页面，重新计算排名。同时，旧的 URL 还在搜索引擎数据库中，势必会造成复制内容，页面权重分布的混乱，网站排名及流量都会有一段混乱期。

如果必须要更改 URL，尽量从旧的 URL 做 301 重定向到新的 URL。即便无法全部做 301 重定向，至少也要挑选重要页面做 301 重定向，包括首页、栏目页、带来比较多搜索流量的内容页面、有比较多外部链接的页面等。

（3）分步更改

网站改版时尽量不要同时更改导航系统。对主要导航系统进行更改，往往会使网站链接结构、页面权重的流动和分配产生重大改变，处理不好将会对网站新页面的收录造成影响。所以应该在网站 CMS 系统或 URL 系统修改完成几个月之后，收录已经恢复原有水平再修改导航系统。

同样，无论是页面设计改版，还是采用新的 CMS 或 URL 系统，不要同时修改网站内容，要确认网站收录没有问题之后，再优化页面内容。

对于大的网站来说，重大改版时可能无法顾及到所有 URL，这时最好做一个恰当的 404 页面。404 页面中包含导航、错误反馈、搜索框，可以避免流量的流失。同时搜索引擎会自动将已经不存在的页面从数据库中清除。

（4）网站改版要在本地完成再上传

这是一个基本道理，许多人改版都喜欢直接在后台修改代码，这是极不规范的操作手法，正确的做法应该是本地测试完毕后再进行上传，避免在后台修改出现错误导致网站难以打开或者反复还原、更新的情况。这样的不稳定会造成用户和搜索引擎的抛弃。

需要注意，网站改版通常是商业决定，不是 SEO 部门能够控制的。SEO 人员必须参与到改版的计划过程中，提前认真规划，预想到所有可能的情况，尽量一次改版正确，避免频繁修改。另外进行网站改版时，标题和描述等关键信息切莫更改、重要标签不能随便更改、关键词密度不要发生巨大改变。

4. 网站降权

对于 SEO 人员来讲，掌握网站被降权之后的处理方法也是很重要的。网站被降权了到底应该怎么办呢？

（1）分析网站被降权的原因

实际工作中，当发现网站被降权之后，首先要知道网站为什么被降权，找出原因之后再针对性地解决。例如小 K 之前优化了一个安防行业的企业站，当时该网站是一个全新改版的站，上线不到两周通过站长工具查询发现权重从原来的 1 变为 0 了，同时发现收录也从原来的几百降到了个位数，利用"site:域名"进行查询，发现首页在第一页和第二页都找不到了，此时小 K 确定该站已经被降权了。针对这种情况，小 K 主要从以下三个方面对网站降权作了分析。

首先，对网站同 IP 下的站点作了分析，因为在同一 IP 下如果有其他的网站被惩罚了将会对本站也会有牵连影响，严重也会导致网站被降权，虽然出现这样情况的几率比较小，但是当网站被降权时，我们还是要将每一个有可能导致网站被降权的因素分析到位。于是小 K 就将同 IP 下的每个站点都检查了一遍，发现没有出现同 IP 下的站点被惩罚，那么这点因素就可以排除掉了。

其次，对网站的外部链接进行分析，因为小 K 所优化的这个安防行业网站是一个改版的站点，以前该域名也被优化过，所以很可能以前所做的外部链接有问题。于是就利用百度站长平台中的外链分析工具对外链进行了检测分析，结果发现了大量的黄色及博彩的外部链接，同时还做了大量的黄色及博彩类的锚文字，像这样的外链总共有两千多条，这也是导致网站被降权的一个重要原因。于是小 K 就一一将这些外链拒绝掉。

再次，网站改版导致被降权，这点应该是站长众所周知的了。一个网站改版，如果没有处理好，被降权的概率很大。当然如果处理得好，也不会造成降权。该安防行业网站改版时没有处理好，在对网站进行检测时发现网站出现了大量的死链接，也没有返回 404 页面，而且建网站时新网站做好将域名解析后就立马把老网站给删除了，未做 301 重定向。最终导致网站优化受影响。经过后期的分析才做的 404、301 重定向，解决了这个问题。

当然导致网站被降权的原因有很多，如网站程序的漏洞、网站被竞争对手或黑客攻击挂黑链、域名被泛解析等，而上述几个原因，只是针对当时所优化的网站，大家作为参考即可。

（2）制定网站优化策略解决权重恢复问题

网站被降权的原因已经找到并处理了之后，接下来就是要解决问题让网站恢复权重、恢复排名。

网站被降权，甚至 K 站，可以分为以下三种情况：第一种是只是首页被 K，内页照样收录；第二种是只剩首页，内页一个不收录；第三种，也是最严重的一种，就是全站被 K。要恢复被降权甚至是被 K 的网站，可以从以下几个方面进行分析：

1）首页被 K，内页照常收录，有关键词排名

首页被 K，很多情况下是关键词密度过高、外部链接增加没有规律和单一性导致的。有些新网站，只发布几篇文章，而外链都上千了，这样就很容易导致首页被 K。另外就是关键词密度，例如眼部化妆品、脸部化妆品、祛痘化妆品、补水化妆品、美白化妆品，可能优化的这几个关键词密度并不是很高，但是当这些词出现次数多了之后，隐含的关键词"化妆品"的密度将会很高，最终会影响网站的优化效果。

如果首页被 K，首先要检查网站的关键词密度以及外部链接情况；其次是网站<h>标签和<strong>标签的应用；再有就是建设高质量的外部链接。外部链接要控制数量和锚文本的多样性，可以选择多个关键词和多做内页的链接，保证外部链接持续稳定的增长，避免频繁被删除。

在优化安防网站时，为了建设高质量的外部链接，除了做一些相关行业的友情链接外，还会在A5站长网、站长之家等知名门户网站去投稿，投稿通过后将会被大量转载，这样就会给所优化的安防网站带来大量高质量的外部链接。这样不仅可以引导蜘蛛到网站来抓取还可以提高整个网站的权重、提高网站关键字的排名，同时对于权重的恢复也有至关重要的作用。对于首页被K的情况，处理掉上述问题，定时定量更新一些原创文章。当"site:域名"时发现首页已经在搜索结果首页第一位，同时搜一些长尾关键字也有了排名，这是权重恢复的良好表现。

2）内页被K只剩首页

这种情况说明网站只是被降权了，但是如果不采取有效的解决措施，接下来网站就会被K。

导致这种情况的原因主要包括：网站内容价值不高、重复内容过多、内部链接设置不合理等，导致蜘蛛无法顺利爬行；其次就是网站结构和布局不合理；最后就是robots.txt文件语法错误，禁止了搜索引擎抓取。

对于上述情况，首先要更新原创文章，或者高质量的伪原创；然后合理设置网站的内部链接，如在文章中添加相关推荐、上一篇下一篇、面包屑导航等；再有就是检查网站的robos.txt文件，确保网站的目录和页面没有禁止搜索引擎抓取。

3）全站被K

网站全站被K是最严重的情况。对于这种情况，最常用的方法就是更换域名；另外可以重新绑定一个域名到该网站，也就是让搜索引擎重新收录新域名，等网站重新被搜索引擎收录时，再将新域名重定向到被K域名等。

（3）恢复网站权重需要坚持并具有强大的执行力

网站被降权甚至K站后，不只是把一些优化不当的地方改了就可以恢复的，还需要坚持不断的重复两点：定时定量更新高质量原创内容；建设高质量外链。很多站长之所以失败就是不够坚持，有的站长坚持更新了半个月还是没有看见网站有什么变化就放弃了，其实网站优化都是个日积月累、从量变到质变的过程。例如在恢复安防这个站点的权重时，就耗费了5个月的时间。

以上内容就是网站优化过程中经常会遇到的几个问题，SEO人员需要掌握导致这几个问题的原因以及解决方法，并能够熟练应对。实际的网站诊断操作，请参考本章视频。

6.3 案例分享

案例：中国零售业博览会网站诊断

【案例描述】

中国零售业博览会网站，网址：http://www.chinashop.cc/。

网站基本数据如图6.25所示。

百度权重：2

域名年龄：3年11月25天

网站收录：1302

网站反链：44万2000

根据网站现有情况对网站进行诊断，并给出具体解决方案。

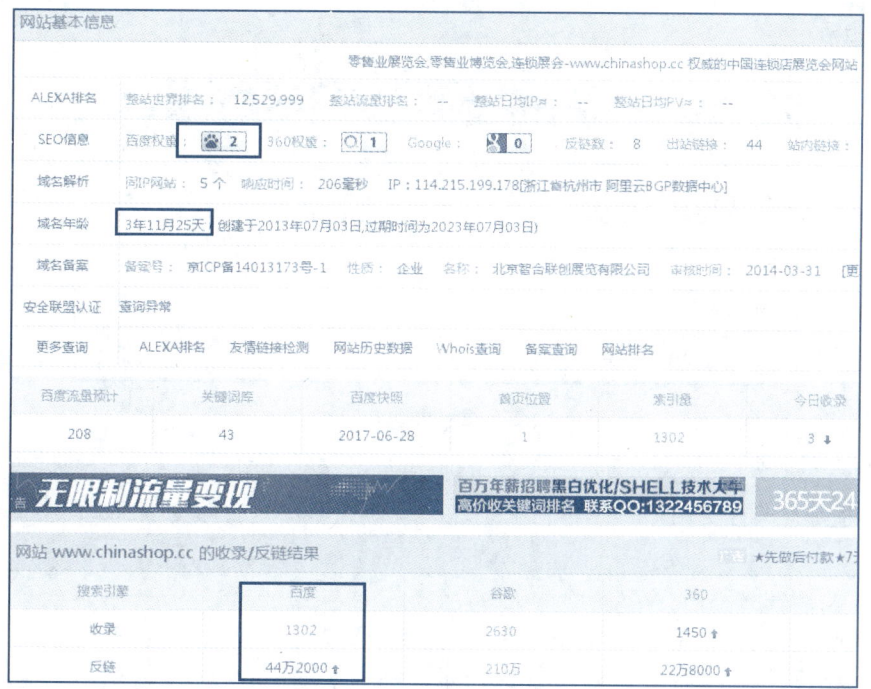

图 6.25 网站基本数据

【案例分析】

1. 网站各内容页面路径为动态路径

现有问题：网站目前各文章页面的 URL 路径均为动态路径，如下所示：

http://www.chinashop.cc/plus/view.php?aid=2023

搜索引擎蜘蛛不能很好地识别动态路径，会对网站收录造成较大影响。图 6.26 中的所有链接均为动态链接。

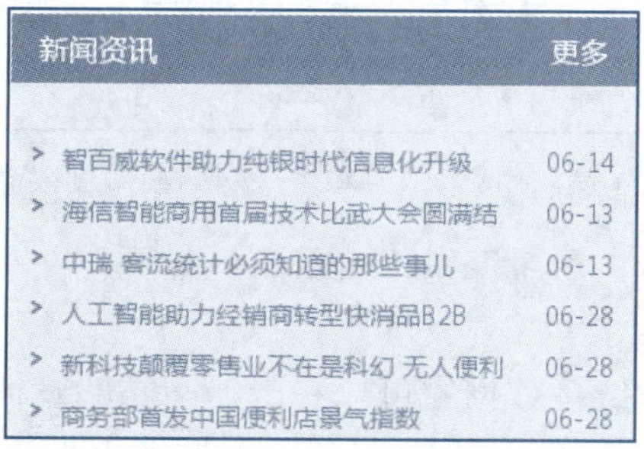

图 6.26 动态链接

修改意见：需要让技术人员在服务器中进行配置，将动态路径修改为伪静态路径，如 http://www.chinashop.cc/list-87.html，这样的路径为伪静态化路径，对于网站整体的收录会有较好的帮助。

2. 站内文章更新率不高

现存问题：从首页的版块看，设置有两个更新版块，如图 6.27 所示。但是"通知公告"版块内容的更新日期不在查看网站的当天，而且更新频率不高，不利于蜘蛛的规律抓取，影响网站权重的提升。

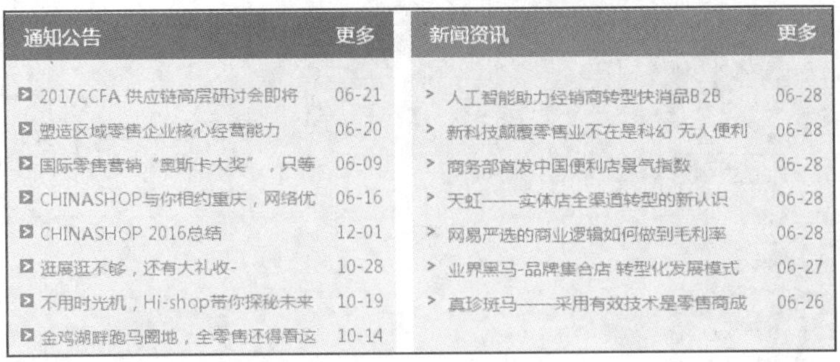

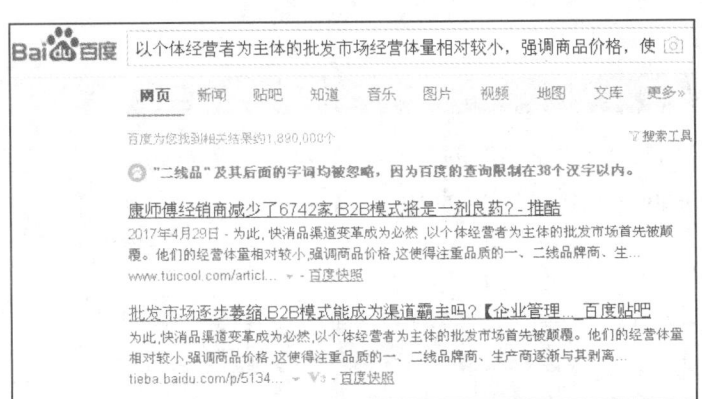

图 6.27　更新版块

优化建议：建议 SEO 人员在每个更新的版块每天至少更新一篇文章。最好形成规律，可以每周一到每周五进行更新，这样有利于蜘蛛的规律抓取，增加百度收录的数量，有利于网站权重的提升。

3. 站内文章质量不高

现存问题：新闻资讯版块文章质量不高，从文章中复制一段话，在百度上进行搜索，搜索结果和多个网站相似度很高，如图 6.28 所示，不利于网页的收录。

图 6.28　搜索结果和多个网站相似度很高

优化建议：提高文章质量，尽量保持每天更新一篇原创文章，提高网页收录。

4. 友情链接不合理

现存问题：从网站的友情链接数据中可以看出，网站的友情链接数量为 44 条，如图 6.29 所示。但是所有的友情链接都没有设置反向链接。这样很容易流失网站自身的权重，而无法从友情网站中导入，不利于权重的提升。

优化建议：一方面适当地减少友情链接数量，最多安排 40 条为宜。同时安排人员与交换友情链接的网站进行沟通，实现互链，这样才有利于从其他网站导入权重，提升网站自身的权重。另外还可以在友链代码中添加<h6>标签，减少权重导出。

以上就是对该网站的诊断结果以及给出的解决方案，在实际工作过程中，SEO 人员在接手一个网站时，首先要对该网站进行一次全面的诊断，明确网站的具体情况，然后再进行优化。

百度收录：2030	首页位置：1	PR值：[PAGE RANK] 0	PR输出值：0.15	百度权重／流量：2 / 208
出站链接：44个	图片链接：42个	文字链接：44个	带nofollow链接：0个	
反向链接：0个	图片链接：0个	文字链接：0个	带nofollow链接：0个	出站链接中有44个没有本站链接

词进度： 100%

序号	站点／链接地址	百度收录	首页位置	百度权重／流量	PR／输出值	对方链接是
43	中国连锁经营协会/www.ccfa.org.cn/portal/c...	1万4600	1	4 / 1367	6 / 0.79	无反链 外链数：8
40	图片链接/www.dunnhumby.com/	1180	1	0 / 0	-	无反链 外链数：10
44	技术支持：怀谷科技/www.vungu.com/	45	1	0 / 0	4 / 0.83	无反链 外链数：5
42	图片链接/www.cofcorice.com/	289	1	1 / 9	2 / 1	无反链 外链数：2

图 6.29　友情链接数据

章节总结

本章主要介绍了以下内容：

- 网站数据分析的作用：网站数据分析可以帮助 SEO 人员了解网站目前的基本状况和发展趋势、网站数据分析可以分析网站的用户黏度、挖掘网站重要内容的分布，对网站内容管理和网站的产品策划提供指导。
- 网站数据分析工具：百度统计、百度站长平台、Majestic SEO、关键词排名批量查询工具。
- 百度统计工具常用功能：流量分析、来源分析、访问分析、转化分析、访客分析。
- 百度站长平台：索引量、抓取频次。
- Majestic SEO：链接增长历史、链接锚文字。
- 服务器日志分析：服务器日志是记录 Web 服务器接收客户端处理请求，以及运营时的错误等各种原始信息的以.log 结尾的文件。
- 服务器日志读取重点：访问时间、被访问的文件地址、搜索引擎蜘蛛或者用户浏览器、访问者的 IP、访问状态码。
- 服务器日志进行数据分析的方法。
- 网站诊断：主要包括域名的诊断、网页标题和描述的诊断、网页代码的诊断、URL 层级与页面链接的诊断、网站内容的诊断、网站友情链接的诊断。
- 常见问题答疑：网站收录下降、流量异常下降、网站改版、网站降权。

作业

一、简答题

1. 简述数据分析的作用。
2. 简述 SEO 诊断的原则。
3. 简述网站被降权应该检查哪些原因。

二、实战题

1. 分析网站 http://www.aojiyingyu.com/，并给出诊断报告，诊断报告用 Word 保存。

2. 人工读取一条服务器日志，日志内容为：

118.123.16.21 - - [26/Jun/2017:03:23:25 +0800] "GET /member/ajax_loginsta.php HTTP/1.1" 200 1280 "http://www.seobdqn.com/index.html""Mozilla/5.0 (Macintosh; Intel Mac OS X 10_11_4) AppleWebKit/537.36 (KHTML, like Gecko) Chrome/49.0.2623.110 Safari/537.36"

请分析这条服务器日志所表达的信息。

第 7 章

微型网站 SEO

【学习目标】

- 了解常见微型网站的类型
- 掌握微型网站 SEO 优化策略
- 掌握网站外包注意事项

【导读】

网站从数据量上可分为两类：一类是大型网站，如新闻门户网站、大型电商平台网站；另一类是微型网站，如中小企业网站、个人博客（独立域名）等。

不同类型的网站在进行优化时，总的原则不变，但是细节方面也有些许的差异。作为负责中小企业网站 SEO 的工作人员，应该从哪几个方面着手去优化呢？本章将为你揭晓微型网站 SEO 优化的策略，帮助 SEO 人员快速掌握网站优化技巧。

```
                                                                    企业网站
                               常见的微型网站的类型                  独立域名博客网站
               认识微型网站                                         网站数据内容较少
                               微型网站优化常见问题                 内部链接和外部链接数量少
                                                                    技术实力偏弱
                                                                    冷门行业关键词搜索量较少

                               网站内部链接建设
                               巧用文章锚文本来"投票"集权
                                                                    填充法
                               增加网站内容页收录
               微信网站优化策略                                      分页法
                               建设高质量外部链接
                               建设高效率友情链接
第7章 微型网站SEO
                                                                    诚信指数
                                                                    网站地图
                               其他优化技巧                         URL结构
                                                                    合理撰写页面的title、keywords、description
                                                                    标签优化

                                                                    网站开发语言、空间类型
                                                                    网站界面
                                                                    网站主要内容
               网站外包建设注意事项                                  网站主导航
                                                                    网站首页内容
                                                                    带移动设备网站功能
                                                                    SEO功能
               案例分享       深圳沃德一佳科技有限公司网站优化误区
```

7.1 认识微型网站

严格来讲，微型网站并没有明确的定义。一般来说，微型网站是指页面数据较少的网站。实际上，互联网中这类微型网站的数量非常多，这类网站通常具有下述特征。

1. 网站内容数量和收录量较少

通常情况下，微型网站的页面数量在 20 万以内，被搜索引擎收录的页面相对较少，一般在 10 万以内。例如 0755bdqn.com 就是一个小数据量网站，其收录查询结果如图 7.1 所示（本图仅供参考，以实际查询结果为准）。

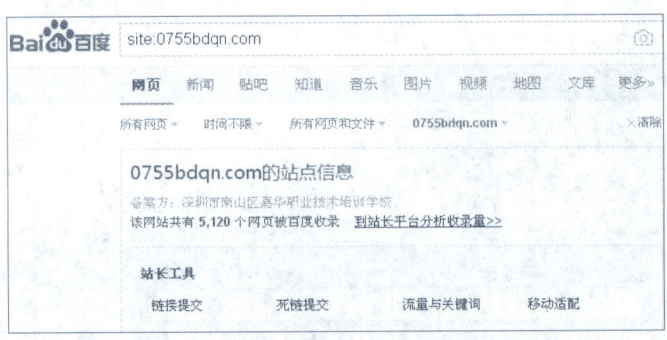

图 7.1　收录查询结果

2. 网站没有独立的技术维护和运营团队

微型网站一般没有独立的技术维护和运营团队，内容更新频率低。例如某微型企业网站新闻更新记录如图 7.2 所示，该网站每个月更新的文章数量很少，而且不能保证每个月都有更新。

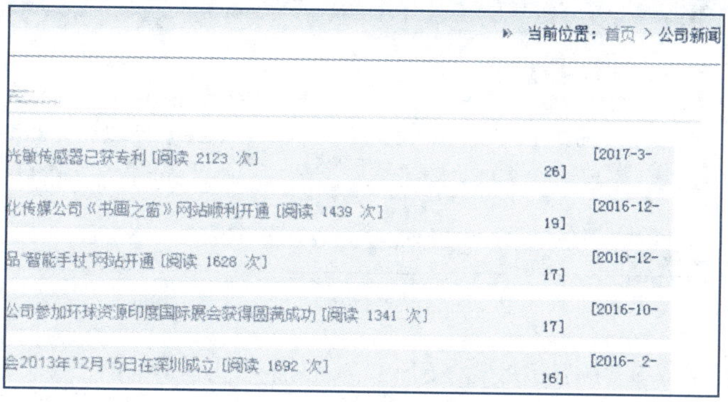

图 7.2 某企业网站新闻更新记录

7.1.1 常见的微型网站类型

作为 SEO 人员，需要知道常见微型网站的类型。

1. 企业网站

企业网站是企业在互联网中进行品牌形象建设、产品宣传的平台，相当于一家企业的互联网名片。企业可以利用网站来进行宣传、建立与潜在客户的联系、发布产品资讯和招聘信息、提供售后服务跟踪等。图 7.3 是某物流企业的网站。

图 7.3 某物流企业网站示例

2. 独立域名博客网站

博客是 Web Log 的中文译名，后缩写为 Blog，是 Web2.0 时代兴起的应用。博客也叫网络日志、部落格，是一个以自我为中心的文章发布及管理空间。

目前国内的知名博客平台有新浪博客、天涯博客等。本章节所讲的独立域名博客网站是指个人或机构以表达自我观点为目的而自由发布文章，启用独立域名搭建的博客网站。目前知名的独立域名博客网站有月光博客、卢松松博客等。图 7.4 是月光博客的首页。

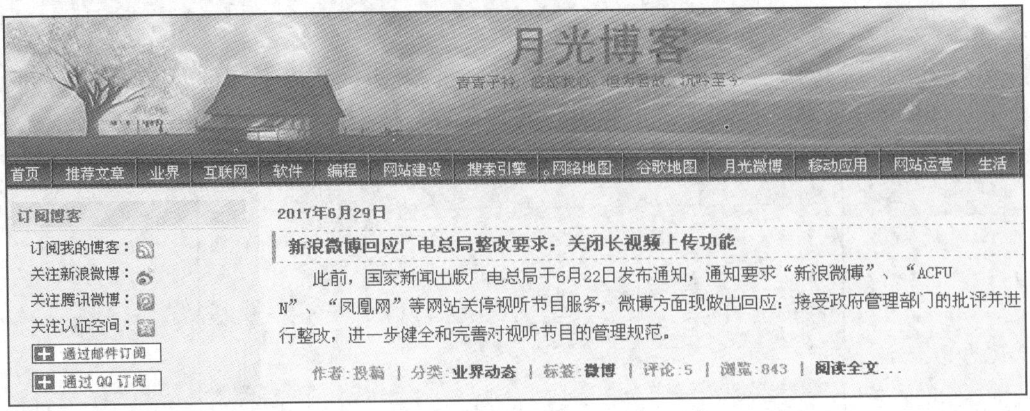

图 7.4　月光博客

以上是两种常见的微型网站的类型，SEO 人员需要明确所优化网站是否是微型网站，以便选择合适的优化策略。

7.1.2　微型网站优化常见问题

微型网站多为中小企业网站，因此微型网站的优化目标很明确，需要使产品或服务的相关关键词获取一个好的排名，以便带来精准流量，为企业盈利。但是微型网站在优化过程中普遍存在下述几个方面的问题。

1. 网站数据内容较少

网站页面数量较少且更新频次较低是大多数中小企业网站存在的问题。企业网站作为公司新闻和企业产品的发布平台，因为没有足够多的内容，无法每天发布企业新闻和新产品，当用户打开网站，发现都是多年前的陈旧内容，这会严重影响用户的感受，降低用户浏览体验。

想要解决这类问题，还需要 SEO 人员安排合适的内容，定期去更新。具体安排什么内容，需要根据企业的实际情况来定。

2. 内部链接和外部链接数量少

链接是传递权重的重要途径，网站内部链接设置合理、外部链接数量多，可以提升网站的权重。但是微型网站网页数量和收录量一般比较少，内部链接也不会很多。而网站内部优化没有做好，网站数据差的话，也很少有权重高的网站愿意与之交换友情链接。另外中小企业不同于互联网公司，对 SEO 的认知较低，付费做外链建设可能性较小。最终导致网站内部链接和外部链接数量都比较少。

3. 技术实力偏弱

过去几年在互联网热潮引领下，中小企业网站如雨后春笋般纷纷涌现。但传统企业对网站 SEO 认知较浅，一般并没有自己独立的网络运营人员，企业网站运营维护和管理方面多数依赖于外包服务商，而后者在运营和维护上没有针对企业实际情况量身定制，效果大打折扣。

4. 冷门行业关键词搜索量较少

曾有人提问：“公司是做发泡材料的，我已经把公司产品词优化到首页前三了，但是依然没有流量该怎么办？”这是由于网站目标关键词搜索量较少造成的，这类问题也是中小企业网站优化常见的问题之一。图 7.5 所示为某冷门行业关键词的搜索指数。

图 7.5　冷门行业搜索指数示例

7.2　微型网站优化策略

微型网站在优化过程中存在多种问题，因此想要将微型网站优化好，提升网站排名，还需要采取合适的优化策略。

搜索引擎会根据相关性和权重来计算页面的权重，因此微型网站想要提升页面排名，既需要提升页面权重，也需要提升相关性。对于微型网站，SEO 可以从网站内部链接建设、网站内容、网站收录、外部链接等几个方面来进行优化。

7.2.1　网站内部链接建设

合理的内部链接建设可以为网站各页面传递权重，有利于页面排名的提升。因此对于微型网站来说，网站内部链接建设是很重要的一个因素。

合理的网站内部链接建设可以最大化地使用网站内部链接，目的是向目标页面集权，如图 7.6 所示。

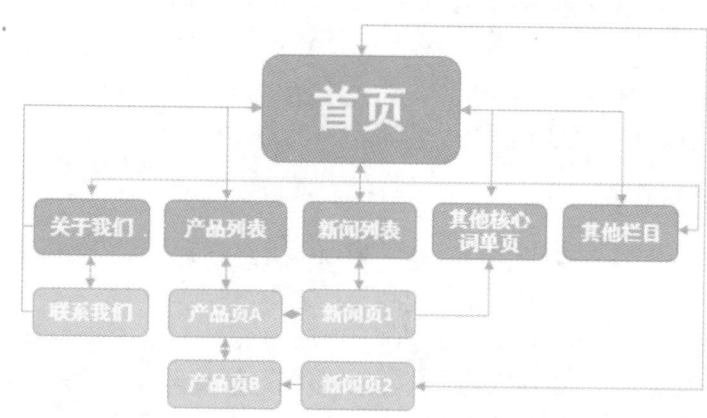

图 7.6　合理的网站内部链接建设

网站内部链接建设应符合以下逻辑：
- 所有页面都有链接指向首页。
- 首页链向栏目页以及部分重点产品和重要/最新内容页，所以网站栏目导航和新闻更新需要出现在首页。
- 栏目页链向网站同级栏目和相应栏目的子页面文章页。

需要注意，有些链接对提升排名的作用不大，但是为了用户体验又不得不放在导航处，比如"企业简介"和"联系我们"等。这种情况应当给这类链接加上 nofollow 属性，防止页面权重分散，让有限的权重集中在重点页面上。

另外，首页是一个网站中导入链接最多的页面，需要有可更新的资讯和产品模块。在优化过程中，SEO 人员可以根据网站的实际情况，在首页添加可以更新内容的模块，如"最新资讯""热点新闻"等，这也是为网站首页增加内部链接的方法。

在实际工作中，SEO 人员所承担的职责，还包括网站的转化。首页是一个网站中流量最大的页面，因此首页需要有利于流量转化的模块，如增加网站公信力的资质荣誉、宣传视频、品牌背书、知名合作机构、客户留言、注册等元素模块。

7.2.2 巧用文章锚文本来"投票"集权

优化微型网站，可以合理利用文章页中的关键词。在更新网站文章时，利用关键词做锚文本链接，向其他页面传递权重，提升关键词排名。

发布文章时，按照文章页关键词布局原则，尽量融合两三个关键词，以锚文本的形式链接到对应关键词的目标排名页面，图 7.7 所示是为关键词设置锚文本链接跳转到其他栏目页。按照这一原则，当网站有多个页面使用同一关键词锚文本 A 链向目标页面 A 时，对页面 A 的搜索结果排名提升有帮助。

一阵秋雨一阵凉，你感受到秋天的阵阵凉意了吗？俗话说：秋天到，换秋装，秋衣秋裤穿起来，北京也和你一样换上秋装了呢。在这值得纪念的季节，很多人愿意出去旅游，记录下这美好的一幕。那么，去北京旅游，北京秋季值得去的旅游景点有哪些呢？北京秋天旅游哪些景点能给你暖意呢？

秋季<u>北京值得去的旅游景点</u>还是非常多的，在这里向你推荐7处好去处，你会心动吗？

百里山水画廊　　http://www.seobdqn.com/jingdiantuijian/

百里山水画廊景区的景点就像是镶嵌在北京郊区的一颗颗珍珠，这些珍珠串在一起组成了一串秀美的手链。

图 7.7　为关键词设置锚文本链接跳转到其他栏目页

使用文章页做锚文本内链需要注意：严禁所有关键词都导向首页，应该每个页面重点推一个关键词，不同的关键词链向不同页面。

7.2.3 增加网站内容页收录

通常来讲，增加网站收录量的最好方法是按规律更新原创内容，但对于多数 SEO 人员来说，每天更新一定数量的原创文章工作量比较大。因此需要寻找其他有效方法。

搜索引擎判断文章是否是原创的原理，是在搜索引擎的索引库中查询是否存在与被搜索页面 HTML 字符相似度超过 50%的页面。因此可以通过调整内容页结构来提高网站收录率。即利用网站结构的数据库调用规则，采用填充法、分页法来实现每个页面对搜索引擎来说都是独一无二的原创页面，让抄袭的内容也被收录。

1. 填充法

在页面模版上，正文以外的部分可随机调用：如随机调用最新文章、每周热门榜、关键词相关推荐、文章列表等，增大非正文部分内容在页面所占的比例，让整个页面 HTML 代码跟原始页面 HTML 代码重合率降低，如图 7.8 所示。使用此方法需要注意，谨防网站的多个页面非正文部分重合率太高，因此各种调用需要实现每个页面随机调用，避免生成的众多静态页相似度太高。

图 7.8　填充法原理

2. 分页法

可以利用分页法将原始页面分成若干个页面，左右上下加一些其他栏目文章列表，降低网站 HTML 代码与原始页面的重合率，提高页面被收录的几率，如图 7.9 所示。使用此方法需要注意的是，"我的页面 1" 和 "我的页面 2" 中原页面的部分要随机调用，避免出现 "我的页面 1" 与 "我的页面 2" 重合率太高而造成不能收录的情况。

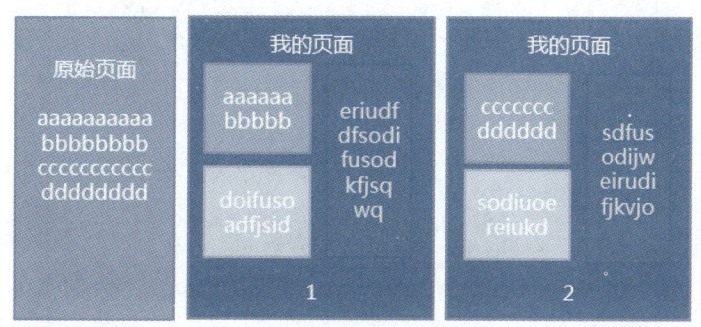

图 7.9　分页法原理

7.2.4　建设高质量外部链接

外部链接是微型网站优化的一个重要因素，可以为网站带来更多的流量入口，也可以为目标页面传递权重。因此优化微型网站时，SEO 人员需要重点关注网站的外部链接。随着搜索引擎算法的不断更新，搜索引擎对于外部链接的质量要求越来越高，只有高质量的外部链接对网站优化才有作用。

网站外部链接的发布方法有很多，如目录提交、论坛、博客、百度文库、百家号等，具体发布方法可以参照 5.2.1 节。

7.2.5 建设高效率友情链接

在外部链接建设中友情链接也是必不可少的一环。网站通过友情链接带来站外高质量"投票",增加中小企业网站的权重,毕竟这个时代合作才能共赢。中小企业网站不像大型门户网站那样拥有多个二级域名来自建链接联盟,所以,友情链接显得尤为重要。交换友情链的渠道有很多,例如友情链接交换平台、QQ群交换、百度搜索行业关键词等方法,具体操作方法可以参照5.2.2节。

7.2.6 其他优化技巧

优化微型网站,除去上述几种优化技巧外,还可以从哪些方面进行优化呢?

1. 诚信指数

诚信指数是指通过对一些高质量网站的分析,给出一个"诚信"网站应该有的一些指标,并用这些指标来分析一个网站的诚信度。诚信度越高,越利于关键词排名的提升。这些诚信度指标包括:网站是否在工信部有备案、是否有详细的联系方式、是否有版权说明及企业介绍、是否有加入百度的信誉认证、其他安全联盟或可信网站认证等。

图7.10是www.zmnedu.com的百度信誉认证查询结果。

图7.10 百度信誉认证查询

2. 网站地图

网站中添加网站地图,可以为搜索引擎蜘蛛提供抓取的入口,并且能增加网站的收录量。微型网站最好也添加网站地图。

3. URL结构

一般情况下,中小企业网站结构分成三类页面:首页、栏目页、内容页。因此URL层级需要控制在三层以内(含),便于搜索引擎抓取和收录。例如某企业网站内容页路径为

http://www.yc19.net/xwdt/032297.html，层级为三层，利于收录。

另外要避免使用动态 URL。因为动态路径不能保证网页内容的稳定性和链接的永久性，所以动态网页很难被搜索引擎收录，要避开使用，图 7.11 所示为动态 URL。

图 7.11　动态 URL

4．合理撰写页面的 title、keywords、description

搜索引擎会根据 title、keywords、description 中的内容进行索引，因此在撰写页面 title、keywords、description 时，要合理布局目标关键词。对搜索引擎来讲，每一个页面都是独立存在的。因此 TDK 也应该具备唯一性，避免出现多页面抢同一个词或关键词堆砌的现象。图 7.12 所示为多个页面使用同一个 title 的结果。

图 7.12　多页面用同一个 title

5．标签优化

合理使用标签，有助于提升关键词与页面的相关性，因此微型网站优化也需要注意标签的应用。

例如<h#>标签、<strong>标签、<img>标签的 alt 属性等都有很重要的作用，具体使用方法可以参照第 4 章。

7.3 网站外包建设注意事项

对于中小企业来讲，大多数没有自己独立的网站运营和技术团队。因此，还会涉及网站外包建设的情况，在与服务商对接的过程中需要注意下述几点，以避免给后期维护优化增加困难。

1. 网站开发语言和空间类型

将网站维护工作外包出去时，需要将网站的开发语言、空间类型等具体要求告知外包公司。

- 要求 PHP+MySQL、虚拟空间能提供 FTP 账号密码。
- 网站 CMS 是主流建站程序（如 PHPCMS、WordPress 等）。
- 做大陆业务需把空间放到国内，域名需要在工信部做好备案。

2. 网站界面

网站界面在各主流浏览器中不变形，使用规范的代码编写。

3. 网站主要内容

网站主要内容包括：新闻模块、产品模块、服务分类、经典案例、产品搜索功能、关于我们（公司简介、公司资质、发展历程、联系方式）、在线留言、会员登录（视需求而定）、评论功能（视需求而定）。

4. 网站主导航

使用文字导航，不要使用图片、JavaScript 实现导航。

5. 网站首页内容

首页应包含公司简介、产品分类列表、可更新文章的模块、流量转化模块、推荐产品、友情链接、底部版权信息。其中流量转化模块包括经典案例、产品优势、宣传视频、品牌背书等。

6. 带移动设备网站功能

要提供移动设备浏览网站的功能，且每发布一篇文章自动一对一生成移动文章页 URL。

7. SEO 功能

要遵守下述要求：

- 前台布局使用 DIV+CSS、JavaScript 代码。CSS 代码应采用外部调用式，要保证页面代码简洁、安全。
- URL 实现静态或者伪静态，层级不超过 3 层。
- 首页、栏目页、产品分类页或者单页面要能自定义 title、keywords、description。
- 设置好 robots.txt。
- 做 404 错误页面。
- 做 301 跳转，能生成网站地图。
- <h1>、<h2>标签使用合理，要用在有重点关键词的地方，而且每个页面限用 1 次。
- 能添加关键词生成 TAG 页面，能实现关键词锚文本自动生成。

7.4 案例分享

案例：深圳沃德一佳科技有限公司网站优化误区

【案例描述】

深圳沃德一佳科技有限公司的官网，网址是www.szwdyj.com，该网站基本数据如图 7.13 所示。

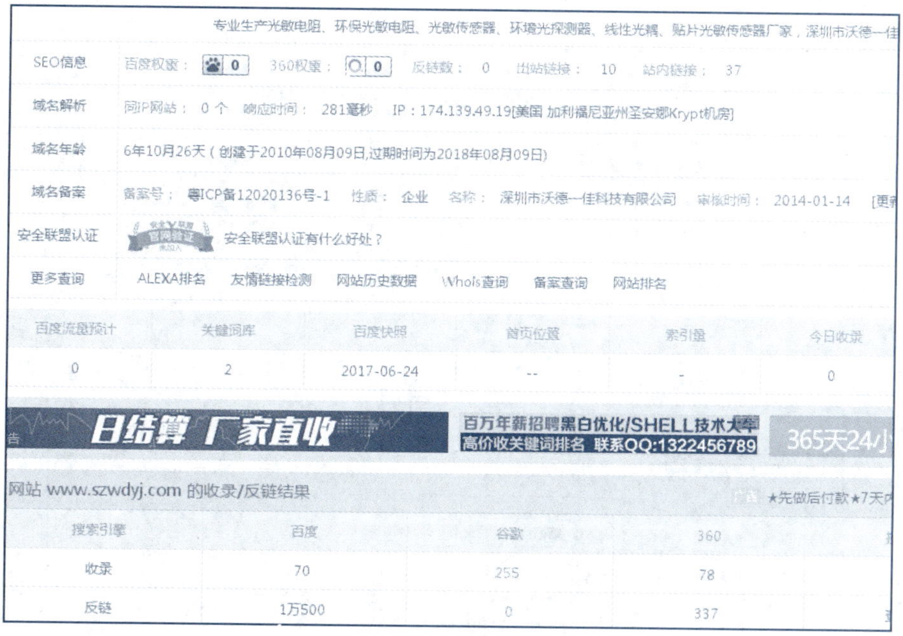

图 7.13 网站基本数据

对于一个 6 年 10 个月的网站来说，百度权重为 0，收录量为 70，数据是比较差的。在浏览该网站过程中，发现网站存在一些优化误区。

【案例分析】

浏览该企业网站后，发现存在以下几个问题：

（1）存在动态页面

网站中存在动态页面，动态页面不稳定，不利于网站的收录。例如网站中某页面的链接为http://www.szwdyj.com/productshow.asp?ArticleID=S92QX56U1Y，该链接为动态链接。

（2）导航为图片导航

首页导航均为图片且没有加 alt 属性，如图 7.14 所示。

（3）首页缺少文章更新版块

通过浏览网站首页发现，首页没有文章更新的版块。对于企业网站来说，不规律更新内容，是不利于网站收录增加的。

（4）内容页不利于收录

新闻内容页使用的是全站固定模板，除了正文以外其他部分全部为固定内容，如图 7.15 所示，而且文章质量并不是很高。

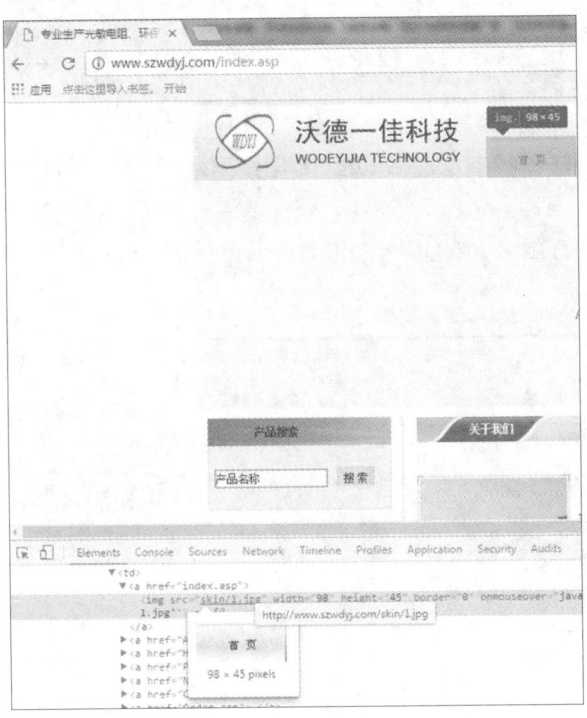

图 7.14　首页导航

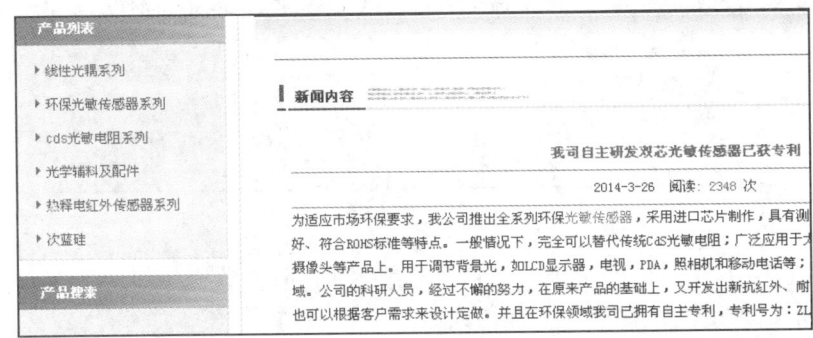

图 7.15　深圳沃德一佳科技有限公司官网文章页

（5）内容更新频率低

该网站可更新内容的版块很少，公司新闻是其中之一，但是内容更新频率很低，图 7.16 所示是公司新闻版块文章更新列表，从中可以看出最新一次更新是 2014 年，这也是导致网站内容收录量低的一个重要原因。

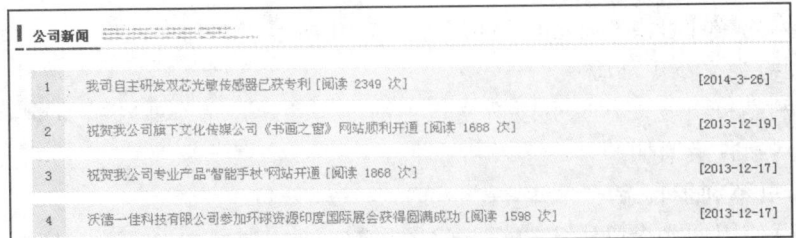

图 7.16　公司新闻版块文章更新列表

（6）友情链接数量少

如图 7.17 所示，该网站友情链接数量少，而且质量差。没有链接导入，网站无法从站外获取权重导入，这也是导致网站权重低的一个重要原因。

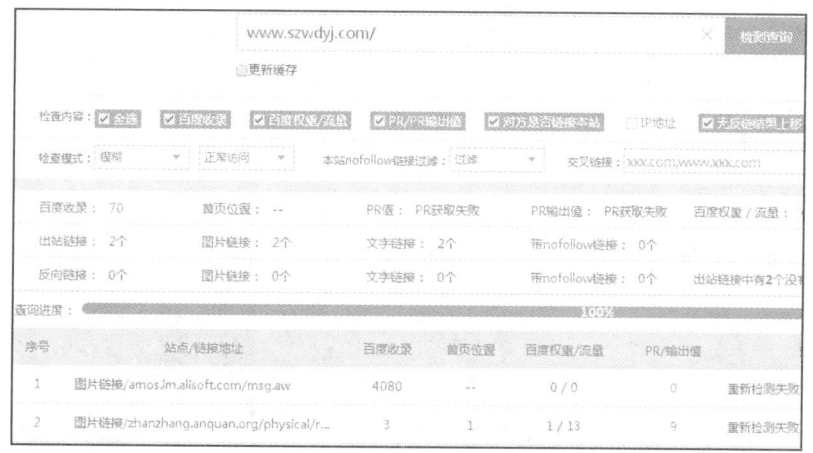

图 7.17　网站友情链接查询数据

根据上述分析可以发现，导致该网站权重低、收录低的原因，主要是优化不到位，存在多种优化误区。因此，想要提升该网站数据，还要参照微型网站的优化策略，做好每一步优化。

章节总结

本章主要介绍了以下内容：
- 微型网站的特征。
- 常见微型网站的类型。
- 微型网站优化策略。
- 企业网站外包建设的注意事项。

作业

一、简答题
1. 简述微型网站优化常见的问题。
2. 简述微型网站的优化策略。

二、实战题

请分析京翰教育（jinghan.jiaotou.org/）网站 SEO 优化中存在的问题，并给出解决方案。

随手笔记

第 8 章

大型网站 SEO

【学习目标】

- 了解什么是大型网站
- 了解大型网站的特点
- 学会大型网站的基本诊断方法
- 掌握大型网站的优化策略
- 学会解决大型网站中 SEO 和用户体验之间的冲突
- 学会解决大型网站中 SEO 和技术实施之间的冲突

【导读】

通常，大型网站的站内页面较多、数据量较大。这种网站可以解决 SEO 权重提升中的一个重要问题，即内容规律更新的问题。微型网站经常面临着可更新内容枯竭的问题，无法保证正常的内容更新，所以不得已去抄袭其他网站，或者做伪原创内容。

大型网站拥有海量可以更新的内容。无论是像新浪、搜狐这样的大型新闻门户网站，还是像京东、亚马逊这样的电商巨无霸，内容更新可以做到每日甚至每时更新的程度，甚至到了臃肿的地步。

因此，大型网站在进行优化时，与微型网站有一定的区别。本章会介绍大型网站优化的思路，帮助 SEO 人员掌握大型网站的优化工作。

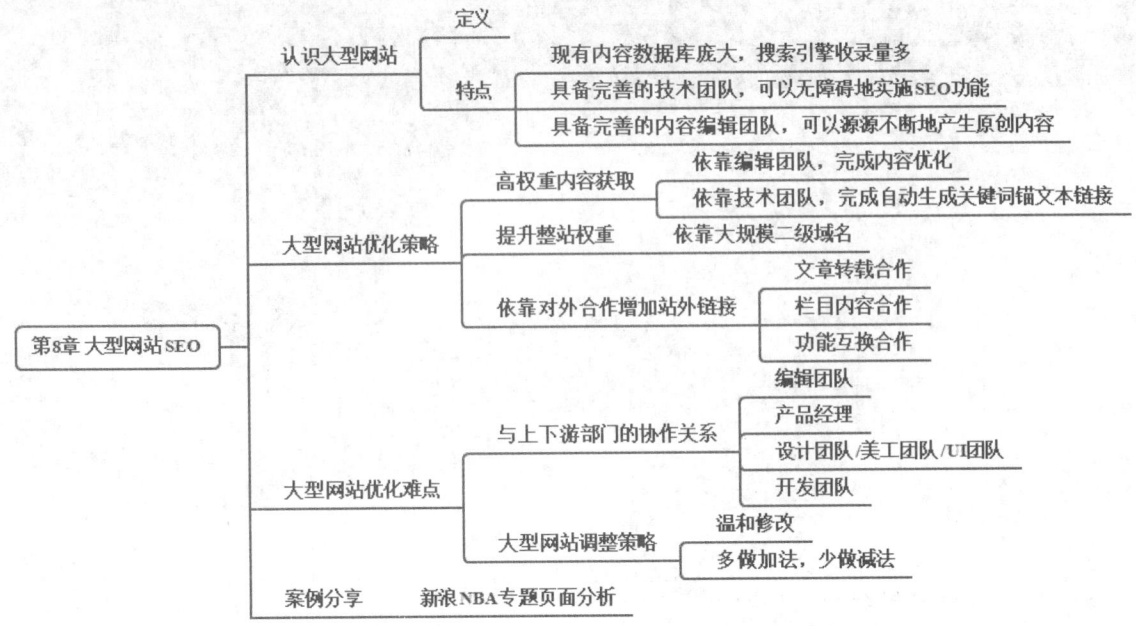

8.1 认识大型网站

实际工作中，不少 SEO 人员负责的是大型网站的优化。与微型网站相比，大型网站优化起来要复杂一些。而想要知道如何去优化大型网站，我们首先要认识大型网站。

大家都知道大和小是相对的，所以这里所说的大型网站和微型网站也是相对的。一个行业中的大型网站和另一个行业中的微型网站相比，前者的网站数据量可能是较小的。比如石油化工行业中非常大型的企业网站和一个小地方新闻网站相比，在数据量上来说，前者就是小得不能再小的网站。

因此首先要明确大型网站的定义。大型网站具有以下特点：

- 现有内容数据库庞大，搜索引擎收录量多。
- 具备完善的技术团队，可以无障碍地实施 SEO 功能。
- 具备完善的内容编辑团队，可以源源不断地产生原创内容。

只有同时具备以上三点的网站才可以称为大数据量网站。只满足其中的一点或者两点，甚至一点都没有满足的网站，无论其现状如何，都很难从 SEO 角度大幅提升整站权重或者优化效果。

既然满足上述三个特点的网站属于大型网站，那么我们对这三个特点进行详细分析。

1. 现有内容数据库庞大，搜索引擎收录量多

数据库庞大和搜索引擎收录量多不是相对的，而是有一定的数据门槛。一般来说，行业内把网页收录量超过 50 万、内容数据量超过 100 万的网站叫做大型网站。从这些数据的规模就可以知道，大型网站不是个人网站或者一般的企业网站可以在短期内产生的，可能是一个专业的互联网公司，或者电子商务网站，或者大型论坛。图 8.1 所示是腾讯企业网站的收录量（数据仅供参考，以实际查询结果为准），这是一个很有代表性的大型网站案例。

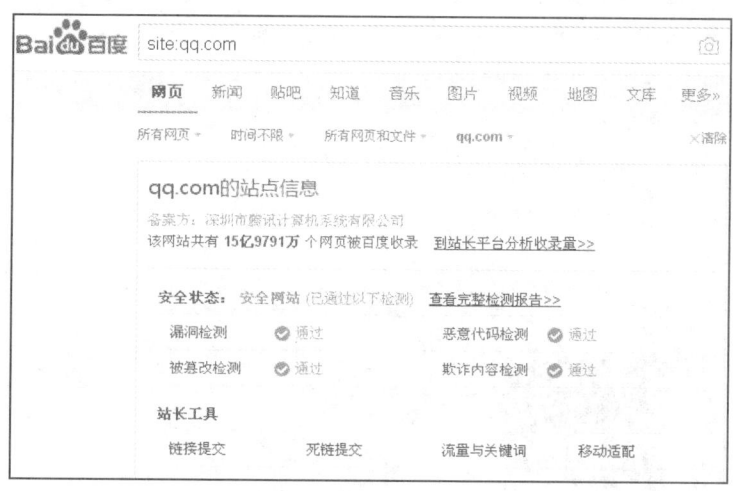

图 8.1　大数据量网站数据展示

从图 8.1 可以看到，腾讯网站的收录量是 15 亿 9 千多万，该数据是小型网站无法达到的，是典型的大型网站。

在图 8.1 中，大家可能发现：收录量查询的是 qq.com，而不是 www.qq.com，这其实是大型网站的典型做法。大型网站会建立众多的二级域名用于放置不同的内容，同时这些二级域名之间还会存在大量的链接。图 8.2 所示是 www.qq.com 的收录量，收录量只有 19514。因此建议 SEO 人员，查询网站收录量时要习惯性地查询顶级域名，而不要查询 www 下的内容，否则会和真实情况有非常大的偏差。

图 8.2　腾讯网 www 域名收录

2. 具备完善的技术团队，可以无障碍地实施 SEO 功能

在 SEO 实施过程中，大型网站会面临非常多的技术调整，比如多个页面的 title、keywords、description 的编写，绝不可能是 SEO 人员一个一个手动完成的。因此需要 SEO 人员制定一个完善的方案，交由技术人员实施完成。图 8.3 所示是一个依靠技术实施 SEO 功能的例子。

如图 8.3 所示，页面中的所有内容都是关键词锚文本。当进入到佳能相机相关的页面时，展示的内容都是佳能相机的排行。进入到尼康相机的页面时，展示的内容都是尼康相机的排行。

无论是佳能相机的相关页面还是尼康相机的相关页面，数量都是百万级的，这些排行内容要根据最新机型的上市而发生变化。因此这个看似简单的站内链接功能依靠人工是不可能完成的，只能依靠技术人员通过程序算法来实施。

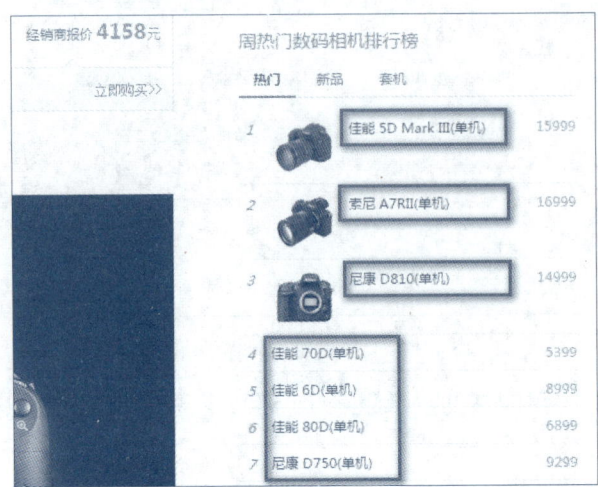

图 8.3　关键词锚文本链接技术实施

这是 SEO 功能和用户体验相结合的案例。从 SEO 的角度出发，希望页面之间有足够的关键词锚文本链接，而且链接的页面之间的内容是相互关联的。因此依靠一个对实际访客非常有用的"数码相机排行榜"的小功能实现了 SEO 的需求，同时也实现了用户体验的需求。这个设置是非常巧妙的。

3. 具备完善的内容编辑团队，可以源源不断地产生原创内容

真正的大型网站都是具备完善的内容编辑团队的，很多新闻门户网站和行业门户网站可以有非常好的内容更新，以及产生原创内容的能力。

像腾讯新闻、新浪新闻、搜狐新闻等大型新闻门户网站中，人数最多的职位就是编辑。这样的配置和传统的媒体公司，如报社、杂志社的安排是类似的。通过大量富有创意的编辑人员可以快速产生大量有价值的，而且有吸引力的原创内容。这些内容在吸引真实读者的同时，也极大服务于网站的 SEO 工作。

例如在一些大型门户网站的文章中，可以看到有"责任编辑"这个内容，如图 8.4 所示。一般来说，在大型新闻门户网站都设有责任编辑的职位。这个职位负责编写内容，或者审核转载的内容是否合法。

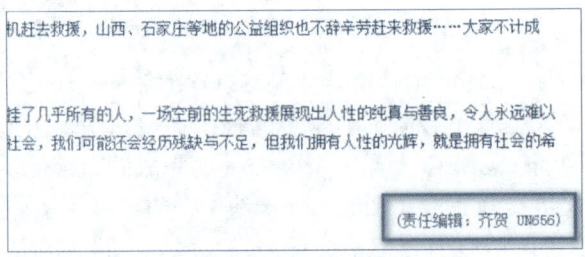

图 8.4　大型网站文章页面

图 8.5 可以简单说明一个大数据量网站每天会更新多少内容。

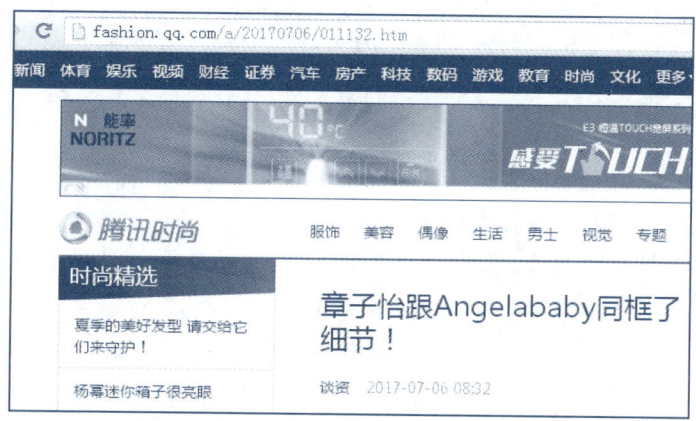

图 8.5　腾讯网时尚频道文章页

这篇文章的网址是 http://fashion.qq.com/a/20170706/011132.htm。在该 URL 中可以看到其中一个层级是/20170706/。它代表着这是 2017 年 7 月 6 日发布的文章，而后面的/011132.htm则说明这是当天发布的第 11132 篇文章。由此可以得知，腾讯时尚频道 7 月 6 日当天更新的文章数量是非常多的，在一万篇以上，我们只是随机打开了第 11132 篇文章而已。

这种海量信息的数据更新，一定是依靠一个非常强大的编辑团队才可以完成的。

8.2　大型网站优化策略

要优化大型网站，首先要明确其优化策略、优化思路，这样才能制定合适的优化方案。大型网站的优化与微型网站有一定的区别，这与两种网站的整体定位和盈利模式有着非常密切的关系。

微型网站中企业网站居多，从盈利模式来说，微型网站是要获取客户认同，留下相应的咨询信息，进而产生业务转化。因此微型网站在优化过程中关注的是精准的流量，希望可以为企业带来精准的客户，然后进行购买。

对于微型网站，SEO 的工作目的是：

- 获取精准流量。
- 留下精准的客户咨询信息。
- 确保转化好的关键词排名靠前。

通过以上几点可以看出，微型网站可以没有海量的流量，但是获得的流量要精准。从另一个角度来说，如果这些网站流量很大，较多关键词都拥有排名，但不能直接转化为销售额，就会占用网站的服务器资源，增加企业运营成本。

与微型网站相比，大型网站的特点就比较有针对性。大型网站一般是互联网公司或者媒体资讯公司，他们的生存盈利法则与微型网站是有区别的。大型网站要依靠海量的流量获取用户关注，然后通过广告的方式把这些流量卖给不同的企业，以赚取广告收入。

若要获得更多的流量，让用户在网站中停留的时间更长，要求网站有大量的关键词排名。因此大型网站的 SEO 工作方向可以是：

- 将更多的关键词排名提升上去。
- 进行 SEO 工作时充分考虑到用户体验，保持或增强访客的在线时间和访问深度。

因此 SEO 人员在优化大型网站时，工作内容可以围绕这两个大方向开展。

对于大型网站来讲，在进行关键词排名优化时，要明确自身在关键词排名方面存在的优势和优化难点。

- 优势：内容多，链接数量多，网站权重高。
- 难点：需要提升排名的关键词数量多。

例如腾讯网，内容收录量 15 亿 9 千多万，外部反向链接 167 万多条，如图 8.6 所示；网站权重 9，如图 8.7 所示。对于这样的数据量来说，想要提升关键词排名，优势还是很明显的。

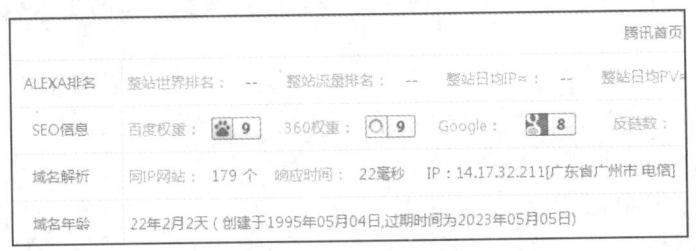

图 8.6　腾讯网外部反向链接

图 8.7　腾讯网权重

像这类大型网站，想要获得大量的关键词排名，在整个实施过程中，要充分利用网站现有的资源。

大型网站关键词排名提升策略的重点包括：

- 网页内容：依靠编辑和技术人员的力量。
- 站内链接：二级域名配合关键词锚文本。
- 站外链接：对外合作为主。

8.2.1　高权重内容获取

网站中获取大量高质量内容对网站权重提升有帮助，进而提升关键词排名。而大型网站想要获取高权重内容,可以通过两种方式来实现。

1. 依靠编辑团队和技术团队打造高权重内容

大型网站在内容方面具有天然的优势,每日更新的内容非常多。如果内容安排得当,整体权重提升效果会非常好。

网站内容想要具有良好 SEO 表现的内容,需要在关键词布局和正文链接方面有很好的安排。下面是具有优秀 SEO 表现的内容特点:

- 标题和正文包含高流量关键词。
- 正文中的高流量关键词要以锚文本的形式链接到该关键词的主推页面上。

在图 8.8 中可以看到该网站有两个重点关键词,分别是"短裙"和"连衣裙",这两个关键词和网站网址的对应关系如表 8-1 所示。

图 8.8 具有优秀 SEO 表现的内容

表 8-1 关键词和网站 URL 的对应关系

关键词	对应 URL
短裙	http://www.7y7.com/fushi/duanqun/
连衣裙	http://www.7y7.com/fushi/lianyiqun/

对于整个网站的所有页面,按照表 8-1 中关键词和 URL 对应关系,当访客搜索"连衣裙"的时候,http://www.7y7.com/fushi/lianyiqun/页面最好能排在百度首页。需要注意,该链接的 URL 中包含"连衣裙"的拼音,URL 后面是"lianyiqun"。采用这种方法可以进一步将关键词与页面权重相关联,从而提升网页中这个关键词的权重。

按照这种方法操作的效果如何呢?

通过图 8.9 可以看到,在百度搜索"连衣裙"的时候,该网站相对应的页面排在百度的首页。

这种方法是网页关键词排名提升的必要条件,而不是充分条件。支持排名上升的还有很多其他因素,比如链接的数量、整站的权重、页面代码优化等一系列工作。但是页面内容中关键词布局以及关键词锚文本的重要性也不言而喻。

图 8.9　关键词锚文本链接页面排名

需要注意，通常情况下网站的内容由编辑人员来撰写，但并不是每个编辑人员都知道 SEO 是什么。因此编辑人员写文章时，无论是标题还是内容中都很少有大量的关键词。最重要的是，很多编辑人员不知道如何设置文中的关键词锚文本链接。要想在网页的正文中包含关键词锚文本链接，可以采取以下两种做法。

- 对编辑团队进行培训，并向其领导建议增加考核内容。
- 寻求技术人员的协助，让文章中出现相应关键词的时候，自动替换为已经设置好的关键词锚文本链接。

下面针对每种做法做比较详细的介绍。

（1）依靠编辑团队，完成内容优化

SEO 人员需要制定详细的编辑人员培训课程，定期进行培训，让编辑人员在写文章时有意识地为每一篇文章设置关键词，在正文中设置合适的关键词锚文本链接。这时一般会面临跨部门沟通，实施过程中难度较大。培训完成后，编辑人员的执行程度可能会存在各种问题，尤其是在员工变更、新员工入职的时候，实施的效果会更差一些。

遇到这种情况，最好的方法就是与编辑部门的管理人员沟通，将该工作内容作为编辑人员的工作标准。在与编辑部门主管沟通、协调时，要注意下面两个要点：

- 沟通时足够地尊重对方，不要用指挥的语气进行沟通。
- 将自己的做法变为编辑部门完成业绩的重要支撑要素。

与编辑部门的管理人员沟通时，说话要和善，不要用强硬语气，这是沟通协作的前提条件，而第二点才是核心内容。

一般来说编辑部门 KPI（考核指标）是文章阅读量。因此可以和编辑部门的管理人员沟通，向编辑部门员工说明：编辑写文章时如果有 SEO 的技巧，可以大幅提升文章的阅读量。如果整个部门的编辑都具备这种能力，编辑部门的业绩完成就会很轻松。

如果 SEO 人员用一种让他人易于接受的语气把这项工作描述清楚，得到合作人员的认同，基本上百分之百可以得到编辑团队的支持。

（2）依靠技术团队，完成自动生成关键词锚文本链接

如果 SEO 人员不是很擅长与编辑团队沟通，就必须通过另外一条途径来实施，那就是通过技术人员利用技术手段，将文章中出现的关键词自动替换为关键词锚文本链接。这也是很多互联网公司的实施方法。实现的方式有很多种，包括：

- 固定重点网站，匹配相关关键词。
- 建立关键词与网址对应表，一对一精确匹配。

- 固定每个重点关键词，为关键词匹配相应的内容，然后生成页面。
- 不断新增关键词，依靠站内搜索功能，生成静态 URL 页面。

下面依次讲解这几种方式的实现思路。

第一种方式：固定重点网站，匹配相关关键词。

这种方式可以极大地节省人力成本，但需要企业有足够的技术实力才可以实现。实现后，页面效果与编辑制作的没有任何区别。通过 HTML 查看页面代码也没有任何区别。但是在网站后台程序方面却是有相关设置的，如图 8.10 所示。

```
'http://www.0755bdqn.com/special/xiaoqu','mo' => 'http://m.0755bdqn.
            1=>array('name' => '深圳信狮','pc' =>
'http://www.bdqngw.com/special/ppzly','mo' =>
'http://m.bdqngw.com/huati/287.html'),
            2=>array('name' => '东莞金码','pc' =>
'http://www.0769bdqn.com/special/zhly','mo' =>
'http://m.0769bdqn.com/zt/show-84-694-1.html'),
            3=>array('name' => '广州嘉华','pc'=>
'http://www.jhbdqn.com/special/itpeixun','mo'=>'http://m.jhbdqn.com'
            4=>array('name' => '深圳金蛛','pc'=>
'http://www.kimait.com/html/ztlist/bdqn.html','mo'=>'http://m.jinzhu
            )
),
```

图 8.10　关键词锚文本自动生成

通过图 8.10 可以看到，依靠技术手段可将关键词和相关的重点链接进行匹配。如果页面出现相关关键词，就会自动变成含有这个关键词的锚文本链接。

图 8.10 所示是其中一种解决方法，即先确定几个要重点排名的页面，但不固定关键词。当关键词中出现相应内容的时候，自动匹配到相应的链接。这种方法使用的是模糊匹配的方式，也就是说关键词中如果包含相应的内容，就会和相应的链接匹配在一起，生成关键词锚文本。这样会大幅度地节省人力成本，但是在关键词精准度上并不是非常高。

第二种方式：建立关键词与网址对应表，一对一精确匹配。

这是绝大多数中大型网站采用的方式。首先建立关键词与链接的对应表。每当出现相应的内容时，关键词会根据对应表进行自动替换。表 8-2 是七丽时尚网的关键词和链接的对应表。

表 8-2　七丽时尚网的关键词和链接对应表

关键词	对应链接
羽绒服	http://www.7y7.com/fushi/yurongfu/
男装	http://www.7y7.com/fushi/nanzhuang/
百褶裙	http://www.7y7.com/fushi/baidiequn/
喇叭裤	http://www.7y7.com/fushi/labaku/
风衣	http://www.7y7.com/fushi/fengyi/
牛仔裤	http://www.7y7.com/fushi/niuziku/
毛衣外套	http://www.7y7.com/fushi/maoyiwaitao/
……	……

表 8-2 列出了七丽时尚网的部分关键词与网页链接的对应关系。将这些对应关系嵌入到网站程序中，经过程序设置，可以实现在整个网站中任何新出现的内容含有这些关键词时自动产生对应的链接。

这样制作的链接是一对一精准链接，便于权重的聚集和页面排名的快速提升。可以想象在这种思路的指导下，不断增加新的内容页，每一个新增的内容页只要被搜索引擎收录就可以形成一条链接。长此以往，只需要专心按这种规则添加内容，站内链接的问题自然迎刃而解。

第三种方式：固定每个重点关键词，为关键词匹配相应的内容，然后生成页面。

第二种方式是比较完美的文章内部优化方式，但整个方式实施过程中还是存在问题。当关键词过多时，没有足够的人员整理相关的关键词和页面的对应关系。为解决这个问题就出现了第三种方式，图 8.11 所示是关键词生成页面。

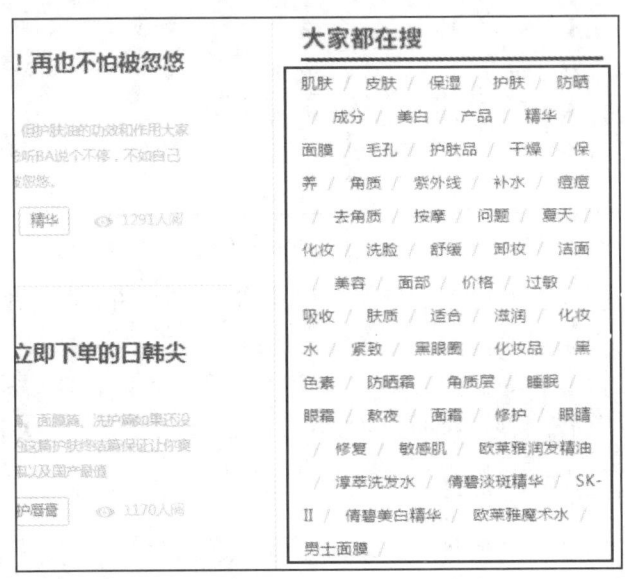

图 8.11 关键词生成页面

如图 8.11 所示，这种展现形式看起来不算很新奇，但是不同的栏目页，这一块区域的内容是不断变化的。这种方式就使得第二种方式实施的可能性几乎没有。我们可以预想一下，一个页面有 60 个关键词锚文本，这种巨型网站大概有上千万的数据量。如果手动建立一对一的对应关系，大约需要一个大型城市的人一起工作才可以完成。

使用第三种方式可以解决海量关键词与海量数据之间的对应关系，根据关键词来匹配现有的网站内容，形成以关键词为核心内容的聚合页面。通过这种方式可以解决三个重要难题。

- 通过程序的手段建立对应关系，省时省力。
- 根据关键词收集相应的内容组成页面，这种页面会使得所有内容与核心关键词相关，保证了页面权重的内容相关性。
- 以这种关键词索引的方式建立页面，理论上可以产生无限量的新页面。只要导入一个新关键词，这个关键词就会聚合相应的内容组成新页面。也就是说，只要有足够的关键词，就有足够的新页面。

图 8.12 展示的页面就是根据关键词聚合而来的新页面。该页面对应的关键词是"酒店"，因此页面的内容都是从网站中收集的各种和酒店相关的内容，并通过一种较为美观的样式展现出来。

图 8.12　根据关键词聚合内容

图 8.12 所示的页面就是该网站推广关键词"酒店"的唯一页面。在整个网站的站内链接中只要出现关键词"酒店"，就会被替换为与之对应的关键词锚文本。

第四种方式：不断新增关键词，依靠站内搜索功能生成静态 URL 页面。

这种方式其实和第三种方式非常类似，唯一区别是适用的网站有所不同，第三种方式适用于关键词长期存在的行业网站，绝大多数网站属于这种网站，而第四种方式适合于关键词暂时出现的网站。比如房地产网站，某些楼盘卖空之后，相对应的关键词也就变得不那么重要了。这一类网站的关键词经常发生变化，依靠导入关键词生成相关页面显得工作量过大，因此就出现了根据访客搜索词形成相应关键词而聚合页面。

也就是说这种页面中相对应的关键词最初是不存在的，是由访客发出的搜索指令。如果访客经常搜索同一个关键词，这个关键词就会聚合相应的内容形成特定的页面，同时生成关键词锚文本，出现在各个页面相应的 SEO 功能区域内。

与前面集中方式不同的是，采用这种方式形成的页面是完全对应市场需求的，以搜索功能作为关键词采集的入口，访客的搜索行为就是关键词对应表建立的过程。

在百度搜索关键词"深圳北站租房"时排在百度首页的网站是 58 同城。58 同城的数据量非常庞大，仅仅只是租房的业务就可以覆盖全国所有城市、所有小区，这个数据量级别已经不是第二种方式依靠人工来一一建立对应关系就可以解决的。如图 8.13 所示，网页的地址中含有"深圳北站租房"，页面中的内容是从整个网站中收集到的所有和深圳北站租房相关的信息。

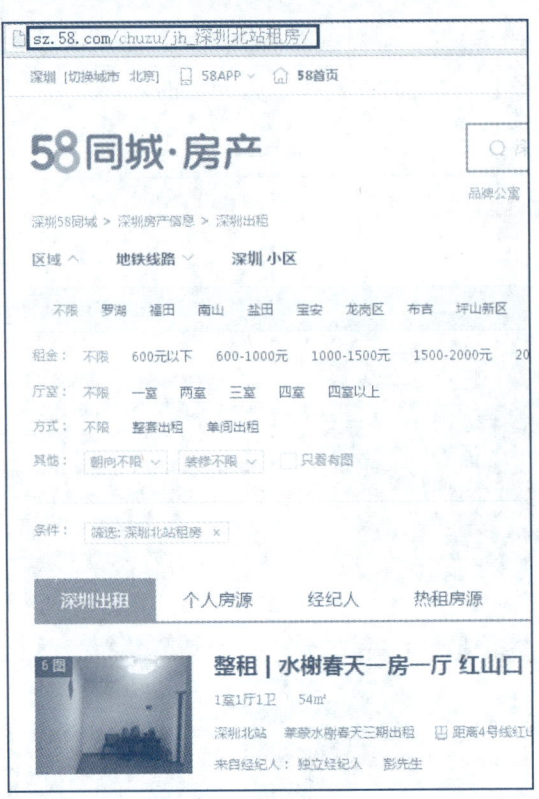

图 8.13　网站根据关键词生成页面

8.2.2　提升整站权重

搜索引擎会根据相关性和权重来计算页面排名，因此提升大型网站整站的权重对于排名提升也有帮助。

要提升大型网站的整站权重，可以依靠大规模二级域名。二级域名是一级域名之下的域名。如 baidu.com 是一级域名，zhidao.baidu.com 是二级域名，二级域名适用于大型网站。在网站优化过程中，二级域名链接可以为主域名提供链接支持。

二级域名链接相当于半个外链，效果较好。微型网站中不适合采用二级域名，因为数据量过小无法支撑一个二级域名保持权重所需要的数据，但是大数据量网站就非常合适。

采用大量二级域名的典型代表就是各大新闻门户网站，以腾讯网为例，图 8.14 是腾讯网二级域名群。

图 8.14　腾讯网二级域名群

在腾讯网首页最上方的导航栏中，点击任一个导航项，可以看到这些导航几乎全是二级域名的内容。查看首页下面内容的链接会发现每篇文章所在的二级域名几乎都有区别，大量各种二级域名的内容互相混合，形成一个庞大的二级域名群。

腾讯网的二级域名到底有多少呢？通过搜索引擎的 site 命令，可以查询到很多腾讯网的二级域名，如图 8.15 所示。

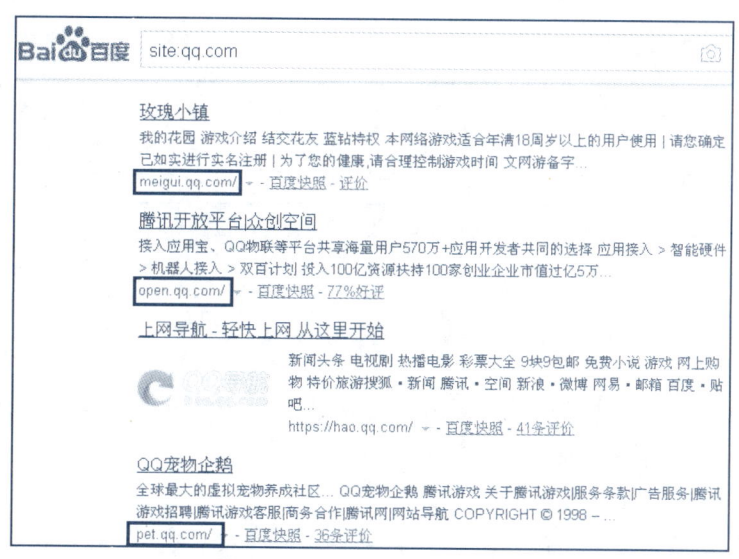

图 8.15　腾讯网部分二级域名展示

腾讯网不止有二级域名，除了类似 fashion.qq.com 这样的域名之外，还有大量的三级域名，如 zp.cq.qq.com。

如此多的多级域名构成了站内链接群，可想而知整体权重累计的效果会非常明显。

8.2.3　依靠对外合作增加站外链接

大型网站需要外链的时候，不可能根据关键词一个一个与别人互换链接，这样不仅效率低下，而且也很难获取有效的外部链接。因为大型网站的权重一般都高于其他网站，所以大型网站的合作都是建立在更深层的合作上。

大数据量网站获得站外链接拓展有以下几个策略：
- 文章转载合作。
- 栏目内容合作。
- 功能互换合作。

大型网站之间的合作很多，一般来说与 SEO 相关的合作以上述三点为主。

1. 文章转载合作

这一类合作最普遍、使用得最多。同样是大型新闻门户网站，在一般访客看来，他们应该是竞争对手。其实各大网站之间的关系是合作远远大于竞争。大型新闻门户网站最重要的核心产品是内容，内容的产出需要编辑团队，很难有一个公司有足够数量的编辑团队可以覆盖所有行业的方方面面。即使做到了，这种成本也是大得惊人的。

因此每个大型网站都专注于自己擅长的一两个领域的内容编辑与产生，然后通过内容互换的方式与其他网站进行内容互相转载。这样各个网站都会显得内容完善，使得访客无限仰视。

图 8.16 所示是腾讯网站中来源于南方日报的新闻。

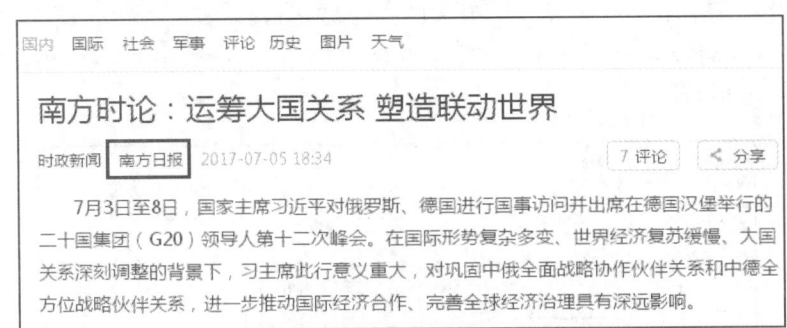

图 8.16　腾讯网站中来源于南方日报的新闻

点击页面中"南方日报"超链接就到达了南方日报网站。一个公司战略层面的内容合作，加一条链接就解决了权重传递的问题，从而使高权重网站之间站外链接的问题得到了很好的解决。

图 8.17 是腾讯网的一篇娱乐文章，这篇文章的来源是腾讯娱乐网，明显就是腾讯自己编辑团队的杰作。对于腾讯网其他栏目的文章来说，腾讯娱乐频道用的是二级域名，互相之间的权重传递也得到了较好的解决。

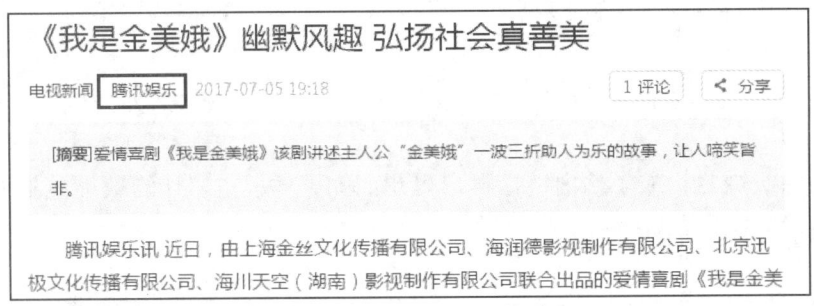

图 8.17　腾讯网娱乐文章

2. 栏目内容合作

文章转载合作虽然巧妙，但是毕竟只有被对方选取的内容才会获得链接。两个大网站之间虽然有合作，却不是非常紧密。其实在这之上有一种更紧密的合作方式，就是栏目内容合作，如图 8.18 所示。一个网站的主力业务会出现在另外一个网站的栏目导航上。

图 8.18　栏目内容合作

这通常意味着整个网站大部分的页面都会有指向链接，例如腾讯网，可以在栏目导航处轻松地找到"购物"这两个字。点击"购物"就进入京东网站，栏目内容合作的体现非常显著。

这种合作虽然深入，但是毕竟需要双方公司层面的高度认可才行，其实这已经不是一个 SEO 权重问题了。我们不能有相关的 SEO 需求的时候，就想着通过这种方式来解决。但一旦开展类似的合作时，不要忘记这个合作还可以顺便解决 SEO 方面的需求。

3. 功能互换合作

相比栏目内容合作这种战略级别的合作，其实功能互换合作还更容易开展一些，也就是合作双方互相提供对方需求的功能，在双方认可的基础上互相在页面上嵌入对方的功能。这种基于现实需求的合作容易开展，一般 SEO 人员也可以发起需求。

图 8.19 所示是新浪外语频道里具备在线翻译的功能，新浪和专门做在线翻译的爱词霸进行合作，由爱词霸提供技术嵌入到新浪外语频道中。作为交换，爱词霸中的会员展示体系可以直接调用新浪微博的功能，双方各取所需。

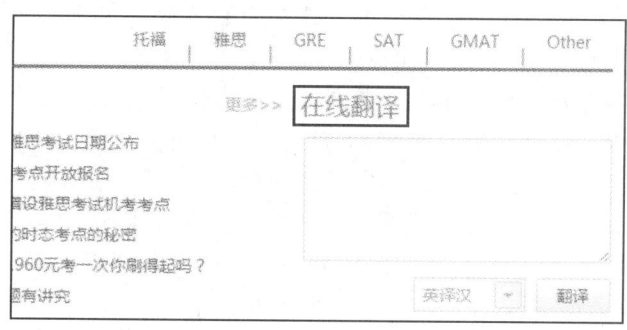

图 8.19 功能互换合作

这种合作建立的同时，SEO 方面的优化也在实施。在线翻译时关键词的权重就会传递给爱词霸。

上述三种策略都是现在很常见的大型网站间合作的方式，每次合作时，SEO 人员要有敏锐的思路和意识，要明确地想到是否可以以这些合作为契机，大规模地建立高质量而且稳定的站外链接体系。

第一种文章转载合作是绝大多数大型网站都可以开展实施的，方便易行，值得所有 SEO 人员尝试。

上述内容是大型网站优化策略中比较重要的三个方面，SEO 人员在优化大型网站时需要重点关注这三点，除此之外，像站内代码、URL 等细节方面也不可忽视。

8.3　大型网站优化难点

在优化大型网站过程中，也会遇到各种各样的问题，导致网站数据提升不上去。在实际工作中，困扰绝大多数 SEO 人员的不一定是技术层面的东西，有可能是整体协调中出现了问题，因此造成整个工作进度缓慢，或者无法持续。

只要是大型网站，就不会是很小的企业或者传统企业，在整个公司结构中会有多个部门负责网站的运营，不会像小型网站那样，整个网站都是由 SEO 人员来负责。因此优化大型网站的 SEO 人员需要了解自己对应的上下游部门是什么，应该与对口的其他岗位员工怎么交流。

8.3.1 与上下游部门的协作关系

一般情况下，优化大型网站配置的部门有：
- 编辑团队：负责产生内容。
- 产品经理：负责设计网站的各种功能模块。
- 设计团队/美工团队/UI 团队：负责让网站的颜值不断提升。
- 开发团队：负责将产品经理设计出的功能开发出来。

这四个部门基本上是互联网企业的标配，分别有自己的职责和自己的考核点。SEO 人员在日常工作中，需要与这四个部门进行沟通和协调。很多 SEO 人员进入公司之后，很容易迷失自己的方向。整个 SEO 工作包含内容和代码部分，各个环节都需要 SEO 人员参与，但是发现自己哪个环节也无法直接操作，会有一种无处发力的感觉。实际上这是因为很多 SEO 人员不了解大型互联网企业的运作方式造成的。

首先大型网站在服务器方面有非常严格的安全级别，就连开发团队的人都不可以接触完整的代码，更不会将网站后台直接给到 SEO 人员，任其自主地调整代码。其次编辑团队要以内容的深度和正确性为最重要的关注点，技术方面并不会做什么考虑。

SEO 人员要想开展工作，首先要找好自己的定位。在以上所有的职位中，其实 SEO 人员很像产品经理，以提升整体网站的 SEO 效果为最终目的，需要提出很多解决方案。方案提出后要和其他部门有良好的沟通协作，保证相应方案的确定和实施。在方案实施后，还要进行检测。图 8.20 就是大型网站 SEO 的工作流程。

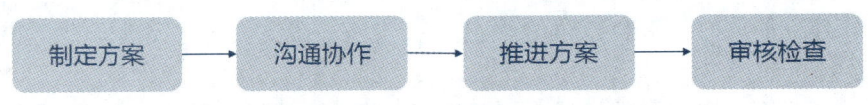

图 8.20　大型网站 SEO 工作流程

若要将大型网站的优化工作进行下去，需要有具体的优化方案，如何来推进方案，SEO 人员就需要了解与每个部门的沟通要点和方式，以促进方案的实施。

1. 编辑团队

部门职责：为整个网站生产内容。

沟通重点：要从 SEO 能提升内容的曝光率和浏览量入手来洽谈，要说明 SEO 工作能保证编辑团队更好地提升文章阅读数这个重要的编辑部门指标。

对接成果：多次 SEO 技能培训，重点讲解编辑人员写文章时如何通过 SEO 技能提升自己文章的阅读量。

2. 产品经理

部门职责：为整个网站策划功能。

沟通重点：网站流量越大价值越高，产品经理策划出来的产品使用的用户人数越多，对于产品经理的价值提升作用越大。策划的 SEO 功能要尊重产品经理关于用户体验方面的要求。

对接成果：符合产品设计理念和用户体验的 SEO 功能策划，最好将 SEO 功能直接添加在产品经理的策划中，能不单独提需求就不要单独提需求。

注意：SEO 人员与产品经理的关系至关重要。如果处理得当，将自己的需求和产品经理的需求合并，可以快速执行双方的需求。如果处理不当，双方抢着提需求，后面的开发人员会非常反感，进而让两方的需求都无法很好满足。

3. 设计团队/美工团队/UI 团队

部门职责：提升整个网站的美观度。

沟通重点：网站流量越大价值越高，设计团队的作品成果就会被更多人看到，对于设计部门的业绩提升也有更好的帮助。

对接成果：符合美观要求和用户体验的 SEO 功能设计稿。

注意：与设计团队对接和与产品经理对接有相似的地方。设计团队极为重视美观度。不符合美观度的 SEO 需求很难被设计部门接受。一般来说，不美观的 SEO 功能不易设计。因为数据量过大，不易设计的就会被放在页面不起眼的地方，如图 8.21 所示。

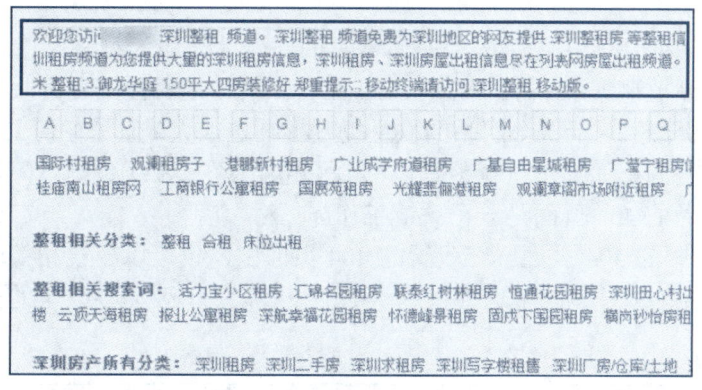

图 8.21　不美观的 SEO 功能

图 8.21 展示的是某分类信息平台的一个 SEO 功能，是为了产生大量的站内关键词锚文本链接而设置的。由于数据量很大，放置在醒目的地方很影响美观，因此就放置在了页面的最底端。

4. 开发团队

部门职责：开发所有策划出来的功能。

沟通重点：需要明确地提出需求，描述清楚希望实现的样子，多找案例进行展示。切记不要轻易指挥开发部门应该用什么方式来实现这种功能。这是开发团队的专业技能领域，不需要非开发人员来瞎指挥。

对接成果：完成相关的功能，在页面上成功展现。

8.3.2　大型网站调整策略

大型网站在进行各种大规模调整的过程中需要有一个明确的思路，那就是"稳妥压倒一切"。

虽然大型网站的权重都很高，但是如果做明显违背搜索引擎规则的事，还是会受到较大惩罚的。

大型网站调整时常见的 SEO 问题包括：

- 瞬间大改动。
- 改动不收尾。
- 不看前人做法。

这三方面的问题非常严重，而且比较容易发生。

1. 瞬间大改动

瞬间大改动是所有 SEO 工作的禁忌。很多运营微型网站的 SEO 人员对这点不是很在意，因为网站毕竟小，而且访客一般也记不住域名，因此业务只要还在开展，换多少个网站都无所谓。但是对大型网站来说，域名是非常重要的访客识别标识，轻易更改会造成严重问题。

例如京东商城的域名改动时，从 360buy.com 改为 jd.com，单纯从 SEO 角度来说，对于整体网站的损失很大，造成网站收录量大降，SEO 流量大降。当然京东的调整是符合战略需求的，而且流量可以通过付费方式进行购买，最后的效果还不错。但是京东的 SEO 做法并不是大家学习的榜样。

2. 改动不收尾

网站改动后没有收尾工作也是大型网站常见的问题。一般大型网站中，人员调岗频繁，很多做到一半的产品被搁置了下来。对于 SEO 工作来说，这种没有良好收尾的修改会产生大量的死链接和 404 页面。对于整个网站的权重提升影响也很大。但是任何大型公司，岗位调整是经常的且不可预测的。如果每次调整之后都会引起相应的 SEO 数据下降就很得不偿失。因此，如何设置好适当的 404 页面是一个关键工作。

图 8.22 是赶集网的 404 页面。在设置的 404 页面中，也可以放置相关联的链接，可以引导访客进入相关的内容页中。有了这种权重引导的设置之后，改动不收尾的问题会得到较好的弥补。

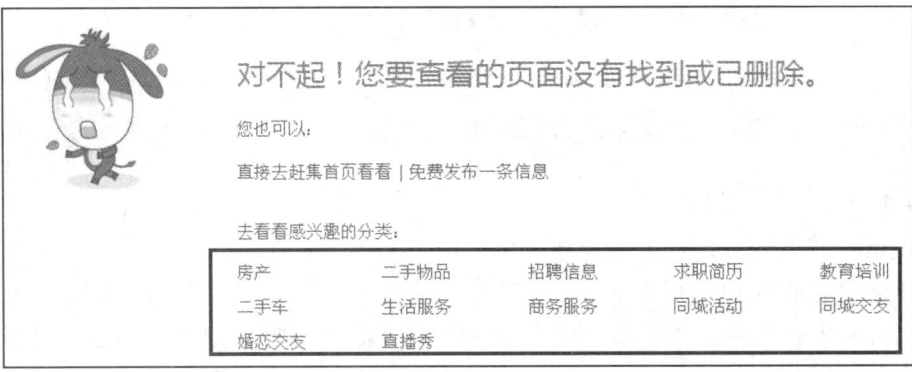

图 8.22　赶集网 404 页面设置

3. 不看前人做法

这其实也是由于岗位调整的问题造成的，不看前人做法最常出现的问题就是重复页面。

京东更换域名之后，由于域名跳转的问题，还有其他各个部门内容组织的问题，使得老域名的收录量依然很多，如图 8.23 所示。要知道老域名的内容和新域名是一样的，这就造成了大量重复页面。

虽然经过不断修正，重复页面已经减少了很多，但是现有的存量页面还是对京东整体的 SEO 造成较大的影响。

大型网站在进行调整时，建议采用以下 SEO 策略：

- 温和修改。
- 多做加法，少做减法。

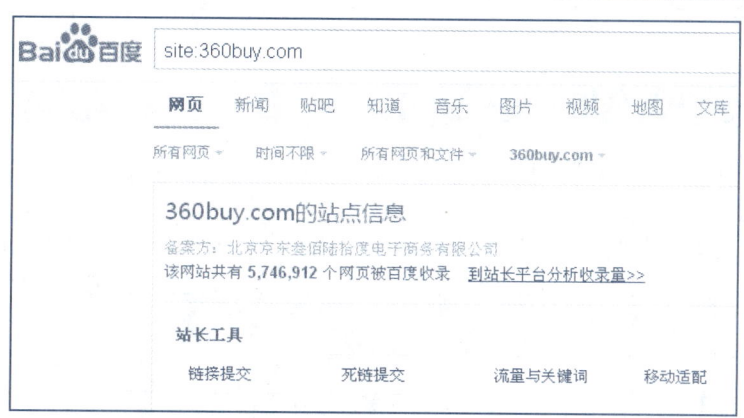

图 8.23 京东重复页面

优秀的大型网站在进行调整时,应该是渐进式的、稳妥的,做到多增少减。"温和修改"可能比较好理解,就是尽量避免大幅度的改动。

"多做加法,少做减法"也是根据 SEO 的特点决定的。单纯从 SEO 角度考虑,搜索引擎收录量是一个非常重要的因素。已经被收录的页面有可能为网站带来流量,这些流量尽量不要浪费。如果网站有不需要的栏目,不一定要删除。删除不需要的栏目,就等于把这些页面导出到其他有用页面的链接也删除了。因此只需要删除掉页面中导向无用页面的链接即可。

如果要增加内容也尽量在现有基础上不断地增加,不要做替换式修改。在这方面 YOKA 时尚网就做得非常好。

最初 YOKA 的 DNA 频道作为关键词聚合内容的一个承接目录,是用作大型网站站内链接使用的。后来这个目录的流量逐步增加,因此进行了大幅度美化,形成一个大栏目,同时开始分各种子栏目,如图 8.24 所示。

图 8.24 YOKA 子栏目 DNA

这种发展就是典型的大型网站策略。在无法轻易进行直接调整时,就增加一个栏目来承载 SEO 功能。SEO 功能区流量获取能力越来越强,就开始由流量引导不断扩充内容,增加赢利点。各个负责大型网站的 SEO 专员需要多学习这种工作思路,以快速提升整个业务的效果和业绩。

8.4 案例分享

案例：新浪 NBA 专题页面分析
【案例描述】

新浪，是大型门户网站之一，网站基本数据如图 8.25 所示。

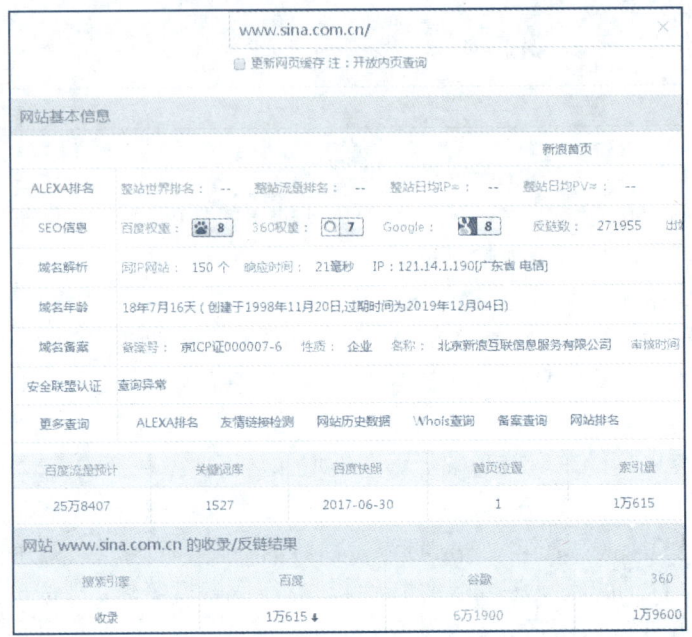

图 8.25 新浪网网站基本数据

以新浪网 NBA 专题页（http://sports.sina.com.cn/nba/）为例，在百度中搜索"NBA"，新浪 NBA 专题页出现在搜索结果页首页，分析其获得好的排名的因素。

【案例分析】

新浪网 NBA 专题页获得好的排名，可以从下述几个方面进行分析。

1. title、keywords、description 设计

新浪 NBA 专题页的 title、keywords、description 分别为：

<title>NBA|新浪 NBA|新浪竞技风暴_新浪网</title>
<meta name="keywords" content="NBA，NBA 季前赛，NBA 十佳球，NBA 中国赛，NBA 常规赛，NBA 中国赛，NBA 打架，NBA 总决赛，林书豪，库里，勇士，汤普森，三分，姚明，科比，湖人，易建联，麦蒂，麦迪，詹姆斯，韦德，乔丹，保罗，格里芬，尼克斯，火箭，小牛，热火，凯尔特人，NBA 全明星，全明星，全明星赛，NBA 全明星赛，扣篮大赛，扣篮">
<meta name="description" content="新浪 NBA，提供 NBA 中国赛、NBA 常规赛、NBA 总决赛、NBA 季后赛等；NBA 十佳球、NBA 快讯、NBA 视频、NBA 图片、NBA 赛程、科比火箭等 NBA 球员球队的 NBA 数据以及丰富的 NBA 知识。">

在新浪 NBA 专题页的 title、keywords、description 中融入了页面目标关键词，便于搜索引擎进行索引，提升关键词与页面的相关性，而且 title、keywords、description 的撰写符合搜索引擎的优化原则，有利于提升关键词排名。

2. 路径设计

新浪 NBA 专题页的路径为 http://sports.sina.com.cn/nba/，路径中带有关键词“NBA”，有利于提升关键词与页面的相关性，进而提升关键词排名。

3. 静态化页面

该专题页中的所有页面采用的是静态页面，静态页面有利于搜索引擎蜘蛛的抓取和收录，对权重提升有帮助。

4. 内容策略

该专题内容来源主要有两种方式：与报纸合作，原创性极高；新浪原创，新浪有很多编辑，制作原创不是问题。这两种方式创作的内容质量都比较高，而搜索引擎青睐高质量的内容，因此有利于网站收录的提升。

另外，内容更新频率非常快，NBA 专题页面每天原创文章不少于 100 篇，图 8.26 所示是某天更新的部分文章。蜘蛛抓取频率也比较高，收录量非常多，容易提升网站权重。

勇士520万揽板凳悍匪 小丁10分新高小牛胜
深度|一切补强只为詹姆斯!他们组4巨能打赢么?
扒一扒|NBA史上最炫酷的绰号 谁能与飞人争锋?
今日神吐槽：托马斯拍裸照？穿袜子就是三点式
夏季联赛：探花秀23+10 状元出彩76人仍负爵士
东部新贵有意火箭旧将 这浪子已经换过7个队
艺术家上线!1.2亿先生周日办演唱会 50刀1张票
勇士三巨合力招募杨少侠 能签他最该谢杜兰特
3年3000万!威少最忠心护卫续约 为何要少签1年
美媒P图再黑东部全明星 搬家公司来了詹皇乐疯
10年203vs3年207！1张图看懂少侠为何去勇士
会聊天！探花郎1句话夸科比 湖人绿军都不得罪
最强白人纠结症坑苦老东家 为他错过1亿神将

图 8.26　某天更新的部分文章

5. 链接策略

专题页面本身内部链接设计比较合理。专题页面下有大量与 NBA 相关的页面，每个页面都链接向了专题页面，NBA 专题下的文章页也链向该专题，如图 8.27 所示。任何一个文章页面被收录，就可以为专题页面传递一次权重。

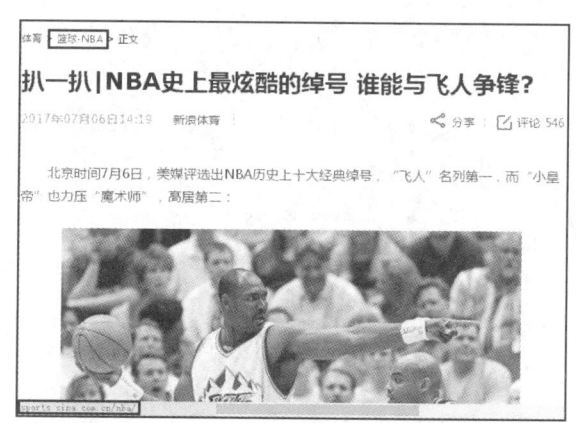

图 8.27　NBA 专题下文章页链向该专题

新浪首页也会在导航上设置"NBA"专题页面的链接,这是整个内链中权重支持最大的。

另外新浪体育的外部链接质量非常高。例如新浪网的外部链接都是好123、国际在线等高质量的外部链接,图 8.28 所示是新浪体育频道外部链接数据,可以为网站传递比较高的权重。

图 8.28　新浪体育频道外部链接数据

上述几个因素都是新浪 NBA 专题页面获得好的排名的重要因素,之所以能够被搜索引擎青睐,最重要的还是网站的内容以及链接的设置。提醒 SEO 人员在优化大型网站时,应重视网站的内容及链接设置,但是其他因素也不要忽略。

章节总结

本章主要介绍了以下内容:
- 大型网站的特点:现有内容数据库庞大、搜索引擎收录量多;具备完善的技术团队,可以无障碍地实施 SEO 功能;具备完善的内容编辑团队,可以源源不断地产生原创内容。
- 大型网站优化策略:大规模关键词排名、高权重内容获取、整站权重提升、依靠对外合作增加站外链接。
- 大型网站优化难点:与上下游部门的协作关系、大型网站调整策略。

作业

简答题

1. 请列举 5 个大型网站。
2. 可以从哪些方面对大型网站进行优化?

第 9 章

UGC 网站 SEO

【学习目标】

- 了解 UGC 网站的定义及常见类型
- 了解 UGC 网站优化困境
- 掌握 UGC 网站海量数据审核方法
- 掌握 UGC 网站访客 SEO 技能培训思路
- 学会如何激励 UGC 网站访客的内容发布积极性
- 学会 UGC 网站批量 TDK 处理技巧
- 学会 UGC 网站批量关键词密度调节和链接建设技巧
- 学会如何提高访客的活跃度及访问深度

【导读】

互联网中的很多网站都是由企业自己去维护、自己去提供内容，例如前面提到的大型网站，都是由互联网公司运营而且是自己提供内容的网站。但是互联网中大型网站里面还有一类，就是用户主动提供内容的网站，即 UGC 网站。

哪些网站是 UGC 网站？UGC 网站应该如何去运营？与企业自己提供内容的网站运营过程中有何区别？这些问题你都了解吗？不了解的话，请跟着我一起来学习吧。

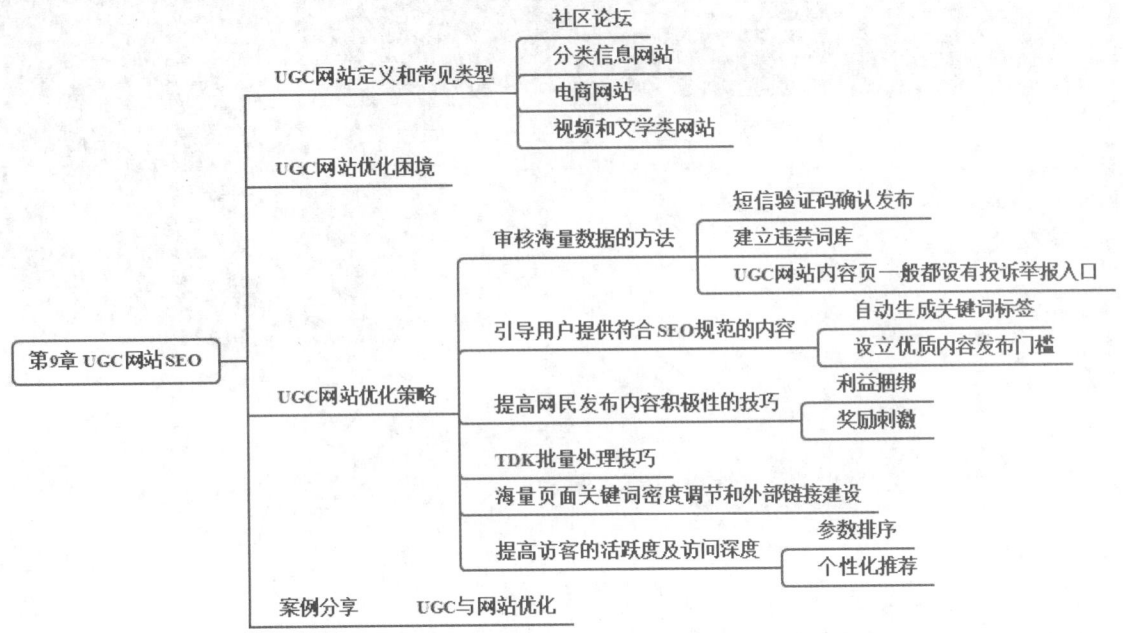

9.1　UGC 网站定义和常见类型

UGC（User Generated Content）指用户原创内容，是伴随着 Web2.0 而兴起的概念。它并不是某一种具体的业务，而是一种用户使用互联网的新方式，即由原来的以浏览和下载为主变成创造和浏览并重。访客既是网络内容的浏览者，也是网络内容的创造者。随着互联网的发展，网络用户的交互作用得以体现。

像天涯等大型论坛网站和 58 同城、赶集网等分类信息网站，从内容规模上来讲都属于大型网站的范畴。但是这类互联网公司并没有一个强大的编辑团队，大部分内容的产生都依赖于网民。所以 UGC 网站的优化也不同于一般大型网站，需要解决如何快速审核海量数据、如何让用户创造符合 SEO 需求的内容、如何保证大量页面有排名和提升整体网站流量等问题。

常见的 UGC 网站主要有社区论坛网站、分类信息网站、电商网站、视频和文学类网站等。

9.1.1　社区论坛

论坛（Forum）简单理解为发帖回帖讨论的平台，是 Internet 上的一种电子信息服务系统，英文简称 BBS。国内知名大型论坛有天涯、百度贴吧、猫扑等，这一类网站的内容都由网友提供，是典型的 UGC 网站。图 9.1 是天涯论坛网站的页面。

在天涯论坛中，每个版块都有用户发布内容的入口。用户可以选择合适的版块发布帖子。图 9.2 所示是在天涯杂谈版块发帖的入口。

9.1.2　分类信息网站

常见的分类信息网站有 58 同城、赶集网等。这类网站对我们来说比较熟悉，除了可用来找工作找房子外，也可以发布一些转让或者其他需求信息。

UGC 网站 SEO 第 9 章

图 9.1 天涯论坛网站页面

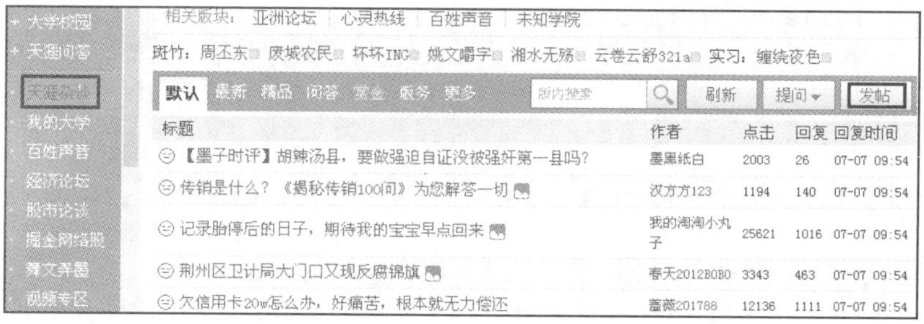

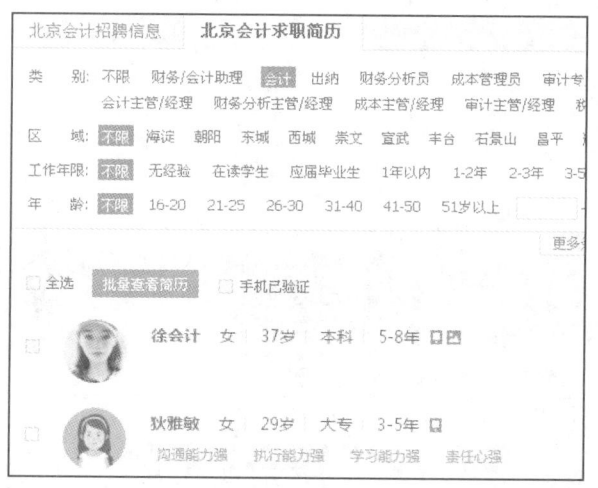

图 9.2 在天涯杂谈版块发帖的入口

这种网站本身没有编辑人员，只是提供一个发布平台，由注册的会员进行内容的发布，依靠会员产生大量的内容。图 9.3 是赶集网会员发布的信息。

图 9.3 赶集网会员发布的信息

9.1.3 电商网站

很多电商网站都是由入驻商家发布产品信息的，如淘宝、1688、京东、慧聪网等。这些网站中除了淘宝网的信息由于设置了 robots.txt 文件不让百度抓取页面之外，其他网站的产品信息都可以被百度抓取。这些商家发布的产品信息也是网站的 UGC 内容。图 9.4 所示是 1688 网站商家发布的内容。

图 9.4　1688 网站商家发布的内容

9.1.4　视频和文学类网站

视频类网站包括：优酷、土豆等，文学类网站包括起点小说网、百度文库等。这些网站的内容也都由网民自行上传发布，网站平台只负责审核，这类网站也是典型的 UGC 类网站。其中视频类网站是经常被忽视的一种网站类型，很多 SEO 人员认为文字是 SEO 的重点，视频不是，其实视频标题也是 SEO 工作中非常重要的一部分。

图 9.5 所示是视频类网站用户发布的内容。

图 9.5　视频类网站用户发布的内容

9.2　UGC 网站优化困境

UGC 网站不同于其他大型网站和中小企业网站，其内容由网民自主创建，内容、数量、质量都不可控，这是 UGC 网站优化的难点之一。如何让用户主动提供高质量内容是 UGC 网站优化过程中首先要考虑的因素。

另外，网民提交信息的随意性很大，可能发表的内容仅仅是一句话，或者其他广告、违法信息等，如图 9.6 所示，帖子内容仅是一段话。大量的内容完全依靠人工审核是不可能实现的，这是 UGC 网站优化过程中的另一个难题。

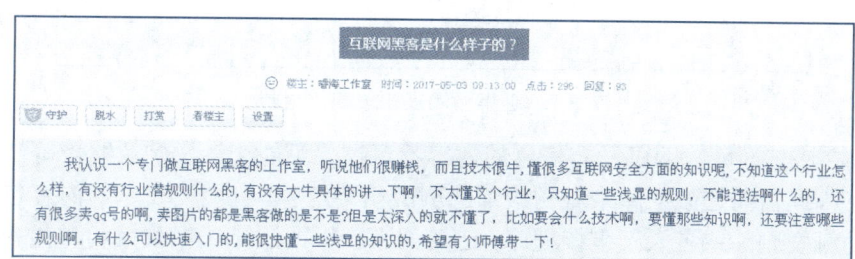

图 9.6　帖子内容仅是一段话

UGC 网站的活跃网民会随着时间轮替更换。因此 UGC 网站 SEO 工作的一部分是如何建立一个好的内容发布系统，利用这个系统来完善以及培养客户的 SEO 习惯和技能，并保持更高的访客活跃度。

鉴于上述优化困境，SEO 人员在优化 UGC 网站过程中，就需要采取合适的优化策略，既能解决优化难题，又能提升网站排名。

9.3　UGC 网站优化策略

UGC 网站也属于大数据量网站范畴，我们知道权重的评估方法是从关键词在搜索引擎的排名和相对应的点击率预估搜索引擎带来的流量高低，因此在优化 UGC 网站权重的时候重点依然是要解决如何获取大量搜索引擎流量的问题。下面我们将从海量数据审核、用户内容 SEO 技能培育、提高访客发布内容的积极性、TDK 批量处理技巧以及处理海量页面关键词密度和外部链接建设等几方面展开详细讲解。

9.3.1　审核海量数据的方法

无论是赶集网、58 同城等分类信息网站，还是慧聪网、1688 等大型 B2B 电子商务网站，每天更新的数据都是海量的。图 9.7 所示是赶集网淘宝相关职位招聘页面，从图中可以看到，北京地区仅一天发布的淘宝相关职位就有 20 页之多，要依靠人工审核每条数据是不可能完成的。

这就需要建立一个强大的机审规则来代替人工审核工作量。具体操作步骤如下：

（1）短信验证码确认发布。利用短信验证码可以有效避免机器发布海量垃圾内容，如果有短信验证码，就能确定是人为发布。

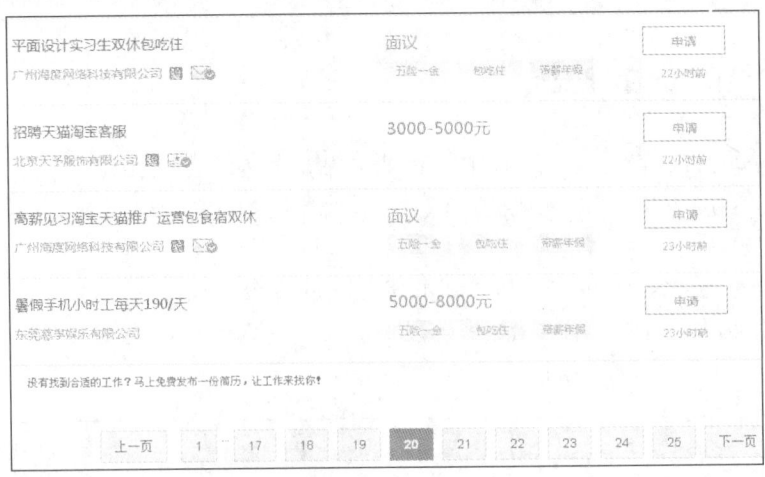

图 9.7　赶集网淘宝相关职位招聘

（2）建立违禁词库。网民发布信息的内容不可控，可能会触及到黄赌毒等法律法规禁止的相关内容，因此需要违禁词库来做初级筛选屏蔽相关内容。当网民发送的内容包含违禁词库信息时，自动触发删除或者人工审核程序。违禁词库应根据法律法规政策和时代变化一直不断地更新、增加内容，在最初设计时需要有足够多的容量和算法来保证短时间能完成这个审核。

（3）UGC网站内容页一般都设有投诉举报入口，如图9.8所示。当有其他用户投诉举报该信息时，立即触发人工审核机制，对该信息重新审核。

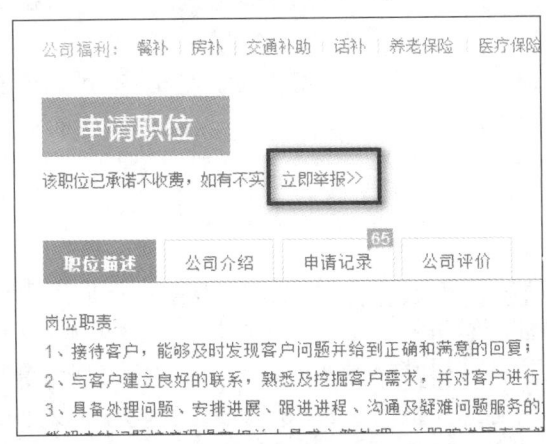

图 9.8　赶集网信息举报入口

SEO人员在优化UGC网站时，想要快速审核海量数据，可以参考上述方法。

9.3.2　引导用户提供符合SEO规范的内容

网站内容由网民提供，大多数网民可能并没有接受过专业的SEO技能培训，因此发布的内容不一定符合SEO规范，这就需要利用网站平台的规则来引导网民提供符合SEO规范的内容。

1. 自动生成关键词标签

如图9.9所示，当在百度知道提问的时候，网站就会自动从问题中提取相关关键词作为该页面的 TAG 标签，并提醒用户这个标签的作用是为了更快获取专业的回答。图 9.10 是百度知道的提问界面。

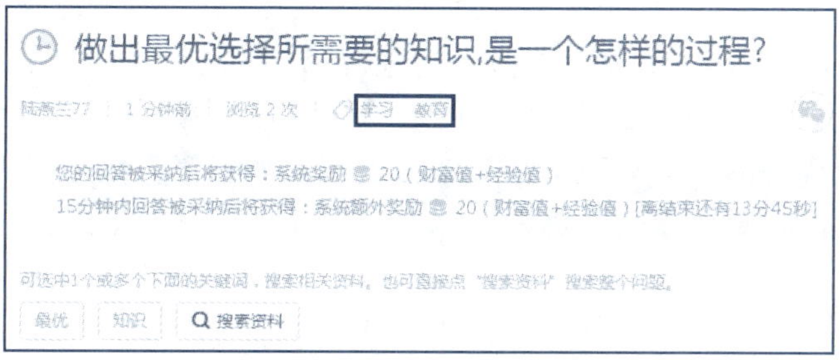

图 9.9　百度问题标签

图 9.10　百度知道提问界面

从图 9.10 可以发现，当用户提问问题时，系统会根据用户提问的问题，自动生成关键词标签，便于搜索引擎进行索引。

2．设立优质内容发布门槛

作为 UGC 网站优化人员，可以利用字数作为内容发布的门槛，比如：设定发布内容最低要求 100 字以上，则可以确保页面正文部分有一定的篇幅。为了确保不是无意义的拷贝灌水，还需要其他附加条件来支撑，比如检查文字重复率等。

为了不把所有内容发布的门槛抬得太高，可以单独设立一个阅读区域，专门用来发广告或者灌水等，如图 9.11 所示，网站上专门设置了一个灌水区，在服务器上可以通过 robots.txt 文件，禁止搜索引擎抓取灌水区的内容。

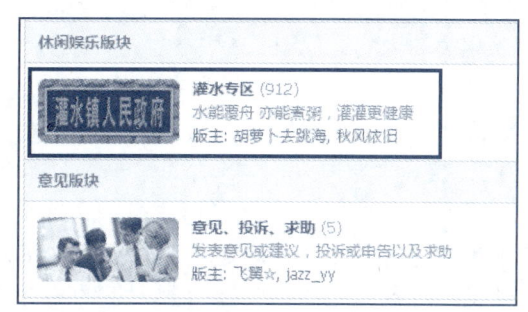

图 9.11　论坛灌水区

9.3.3 提高网民发布内容积极性的技巧

对于大型网站来讲，若要内容被搜索引擎更多地收录，有一个很重要的工作就是培训编辑团队，让编辑团队掌握 SEO 技能，进而提升所生产内容的 SEO 效果。

在 UGC 网站中最大的一个难点就是如何让用户发布的内容符合 SEO 标准。为每一个用户进行培训是不可能实现的。而只是写出文档告诉用户如何符合这个需求，其实也是无用的，因为用户不一定会听从指导。要解决这一难题，可以从以下几个方面来操作。

1. 利益捆绑

必须理清思路，把 SEO 需求和用户的利益进行捆绑。

很多 UGC 网站都有一些培训频道，如 1688 网站的"生意经"，主要是给商家讲解如何提升业绩、更好地做生意的频道。这个频道就非常适合进行 SEO 相关内容的传播，如图 9.12 所示。

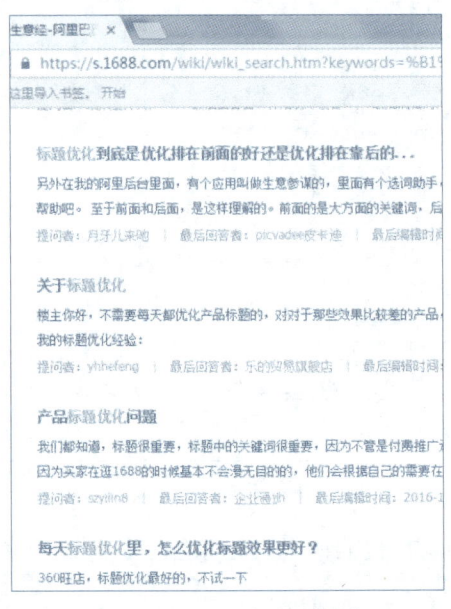

图 9.12　1688 生意经频道

图 9.12 所示是 1688 平台通过让用户之间探讨如何完善标题的写法，让标题更符合排名要求。这种主题的内容要向用户灌输：要想做好 1688 平台的生意、让自己订单更多，就要重视 SEO 相关的内容。

以这种利益激励的方式，可激发用户按照 SEO 标准发布内容的积极性，使用户发布的内容更符合搜索引擎偏好。

2. 奖励刺激

一个平台也要有策略和筛选机制去区分优质和平庸的内容，可以将优质内容推荐到首页或者热榜，这样做会带来更大的曝光度、刺激用户发布的成就感和满足感。图 9.13 所示是用户发布的内容被加精推荐后得到大量的阅读和回帖。

当然为提高网民发布内容的积极性，除了推荐到首页、增加曝光度外，还要有其他形式的奖励，比如：可以是平台内更高级的权限功能开启或发布内容获得积分奖励以用来兑换礼品。

图 9.14 所示是百度知道以赠送可以兑换礼品的财富值形式提高网民回答问题的积极性。

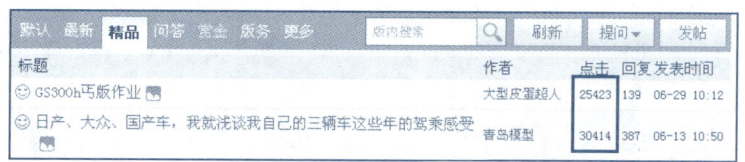

图 9.13　被加精推荐到首页的帖子阅读远高于其他内容

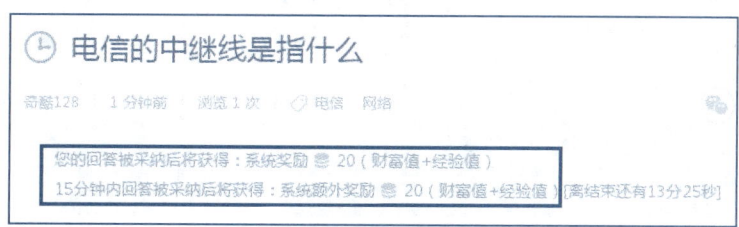

图 9.14　百度知道财富值积分奖励

9.3.4　TDK 批量处理技巧

UGC 网站中的 TDK 设置无法通过培训的方式来进行，需要设定一定的规则，由发布内容的用户按规则设置。但是一般 UGC 网站覆盖的内容种类很多，以 1688 网站为例，里面有海量的产品和大量的产品分类，每个分类可以填写的内容千差万别。更加复杂的是同样的产品不同的卖家说法也不一样，比如擦地板的墩布，很多地方叫拖把。对 SEO 人员来说，如何让用户都尽可能用流量大的词是一个难题。

可以在 UGC 网站中大量使用选项功能，对于一些重点内容，可通过选项的方式让用户从中选择，而不是天马行空地书写。然后可在 TDK 中设定调用哪一块的数据。

如图 9.15 所示，在 description 中可以看到很有规律的内容，整个网站的产品描述中，第一句话都是"阿里巴巴"，随后的内容就是调用这个产品的标题，然后调用产品的重要属性，随后一句话是"我们还为您精选了印花、扎染布公司黄页、行业资讯、价格行情、展会信息等，欲了解更多详细信息，请点击访问！"，其中"印花、扎染布"是调用该产品所在的行业。这种多个数据组合的方式保证了 TDK 内容的相关性和准确性。

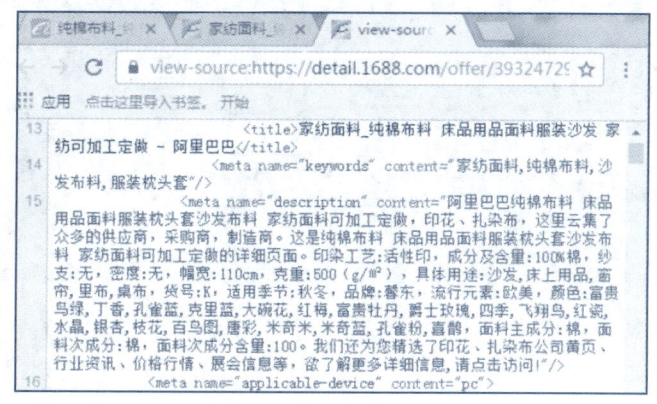

图 9.15　网站 TDK 格式

在用户编辑信息的时候会有很多限制和选择的区域，这也保证了用户发布的内容在大方向上没有偏差，可以尽量符合 SEO 要求，如图 9.16 所示，部分信息用户只能选择不能随意录入。

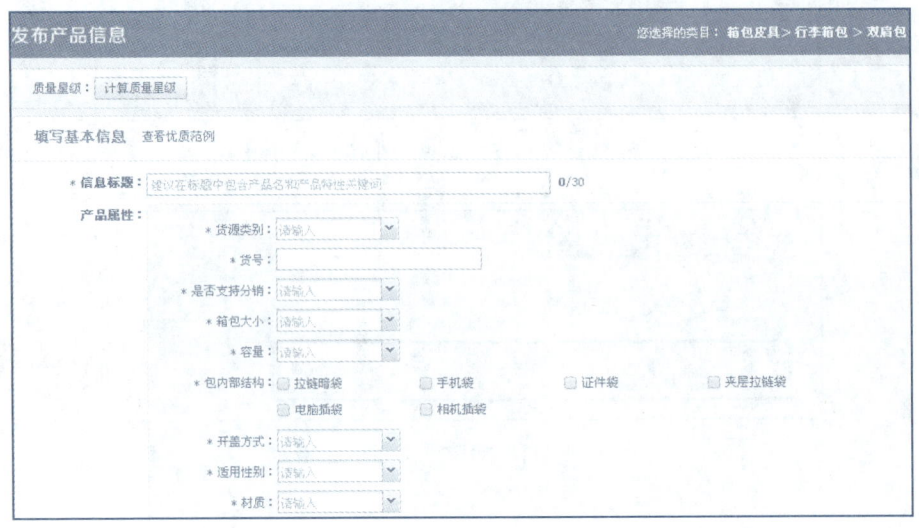

图 9.16　信息发布界面

9.3.5　海量页面关键词密度调节和外部链接建设

权重的传递需要链接的支持，目标关键词页面的排名提升需要合理的关键词密度值。但用户创造的内容的重点关键词密度无法把控。另外 UGC 网站存在的页面和数据都是海量级别，如果单纯依赖人工来添加友情链接和外链建设工作量会非常巨大。因此要解决重点关键词密度和链接建设问题需要从海量相似数据的调用来实现，如图 9.17 所示，分类信息网站中关键词为"租房"的页面在底部做了大量与"租房"相关的锚文本链接相互指向，很好地保障了这个页面的重点关键词密度和相关链接的权重传递。

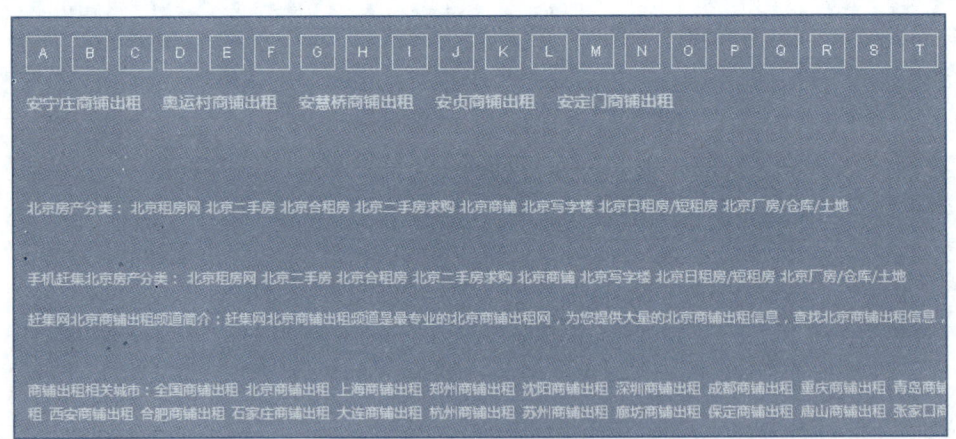

图 9.17　分类信息网站底部的相关链接调用

SEO 人员在进行 UGC 网站关键词密度调节及外部链接建设时，可以利用这种方法来优化，提升页面的排名。

9.3.6 提高访客的活跃度及访问深度

对于 UGC 网站,提高访客的活跃度及访问深度有助于提升网站的权重。那么如何提高访客的活跃度及访问深度呢?下面就进行详细介绍。

1. 参数排序

在 UGC 网站中,用户发的内容可能瞬间被淹没,在 web 端、版主、管理员可以推荐、置顶内容,但现在移动 UGC 网站上,如微博、电商网站等,用这种纯人力的方式不太现实。

理想的情况下,当参与排序的评价体系足够多元化、个性化的时候,合适的内容就会在合适的时间出现在合适的人面前。比如一条信息,用户可以按发布时间排序(关注新进展/事件源头)、点击量排序(浏览热度)、评论数排序(讨论热度)来解决访客的个性化需求,提高网站访问深度以及达到更清晰的网站结构。图 9.18 所示为某 UGC 网站的内容查阅筛选机制。

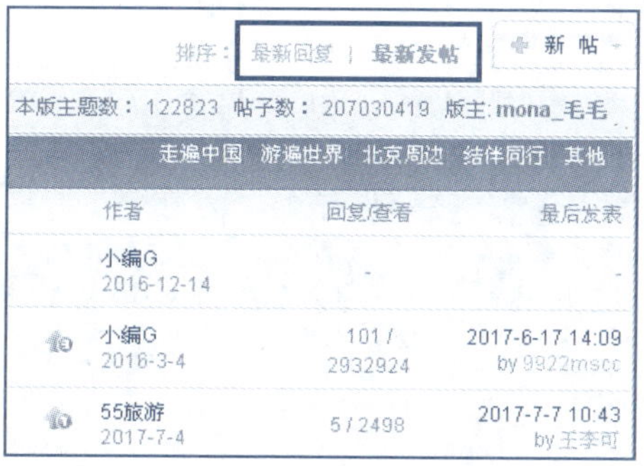

图 9.18 UGC 网站的内容查阅筛选机制

2. 个性化推荐

通过适当的排序方法可解决部分内容展现的问题,避免了优质内容的埋没,但是推荐的位置总是有限的,而访客渴望获得"存在感"的需求却是无限的。另外传统排序推荐手段容易造成资源的浪费。如对于推荐给用户的内容,用户可能不感兴趣,而那些用户感兴趣的内容却没能推荐给用户。这时候 SEO 人员就需要根据用户喜好来实现个性化推荐。

进行个性化推荐时,SEO 人员可以根据用户的地区、年龄、性别、职业、语言、学历、兴趣爱好,甚至是其浏览记录,来判断哪些用户喜欢哪些内容,用户之间哪些人可以成为朋友。然后通过算法进行个性化推荐(常见内容推荐与好友推荐两种手段),让用户找到那些与其志同道合的人,建立关系,讨论话题,以提高 UGC 网站用户的活跃度和访问深度。

对于 SEO 人员来讲,在优化 UGC 网站时,想要提升 UGC 网站的排名,可以参考上述优化策略,可以避免多走弯路。

9.4 案例分享

案例:UGC 与网站优化

【案例描述】

互联网时代有众多 UGC 平台,比如百度知道、百度贴吧、微博博客空间等,而这类 UGC 平台的优化工作还是很重要的。

【案例分析】

网站核心是给用户提供信息、解决问题的。对于企业来讲还会顺便传播企业的信息，或者说让用户在网站中看到对其有价值的信息。那么什么信息才是用户需要的呢？

信息内容的丰富程度对用户来说很重要，因此问答、论坛平台的优势就显现出来了。这类平台可以提供大量用户需要的信息，当然也能提供解决问题的信息。在这些平台中会生成海量原创有价值文章，但是需要从中筛选提炼出有价值的信息。

知乎是一个非常不错的问答生成平台：第一，同样的问题网站中只能有一次，不需要看重复的很多个网页内容，该内容是通过搜索推荐再提问实现的；第二，任何一个提问都允许任何一个人编辑回答，弥补了第一个优点中存在的缺陷，"用户想提问的已经有了，但是自己的情况又有点不同，通过描述修改出现"；第三，任何一个回答任何人可编辑；第四，时间比较长的问题编辑不能回答修改，不是百度知道的采纳不可编辑回答。

网站 UGC 评论设置对优化有很重要的意义。网站内容页要变动，内容需要更丰富、更全面及时，评论是一个不错的方法。只要每天有用户阅读，然后写出感受、评论，那么内容在不停地丰富、更新。

从另外一个角度说，可以通过评论内容收集用户的需求，根据用户需求来维护网站可以提升网站的访问时长。

因此 UGC 网站的维护也是很重要的，SEO 人员需要掌握合适的优化策略。

章节总结

本章主要介绍了以下内容：
- 了解什么是 UGC 网站及常见的 UGC 网站类型。
- UGC 网站权重提升困境。
- UGC 网站权重提升策略。

作业

简答题
1. 简述大型 UGC 网站的 SEO 工作的关键点。
2. 简述 UGC 网站优化策略。
3. 优化 UGC 网站时如何提高网民发布内容的积极性？

第 10 章

成功案例分享

【学习目标】
- 掌握不同类型网站的 SEO 运营策略
- 掌握网站运营思路

【导读】

互联网中的网站千千万,任何一个网站都希望在用户搜索关键词时第一个展现出来,排在搜索结果页的前面。但是网站要获得好的排名,还需要有好的营销策略。

本章重点分析大型门户网站、电子商务网站、中小型网站的 SEO 运营策略,帮助 SEO 人员快速掌握网站运营思路。

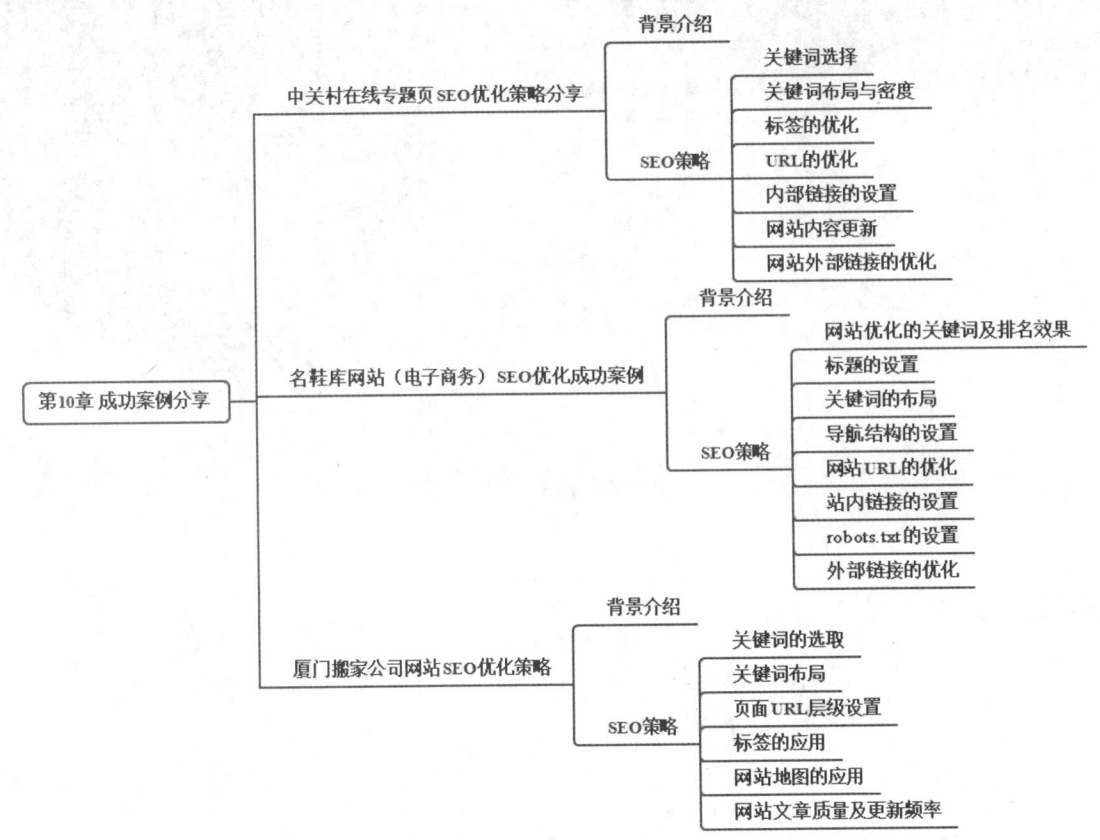

10.1 中关村在线专题页 SEO 优化策略分享

中关村在线（http://www.zol.com.cn/）属于中国 IT 业知名网站之一，是一家资讯覆盖全国并定位于销售促进型的IT互动门户网站，包括新闻、商城、硬件、下载、游戏、手机、评测等40 个大型频道。

在网站优化方面，中关村在线网站的 SEO 效果非常不错，值得借鉴。例如在百度中搜索手机产品名称"苹果 iPhone 7 Plus"，搜索结果如图 10.1 所示。

从搜索结果可以看到，除了搜索引擎竞价排名外，自然排名中第一名的是中关村在线网站。更换其他关键词多次检测会发现，中关村在线网站排名都比较靠前。

中关村在线网站采用了怎样的 SEO 策略呢？

1. 关键词选择

中关村在线网站频道数量非常多，优化的关键词数量比较多，如"手机"频道，重点优化的关键词包括手机报价、手机品牌、手机评测、手机资讯、手机行情等。而各个手机品牌页面中又有关于手机品牌的各个关键词。通过将各个关键词优化到搜索结果页靠前的位置来获得大量的流量。

通常来讲，这种大型的网站，网站结构复杂、内容繁杂多样，因此在选择关键词时注重的是大量关键词排名。依靠更多的关键词排名来达到拥有更多流量入口的目的。

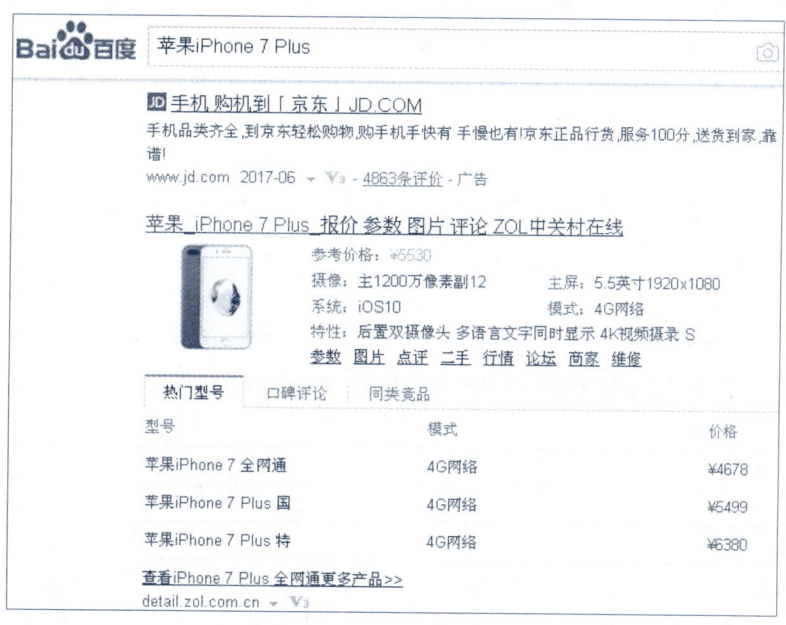

图 10.1　百度搜索“苹果 iPhone 7 Plus”的搜索结果

2. 关键词布局与密度

在实际优化网站过程中，合理设置关键词密度有助于提升关键词排名。通常将页面关键词密度控制在 2%～8%之间。该专题页的关键词密度如图 10.2 所示，相对来说还是比较高的。

苹果iPhone 7 Plus　detail.zol.com.cn/cell_phone

网址	detail.zol.com.cn/cell_phone/index1104332.shtml 检测结果
页面文本总长度	19853 字符
关键字符串长度	15 字符
关键字出现频率	90 次
关键字符总长度	1350 字符
密度结果计算	6.8%
密度建议值	2%≤密度≤8%

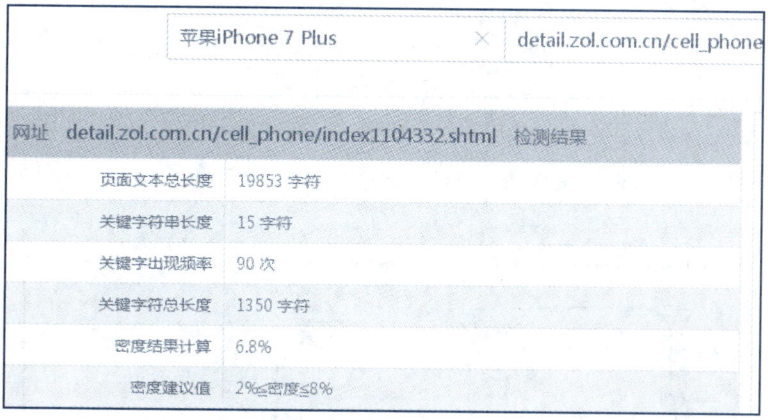

图 10.2　页面关键词密度

在网站中合理布局关键词对关键词密度提升有帮助，最终提升关键词排名。该专题页关键词布局的位置包括：

（1）title、description、keywords 中布局关键词

- <title>【苹果 iPhone 7 Plus 全网通】报价_参数_图片_论坛_Apple A1661 苹果手机报价-ZOL 中关村在线</title>

<title>中布局了页面所优化的关键词，便于提升关键词排名。另外<title>的编写充分考虑关键词的拓展。因为有些用户会搜索“苹果 iPhone 7 Plus”“iPhone 7 Plus 全网通”，也有人搜索“苹果 iPhone 7 Plus 报价”“苹果 iPhone 7 Plus 参数”“苹果 iPhone 7 Plus 图片”“苹果手机

报价"等关键词，此标题的写法囊括了用户可能会搜索的多个关键词。

- <meta name="keywords" content="iPhone 7 Plus 全网通，Apple iPhone 7 Plus 全网通，苹果 iPhone 7 Plus 全网通，苹果 iPhone 7 Plus 全网通 手机报价，Apple iPhone 7 Plus 全网通报价" />

keywords 属性中布局了网站的核心关键词，围绕着"iPhone 7 Plus""苹果 iPhone 7 Plus""手机报价"这几个核心词展开，没有多余的关键词出现。

- <meta name="description" content="中关村在线（zol.com.cn）提供苹果 iPhone 7 Plus 全网通 手机最新报价，同时包括苹果 iPhone 7 Plus 全网通图片、苹果 iPhone 7 Plus 全网通参数、苹果 iPhone 7 Plus 全网通评测行情、苹果 iPhone 7 Plus 全网通论坛、苹果 iPhone 7 Plus 全网通点评和经销商价格等信息，为您购买苹果 iPhone 7 Plus 全网通 手机提供有价值的参考" />

description 属性中这一段采用的是模板式的，也就是说任何页面的 description 里，除了关键词"苹果 iPhone 7 Plus"不同外，其他语句都一模一样。虽然是模板式的，但是描述中也布局了足够的关键词，此描述不仅能够把核心关键词展示出来，而且能够刺激用户的点击欲望。

将页面所优化的关键词布局在 title、description、keywords 中，是最有利于关键词排名的。

（2）页面多个小标题处出现关键词

除了页面的大标题外，在多个小标题处也出现了关键词，如图 10.3 所示，页面小标题中出现关键词"苹果 iPhone 7 Plus"。

图 10.3　页面小标题

（3）页面内容中多次出现关键词

在该专题页面中，页面内容多次出现关键词，对提升页面关键词密度做了贡献。图 10.4 所示是页面内容中布局的一处关键词。

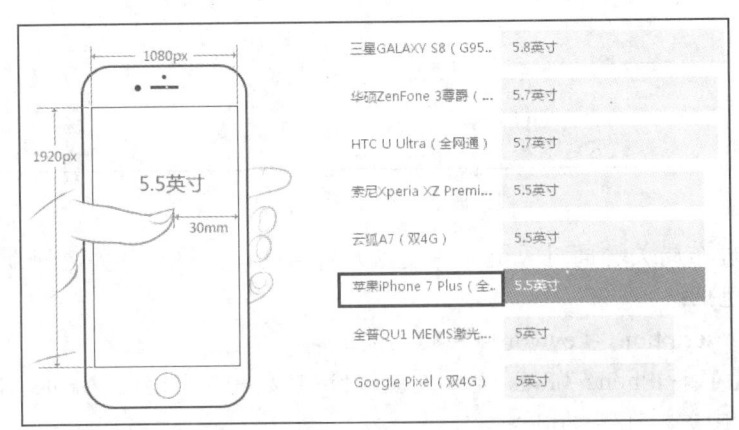

图 10.4　页面内容中布局的一处关键词

3. 标签的优化

<h1>标签：<h1>标签有强调作用，在网站左上方有"苹果 iPhone 7 Plus（全网通）"字样，

如图 10.5 所示，该处使用了<h1>标签，代码为：<h1>苹果 iPhone 7 Plus（全网通）</h1>。

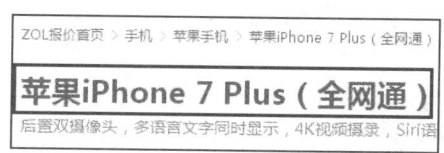

图 10.5 "苹果 iPhone 7 Plus（全网通）"页面的<h1>标签

4. URL 的优化

网站中页面 URL 后缀是.shtml，以此可以判断出网站的页面均为静态页面，静态页面可以更快地被搜索引擎蜘蛛抓取和收录网页上的内容，从而得到更好的排名。

5. 内部链接的设置

中关村在线网站内部链接设置合理，便于蜘蛛爬行和抓取，从专题页可以进入到首页，可以进入到其他专题页，也可以进入到文章页。例如在中关村在线网站上，各个手机专题页面基本上都有"苹果 iPhone 7 Plus（全网通）"的链接，如图 10.6 所示。另外网站页面也可以通过链接进行权重传递。

图 10.6 荣耀 V9 页面中"苹果 iPhone 7 Plus（全网通）"链接

其他专题页面也是同样的道理，站内链接设置合理，而且数量庞大，方便搜索引擎蜘蛛的爬行和用户的访问。

6. 网站内容更新

"苹果 iPhone 7 Plus（全网通）"专题页面有专业的编辑撰写本型号手机的评测文章，如图 10.7 所示，并撰写有该型号手机的热门新闻，大部分都是高质量的原创内容，为搜索引擎的收录提供了保障。

另外在专题页面中，也有用户主动提供的内容，针对于每个专题创造的内容，保证了原创度以及相关性，因此也属于高质量的内容。在此专题页面中有三个版块供用户提供内容。

（1）点评

如果用户在使用此款手机过程中有什么样的使用体会，或者想要吐槽，都可以在该版块中进行点评，图 10.8 所示是用户点评页面。网站优化人员可以根据用户的反馈，给出合理的解答，营销自己的产品。不仅可以与用户很好的互动，还可以自然地宣传产品。

图 10.7 "苹果 iPhone 7 Plus（全网通）"手机评测文章

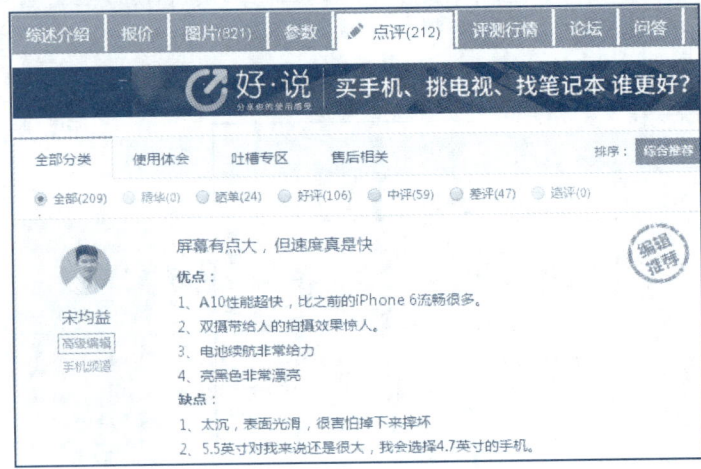

图 10.8 用户点评页面

（2）论坛

用户在对应专题的论坛中发帖，能够保证原创性，而且原创度高。图 10.9 所示是"苹果 iPhone 7 Plus"论坛页面。

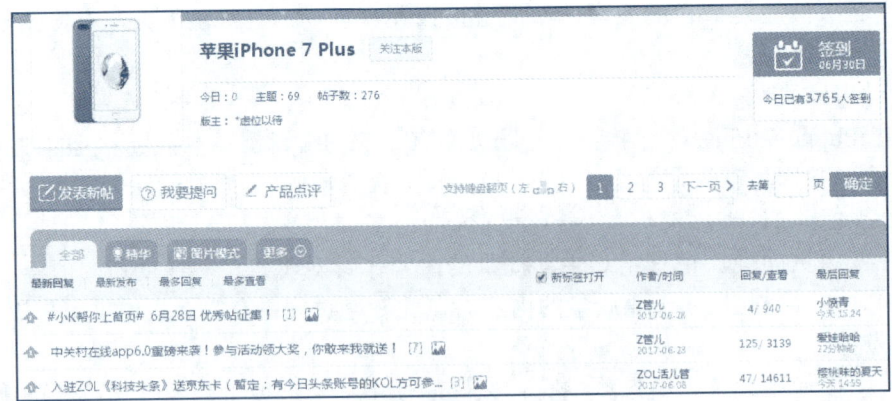

图 10.9 "苹果 iPhone 7 Plus"论坛页面

（3）问答

用户提出的关于该产品的问题，网友或者网站优化人员给出相关答案。问题相关性强，而且多样，因此质量比较高。图 10.10 所示是"苹果 iPhone 7 Plus"问答页面。

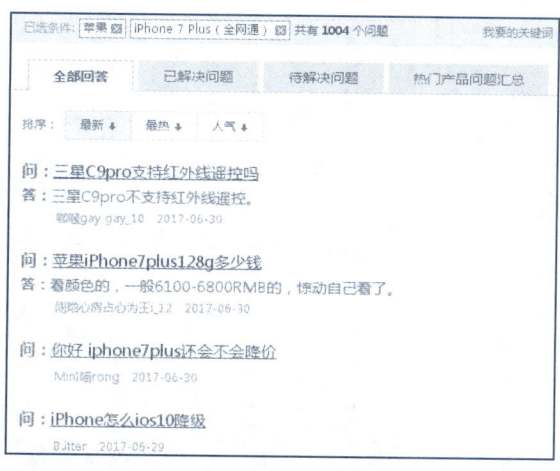

图 10.10　"苹果 iPhone 7 Plus"问答页面

鼓励用户主动创造内容，增加了内容的来源渠道，而且质量比较高，对网站优化来说是比较有利的做法。SEO 人员在实际工作中可以借鉴该方法，将其应用到网站优化中。

7．网站外部链接的优化

在友情链接方面，中关村在线网站还需要进一步优化。目前该网站友情链接数量及质量不是很高，权重很低，而且相关性差。因此要进行适当地调整。对于大型网站来讲，优化重点在于品牌推广，所以重点在于关注内容及收录，可以适当增加低于自己权重的友情链接。

除了友情链接，网站外部链接优化中还有单向外部反向链接。单向外部反向链接可以为网站页面传递权重、提升页面排名。该频道页面外部反向链接数量比较多，总量为 27143，如图 10.11 所示。

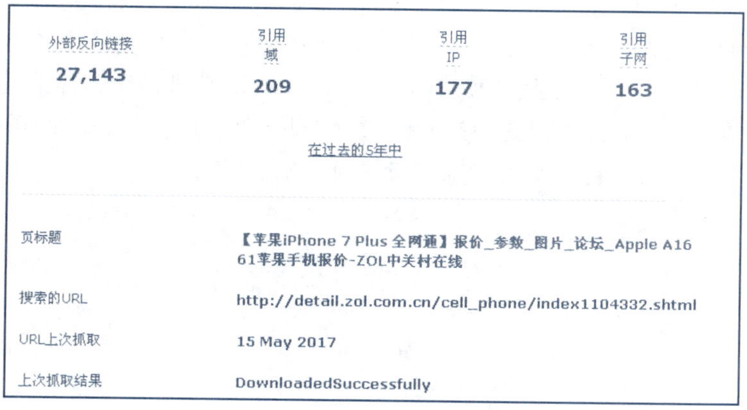

图 10.11　"苹果 iPhone 7 Plus"外部反向链接数量

图 10.12 为该页面对应的外部反向链接的锚文本，提升这些锚文本关键词与页面的相关性。

#	锚文本	引用域	总计	已删除	NoFollow
1	iphone 7 plus	125	893	40	19
2	苹果iphone 7 plus（全网通）	41	2,654	43	9
3	苹果iphone 7 plus（全网通）	38	21,871	4,483	12
4	苹果iphone 7 plus	25	140	9	-
5	iphone7plus	22	100	10	-
6	产品详情	19	2,438	43	2,438
7	iphone7 plus	16	35	5	-
8	苹果iphone 7 plus（	13	13	-	-
9	iphone 7 plus（全网通）	11	113	1	-

图 10.12　"苹果 iPhone 7 Plus"外部反向链接的锚文本

"苹果 iPhone 7 Plus"页面的 SEO 优化方法不是很复杂，但是每一项都很自然合理，给用户以及搜索引擎带来好的体验，最终提升页面排名。

根据上述案例得出，SEO 人员在优化大型网站时，选取到合适的关键词后，可以从关键词布局、关键词密度、标签优化、内容质量、URL 结构、内部链接、外部链接等几个方面进行全面的分析优化。

需要注意，大型网站的优化方向是发散的，力图从中心向外围扩散品牌，让更多的人知晓，可以开发出新的用户。所以大型网站的优化一般是"大而全"，更多的收录、大量的关键词排名，首页、栏目页等页面也是布局合理、突出重点，甚至打造聚合页来提升排名。

10.2　名鞋库网站（电子商务）SEO 优化成功案例

名鞋库（http://www.s.cn/）是国内领跑的运动休闲装备网络零售商，成立至今已和 NIKE（耐克）、adidas（阿迪达斯）、New Balance（新百伦）、Puma（彪马）、Kappa（卡帕）、李宁、安踏、Skechers（斯凯奇）、骆驼等众多国际知名品牌建立了良好的合作关系，在线销售品牌超过 20 个，与线下专柜新品同步上架销售，涵盖服装、鞋类、包袋、配饰等产品。

名鞋库从 2008 年 12 月上线至今，700 多万人次在名鞋库享受到愉快的购物体验。该网站的 SEO 效果也比较突出，在百度中搜索行业产品词，很多都排在比较靠前的位置。图 10.13 是在百度中搜索"运动休闲鞋"得到的搜索结果（图片仅供参考，以实际查询结果为准），除去搜索引擎竞价排名结果，名鞋库网站排在自然排名的首位。

图 10.13　在百度中搜索"运动休闲鞋"得到的搜索结果

名鞋库网站是如何获得这么好的排名，又是如何征服搜索引擎的呢？

1. 网站优化的关键词及排名效果

首先来了解名鞋库网站所优化的关键词是什么，以及这些关键词的排名情况。

（1）品牌关键词

首页关键词侧重于品牌，各大品牌鞋子名称。例如名鞋库网站首页的 title、keywords、description 为：

<title>名鞋库网上鞋城，超值名牌鞋服网站，买鞋子，就在S.cn名鞋库！</title>
<meta name="keywords" content="名鞋库，网上鞋城，买鞋子，鞋子" />
<meta name="description" content="S.cn名鞋库，专业运动鞋服网站，经营NIKE耐克、阿迪达斯、New Balance、匡威、李宁、安踏、彪马、Kappa、亚瑟士、斯凯奇等超值名牌鞋服。正品保障，7天无理由退换货！" />

从中可以看出名鞋库网站首页的关键词侧重于品牌名称，不只是自身品牌，还有所推广产品的品牌。在百度中搜索品牌名，基本可以排在首页，如图10.14所示（图片仅供参考，以实际查询结果为准），在百度中搜索"李宁"，搜索结果页中名鞋库网站排名结果非常靠前，这说明名鞋库网站重点优化了这些词。

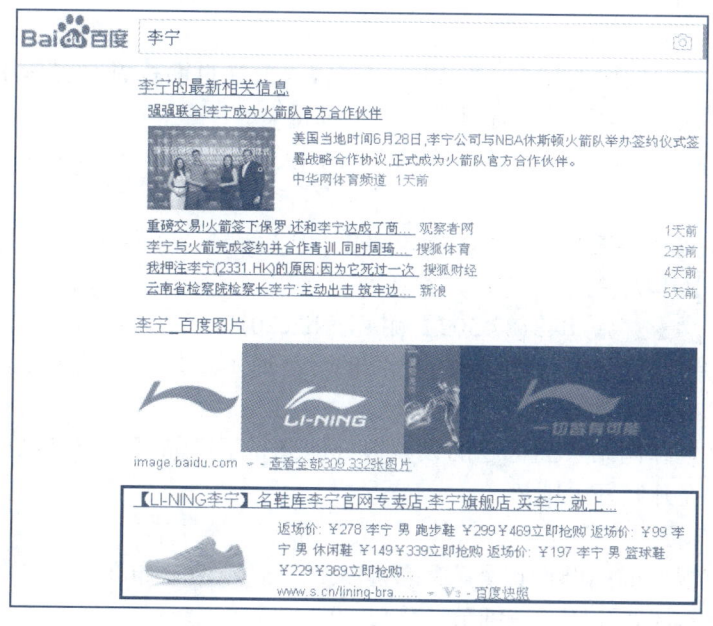

图10.14 "李宁"搜索结果

（2）产品词

包括产品型号关键词、产品分类关键词、产品品质描述关键词等。

产品型号关键词，如百度搜索"耐克 818062-002 Q"型号，名鞋库网站排在搜索结果页首页排名靠前的位置，优化效果也是非常好的，如图10.15所示（图片仅供参考，以实际查询结果为准）。

产品分类关键词，如男鞋，在百度中搜索"男鞋"，名鞋库网站排在搜索结果页的首页。对于这类热门词来说，该网站的优化效果很好（相关结果约16,900,000个）。探路者男士徒步鞋等同样的关键词，排名结果很多位于搜索结果页的首页。

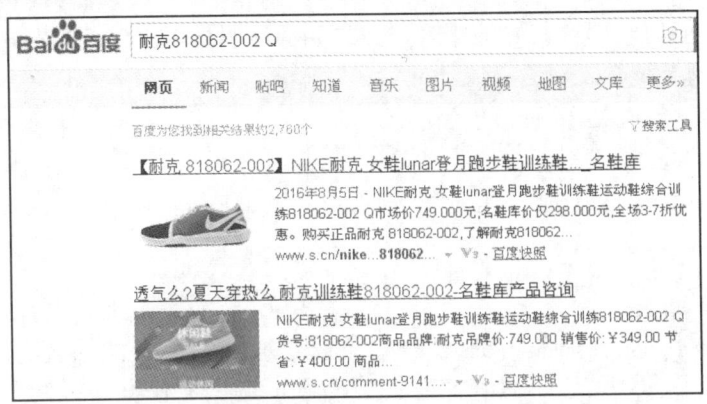

图 10.15 "耐克 818062-002 Q"关键词搜索结果

产品品质描述关键词,如"安踏运动鞋价格""运动鞋尺码"等关键词,同样排在百度搜索结果页比较靠前的位置。

除此之外,还有品牌产品综合关键词、购物类关键词、优惠信息关键词等,都有比较好的排名,值得 SEO 人员学习。

2. 标题的设置

要使关键词获得比较好的排名,标题的设置很重要。页面标题是搜索引擎非常看重的位置,在标题中布局关键词,有助于提升页面关键词排名。

首页:"名鞋库网上鞋城,超值名牌鞋服网站,买鞋子,就在 S.cn 名鞋库!"。首页的标题注重品牌关键词。

专题页:"【耐克 NIKE】耐克专卖店,耐克 2017 新款 - 名鞋库官网商城"。栏目页的标题,关键词主要是品牌关键词。

详情页标题:"【耐克 848187-302】耐克 Nike2017 新款男鞋休闲鞋运动鞋运动休闲 848187-302 | 名鞋库"。详情页标题融入了产品的分类词(如男鞋),也有品牌词以及产品和品牌的结合词。

由此可见,名鞋库网站页面标题的设置很好地分布了产品词、产品品牌词、网站品牌,对于关键词排名的提升做好了铺垫。

3. 关键词的布局

网站除了要有很好的标题设计外,还要把关键词合理地分布在网页的各个位置上。不过不同页面,关键词布局要注意一些细节。

(1)首页

电子商务网站的首页不需要刻意地去布局某个关键词,可以做成一个大地图页面,如图 10.16 所示,当然不能忽略用户体验。首页把所有的行业名称、产品名称都聚集在一起,让搜索引擎蜘蛛通过不同的关键词来抓取不同的页面。从首页可以达到列表页、产品详情页、专题页、文章页等。这样通过链接让搜索引擎蜘蛛抓取所有的页面,为网站整体做贡献。这样做可以提升网站整体页面关键词的排名,流量也会大大提升,而且用户更多元化。

(2)列表页

如"徒步鞋"栏目就将关键词布局的很合理,如图 10.17 所示。

可以看到关键词分配到了页面面包屑导航、版块标题、产品标题中,以及尾部导航部分。

即在页面中重点突出要优化的关键词。

图10.16　名鞋库网站"地图"效果

图10.17　"徒步鞋"栏目关键词布局

（3）产品详情页

电子商务网站的产品详情页不但是用户了解某款产品信息最全面的页面，而且是最容易转化的页面，同时也是SEO策略表现得淋漓尽致的页面。

名鞋库网站产品详情页如图10.18所示。

1）产品详情页中，在页面的title、keywords、description中布局了关键词，便于搜索引擎建立索引，提升关键词排名。

2）页面标题。产品详情页的页面标题中包含关键词，可以在用户搜索关键词时展现该页面，对关键词密度的提升也有帮助。

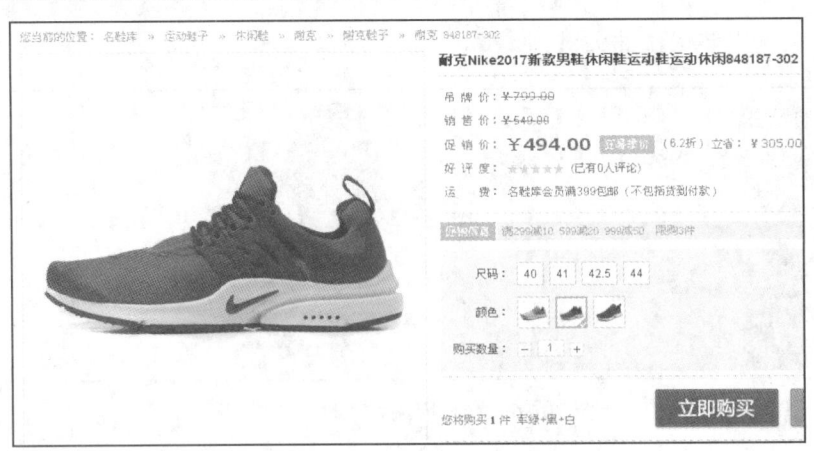

图 10.18　名鞋库网站产品详情页

3）添加了面包屑导航。面包屑导航中包含关键词可以提升关键词密度。而且面包屑导航属于内部链接，不仅方便用户快速返回上级页面，也能够为其他页面传递权重。

4）图片的 alt 属性。图片都添加有 alt 属性，如图 10.17 所示，不仅可以告诉搜索引擎该图片的内容，还可以提升关键词密度。

5）商品详情。在产品详情页的商品详情介绍中，对产品进行详细介绍，突出关键词，如图 10.19 所示。在页面的合适位置出现关键词，不仅有利于用户体验，方便用户快速找到需要的内容，而且可以提升关键词与页面的相关性，进而提升关键词排名。

商品重量：500.000 克(g)	货号：耐克 848187-302	品　牌：NIKE	配色：军绿+黑+白
帮面材质：织物+橡塑材料	性别：男	大底材质：橡胶+PHO	价格区间：500-599元
包装情况：无挂牌	产地：越南	鞋名：NIKE AIR PRESTO ESSE...	适合：硬地

图 10.19　商品详情

在电子商务网站中，产品详情页的优化至关重要，直接关系着页面的转化。因此合理利用 SEO 手段去优化网站，提升产品详情页排名，是每一个 SEO 人员要做到的。

4．导航结构的设置

该网站用的是扁平结构，所有的产品都是一级目录，鞋子品牌名作为 URL 中的命名方式，例如耐克的页面 URL 为 http://www.s.cn/nike-brand.html。便于搜索引擎蜘蛛抓取，还可以提升关键词与页面的相关性。

结构比较清析，导航分男、女、童、男鞋、户外几个版块，服装右侧做的是品牌推荐导航，用户可以很方便地找到自己需要的内容，给站内的用户一个很好的体验，图 10.20 所示是网站的导航。

5．网站 URL 的优化

网站 URL 全部静态化，URL 层级控制在 3 层以内，便于搜索引擎收录。

网站 URL 的路径中包含品牌词的拼音，例如：nanxie.html，男鞋，adidas-brand.html 阿迪，方便用户记忆，对于关键词与页面相关性的提升也有帮助。

6．站内链接的设置

站内链接设置合理有利于提升用户体验，对权重的提升也有帮助，最终提升关键词排名。

图 10.20　网站导航

网站首页很好地分布了其他页面的链接，包括头部导航、轮播图下方的品牌导航、中间的商品分类，用户都可以很好地找到想要的商品。

另外各个品牌的鞋子也有各自的专题页面，如图 10.21 所示。专题页中有相关产品链接，便于用户找到需要的内容，也方便搜索引擎爬行抓取。

图 10.21　"三叶草"专题页

再有，就是列表页链接，对于用户和搜索引擎来说，列表页是经常光顾的页面，例如可以从"休闲鞋"列表页点击进入产品详情页，也可以返回首页，这些都属于站内链接，可以为产品详情页和首页导入很多的权重。

7. robots.txt 的设置

对于有筛选条件的，没有产品的筛选结果页，通过 robots.txt 文件告知搜索引擎不再抓取，这样可以很好地解决网站收录问题。例如该网站的 robots.txt 文件内容为：

User-agent: *
Disallow: /install/
Disallow: /404.html
Disallow: /bao.html/
Disallow: /hao123.html
Disallow: /page.html*
Disallow: /scps-*

Disallow: /unionLogin-*
Disallow: /unionlink-*
Disallow: /xuniremainv-*
Disallow: /member-*
Disallow: /order-*
Disallow: /gallery-*
Disallow: /*grid*
Disallow: /cart-*
Disallow: /comment--*
Disallow: /ydhw-*
Disallow: /*?*
Disallow: /list-*
Disallow: /list.html
Disallow: /item/*
Disallow: /virtual-*
Disallow: /virtual/
Disallow: /search/*
Disallow: /search
Disallow: /getlist
Disallow: /getlist/*
Disallow: /list/*_*
Disallow: /fanli-*
Disallow: /topic*product.html$

把一些搜索结果没有产品的页面设置成阻止搜索引擎抓取，避免重复抓取的问题，提升页面排名。

8. 外部链接的优化

相比于同行业网站，名鞋库网站的外部链接数量还有待提高，因为有些关键词仍然排在竞争对手后面，图 10.22 所示是名鞋库网站的外部链接数量。

外部反向链接	引用域	引用IP	引用子网
1,052,451	5,642	3,300	2,138

在过去的5年中

页标题	名鞋库网上鞋城,超值名牌鞋服网站,买鞋子,就在S.cn名鞋库！
搜索的URL	http://www.s.cn/
URL上次抓取	30 Jun 2017
上次抓取结果	DownloadedSuccessfully

图 10.22　名鞋库网站的外部链接数量

另外名鞋库网站外部链接锚文本关键词需要多样化，图 10.23 所示是名鞋库网站外部链接锚文本（部分）。提升锚文本的多样性，对于关键词排名提升也有帮助。

#	锚文本	引用域	总计	已删除	NoFollow
1	名鞋库	3,218	356,885	38,317	9,068
2	www.s.cn	304	1,078	28	98
3	鞋	303	1,655	24	375
4	skomart.com	262	369	321	221
5	名鞋库鞋城	232	343,043	440	-
6	http://www.s.cn/	222	874	10	341
7	阑珊璃	212	1,740	93	-
8	鞋子	211	2,185	388	94
9	ǎûǎ~¿áǎ	156	340	8	-

图 10.23　名鞋库网站外部链接锚文本（部分）

以上就是对名鞋库网站的优化分析，总体来讲，该网站优化方面做得比较到位，例如 title、keywords、description 中关键词的布局、页面 URL 的设计、内部链接的设置、产品详情页的关键词布局及链接设置等，对于很多电商站中都存在的一个问题就是筛选，这个网站很好地利用 robots.txt 文件，把一些搜索结果没有产品的页面设置成阻止搜索引擎抓取。该网站中有效的优化策略，是 SEO 人员在优化电商网站过程中可以借鉴参考的。

10.3　厦门搬家公司网站 SEO 优化策略

厦门搬家有限公司（厦门搬家）是一家集居民搬家、企业搬家、长途搬家、货物配送、小型搬家、保洁妆饰、计时供职、物品包装、家具拆装、钢琴搬运、空调移机等多种项目为一体的搬家企业。公司正在矫健稳步地成长。"厦门搬家"是一个服务品牌，其目标是打造华夏搬家输送行业著名品牌。

网站域名年龄：2 年 1 月 25 天，百度权重为 2，收录量为 64。相对来说该网站收录量太少，需要挖掘更多的长尾词，然后以长尾词为核心，发布更多的原创性新闻资讯，提高网站收录量和站点等级。

但是该网站目标关键词的排名还是非常不错的。网站的目标关键词包括：厦门搬家、厦门搬家公司哪家好、厦门搬家公司多少钱等。在百度中搜索其中一个目标关键词"厦门搬家"，该网站排在搜索结果页第一页，排名展示如图 10.24 所示。

厦门搬家有限公司网站在优化过程中采用了怎样的策略呢？

1. 关键词的选取

中小型网站构架简单、页面较少。在关键词的选择上能优化的词是有限的，所以 SEO 人员在优化网站时，要找准用户需求，找到精准的关键词，以获得精准的用户流量，重"质"不重"量"。

厦门搬家公司网站首页优化的关键词包括厦门搬家、厦门搬家公司哪家好、厦门长短途搬家、厦门搬家公司价格，这类长尾关键词竞争力度比较小，容易获得排名。

图 10.24 "厦门搬家"关键词排名展示

2. 关键词布局

在网站中合理布局关键词有利于提升关键词排名。厦门搬家公司网站关键词布局的位置包括：

（1）title、keywords、description

搜索引擎可以根据页面 title、keywords、description 中的关键词对页面进行索引，提升关键词与页面的相关性，进而提升关键词排名。厦门搬家公司网站 title、keywords、description 中布局了关键词，有利于关键词排名。厦门搬家公司首页 title、keywords、description 标签内容如图 10.25 所示。

```
<meta charset="gbk">
<meta http-equiv="X-UA-Compatible" content="IE=edge">
<title>厦门搬家_长短途搬家_搬家公司哪家好_搬家电话|价格【官网】</title>
<meta name="keywords" content="厦门搬家,厦门搬家公司,厦门搬家公司哪家好,厦门长短途搬家,厦门搬家公司电话,厦门搬家公司价格" />
<meta name="description" content="厦门搬家哪家好?厦门搬家公司专业长途搬家,企业搬迁,家庭搬家,个人搬家,搬厂,钢琴搬运,货物托运,空调拆装,起重吊装等.搬家公司价格咨询电话:xxxxxx." />
```

图 10.25　厦门搬家公司首页 title、keywords、description 标签内容

（2）页面内容

除了在页面的 title、keywords、description 中布局关键词外，在页面版块标题及页面内容中也布局了关键词，如图 10.26 所示，合理控制关键词密度。

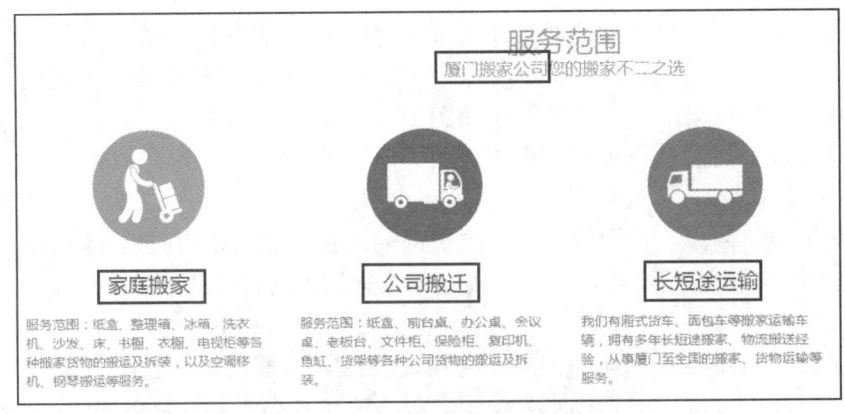

图 10.26　页面内容中布局关键词

3. 页面 URL 层级设置

页面 URL 层级设置比较合理，均控制在 3 层以内。而且页面均为静态页面，便于搜索引擎收录。

4. 标签的应用

例如，<img>标签的 alt 属性。

页面中的图片基本上都添加了 alt 属性，alt 属性的内容为页面所优化的关键词，大大提升了关键词密度。图 10.27 所示是页面中图片对应的 alt 属性内容。

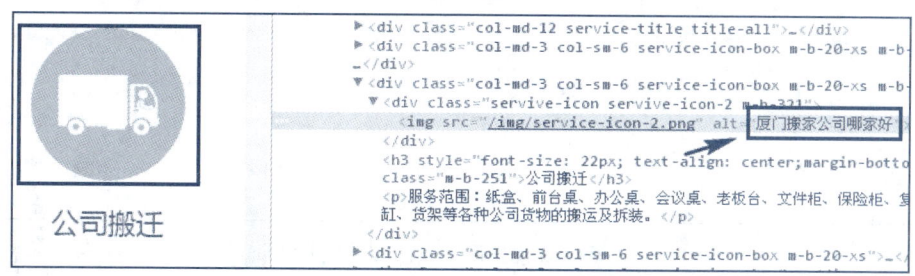

图 10.27　页面中图片对应的 alt 属内容

整体来看，页面中标签的使用比较合理，不过可以进一步优化，例如在页面版块标题、页面内容中，包含关键词的位置，添加一些权重标签。这一点是需要进一步优化的。

5. 网站地图的应用

网站地图中添加了网站中重要页面的链接，为搜索引擎蜘蛛的爬行和抓取提供了入口，有助于提升网站收录。厦门搬家公司网站中包含了 HTML 和 XML 两种格式的网站地图。

6. 网站文章质量及更新频率

分析网站文章会发现，网站文章质量比较高，原创度也比较高，而且文章页中也合理地布局了关键词。

不过该网站中文章更新频率有待提高。目前该网站中有两个可以更新内容的栏目，可以规划每个栏目每天更新 5 篇文章，每周一至周五更新，保证规律更新，以便搜索引擎蜘蛛规律的来爬行。另外最好增加几个可以更新内容的栏目，以便提升网站的收录量。

需要注意的是该网站友情链接数量比较少，质量也不是很高。图 10.28 所示是厦门搬家公司网站的友情链接查询结果，从中可以看出网站友情链接质量比较差。因此该网站的友情链接质量及数量还是有优化的空间的，尽量找权重高、相关性强的网站交换友情链接。

以上内容是厦门搬家公司网站优化的策略，主要包括关键词策略、关键词布局、页面 URL 层级优化、标签的应用、网站地图的添加、网站内容的质量及更新频率等几个方面。SEO 人员在接手中小型网站时，可以参考该网站中好的部分去优化。

需要注意，对于中小型网站来说，想要快速获得排名，关键还在于关键词的选择。SEO 人员在优化中小型网站时，首先要确定关键词选取的是否合适。

综上所述，无论是大型网站、电子商务网站、中小型网站，在实际优化过程中，SEO 优化原则是类似的，需要全面考虑网站的各个部分进行优化，只不过不同网站类型，优化的细节有些许差异。因此 SEO 人员还需要掌握网站优化的大方向，遇到不同类型的网站，具体分析即可。

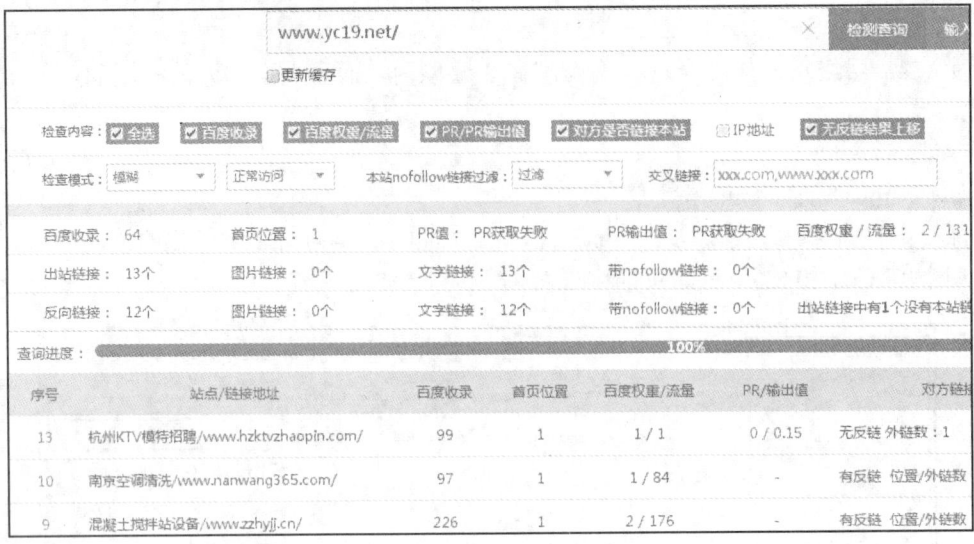

图10.28　厦门搬家公司网站的友情链接查询结果

章节总结

本章主要介绍了以下内容：
- 大型网站 SEO 优化策略。
- 电子商务网站 SEO 优化策略。
- 中小型网站 SEO 优化策略。

作业

简答题
1. 简述大型门户网站 SEO 优化思路。
2. 简述电子商务网站如何获取好的排名。